诗
想
者

H I P O E M

小规矩与大智慧

遇见《弟子规》

Xiao Guiju Yu Da Zhihui

王红相　著

GUANGXI NORMAL UNIVERSITY PRESS
广西师范大学出版社
·桂林·

图书在版编目（CIP）数据

小规矩与大智慧：遇见《弟子规》／王红相著. 一桂林：广西
师范大学出版社，2019.9

ISBN 978-7-5598-2124-9

Ⅰ．①小… Ⅱ．①王… Ⅲ．①古汉语－启蒙读物 Ⅳ．①H194.1

中国版本图书馆 CIP 数据核字（2019）第 169756 号

广西师范大学出版社出版发行

（广西桂林市五里店路 9 号　邮政编码：541004）

网址：http://www.bbtpress.com

出版人：张艺兵

全国新华书店经销

广西民族印刷包装集团有限公司印刷

（南宁市高新区高新三路 1 号　邮政编码：530007）

开本：889 mm × 1 194 mm　1/32

印张：9　　字数：200 千字

2019 年 9 月第 1 版　　2019 年 9 月第 1 次印刷

定价：48.00 元

如发现印装质量问题，影响阅读，请与出版社发行部门联系调换。

我为什么要写这本书？（自序）

关于《弟子规》，常见的有两种意见：一种比较尖刻，认为《弟子规》观念陈腐，早已过时，根本不值得一读；另一种相对客观，认为《弟子规》瑕瑜互见，亮点与糟粕杂陈。大约有些阅历的人，从心底瞧不起《弟子规》而不愿意细读；想读的，又得不到恰当的引导。特别有名的学者，大多喜欢讲《论语》，讲《道德经》，如果没有特别的要求，愿意讲《弟子规》的，不多。以《弟子规》为依托讲传统文化，颇有一些风险。

对于传统文化的理解，各人不同，有些甚至互相冲突。有些人，把自先秦传下来的古籍，无论是文史哲的哪一家学问，都视为传统文化；也有人把各种技能技术，诸如棋琴书画、武术中医，杂技曲艺等，视为传统文化；更有人把生活中的流行行为，诸如品茶饮酒，视为传统文化。似乎传统文化无所不包，什么都可以装进去。这些说法都有一定的道理。传统文化是大树，各家学问、各种技能是树上的果儿。但学习传统文化，如果只看着果儿眼馋，而不去追根溯源，学习的效果就会大打折扣。

我们的传统文化，是人性文化，最看重人，个性重要，但更重要的是共性。一群人相处，个性如果损害了集体的和谐，就要受到严格的规范。因此，不同的人，在相同的文化背景里，承担的责任与义务并不相同。职务不同，要求不同：做官的，所受的束缚自然就多；普通民众，至少在表面上，要求相对较少。角色不同，要求也不相同：父亲通常要严格，母亲则往往慈爱，兄长必须庄重，弟弟却多半可以调皮；但，父母疼爱孩子，孩子孝敬父母，弟弟尊敬哥哥，哥哥保护弟弟，却是一定的。

人有善恶：心里想着善，看什么都好；心里装着恶，看什么都不好。物分正邪：正处着眼，无有不正，邪处着眼，全是邪恶。事有大小：大处着眼，全是大事，小处着眼，全是小事。把什么事都当成了大事，人就小心翼翼，举轻若重；可把什么事都当成了小事，人就会举重若轻。其实，物就是那个物，事还是那些事，所谓正邪与大小，只是人的态度。

我讲《弟子规》很多年，对于它的认识，逐渐深入。客观地讲，《弟子规》里确实有些东西是不好的。如果本着学习的态度，好的可以学，不好的可以绕开，甚至可以从反面得到一些经验或者教训。可如果本着挑刺儿的态度，不好的固然不能学，好的也可能要打不少折扣。学习传统，知识固然重要，知识之后的态度，才是最重要的。

《弟子规》是小学生的启蒙读本，不是为了识字，而是要确立一种规范。有人说，《弟子规》里讲的规矩，即便是成年人，也不能完全做到。但做不到，不等于不好，成年人做不到，是因为没从小养成好习惯，习惯养成了，这些事做起来自然而然。

《弟子规》里面讲了113件事情，全是日常琐事，可道不远人，小事情里有大道理，小规矩中有大智慧。如果能够以《弟子规》为依托，在讲规矩的同时，全面解读文化现象，尝试厘清现象背后的原因，使孩子们知道遇到了事儿，一般情况下怎么样想，怎么样做，应该是一件特别有意义的事情。

这就是我写本书的初衷。

2019年6月9日

目　录

六、信：信言不美，美言不信

九、余力学文：文质彬彬，然后君子

一、题解

初见《弟子规》

《弟子规》只有 1080 个字，是给刚刚入学的小孩子教规矩的，以孩子的记忆力，几天就能背得下来。小孩子学习《弟子规》，只需要知道这些规矩就可以了，可如果是一直待在学校里、对社会一知半解的大学生，或者是经历了一些世事、知其然而不知其所以然的年轻父母们呢？他们学习《弟子规》，就得知道这些规矩背后的道理。不求甚解，《弟子规》就是一本小书，可从文化传承的角度看，它就是一本大书，大到要用一生去实践。

　　《弟子规》面世近三百年，影响越来越大，各种解读层出不穷，大多着眼于字词章句，讲道理的时候多，却很少有人能说清楚为什么会有这么些规矩；如果能够结合社会现状，系统地梳理这些规矩背后的文化内涵，应该是一件特别有意义的事情。

1. 《弟子规》简介

　　《弟子规》是启蒙读物，是一本讲规矩的书，"规"是规范、规矩、规则、规律。这本书，是清朝康熙年间一个叫李毓秀的秀才，依据至圣先师孔子的教诲编成，专门规范学童们的生活，这是那个时候入私塾读书的学童们首先要了解并且遵守的。原名叫《训蒙文》，"训"是教训，"蒙"是启蒙，其内容采用《论语·学而》第六条"弟子，入则孝，出则弟，谨而信，泛爱众，而亲仁，行有余力，则以学文"的文义，列述弟子在家、外出、待人、接物与学习上应该恪守的守则规范。后经清朝贾存仁修订改编，并改名为《弟子规》。其中记录了孔子的 108 项言行，共有 360 句、1080 个字，三字一句，两句或四句连意，合辙押韵，朗朗上口。全篇先有"总叙"，然后分为"入则孝、出则弟、谨、信、泛爱众、亲仁、余力学文"七个部分。这本书，编成之后，体例一直没变，几百年来，影响越来越大。从这个体例上，我们能看出古人编写教材的认真和严谨。

2.《弟子规》的作者：李毓秀

　　《弟子规》的作者李毓秀，字子潜，号采三，山西省新绛县龙兴镇周庄村人。关于这个人的生平，一般认为是公元1662年出生，公元1722年去世，活了六十岁，但是，也有人说，他活了八十三岁。出现这种结果，一般都是因为资料不详，其中有两种情况：一是年代久远，资料不足；另外一种是本人名气不大，关注的人不多，所以留下的记载语焉不详。李毓秀属于后一种情况。按照当时的评价标准，他不是一个成功人士，一辈子没有做过官，终其一生，也就是个秀才，不是他只想做个秀才，而是他根本考不上举人，仕进无望，做秀才是迫不得已的。好在他生性温和豁达，虽然没有传奇，也不妨做个学者。做学者是个人的事情，不需要借助外界的力量，只要认真读书，勤奋作文，即使天赋不算太好，踏踏实实地做下去，总会做出些成就。现实中，有很多聪明人，常常不屑于用这种笨功夫，结果往往做不出大事业。历史证明，但凡成就伟业的人，多半是那种专心做事的普通人，这里面的道理，特别需要我们用心体会。

　　作为一个学者，李毓秀还算比较成功。他年轻的时候，师从同乡学者党冰壑，游学近二十年，精研《大学》《中庸》，除了《弟子规》外，问世的著作还有《四书正伪》《四书字类释义》《学庸发明》《读大学偶记》《宋孺夫文约》等，另外，他特别喜欢水仙花，写了上百首歌颂水仙花的诗歌，也可以说是个诗人，出了专集《水仙百咏》，现藏于北京大学图书馆和山西省图书馆。

但李毓秀作为教师更成功。因为只是一个秀才，做不了书院的院长，只好在私塾讲学，他创办了"敦复斋"，专门讲学。他讲学的时候，来听课的人很多，其中有学者，也有老百姓，还有一些在政府做事的官员，当然不算是太大的官。比如当时太平县的一个御史叫王奂，曾多次向李毓秀请教，十分佩服他的才学。在一个小县城，御史绝对算是一个有学问的人。后来有人形容他的敦复斋，说是门前满是脚印，应该算是比较客观的说法。因为名气很大，他被人尊称为李夫子。现在有人可能不知道"夫子"这个称呼意味着什么。我们现在把那些学有所成，或者在某一方面有专长的人叫先生，这个先生类似于古时候的夫子，不一定是教书的，但通常是教书的，孔子就被后人尊称为"孔夫子"。能够被称为夫子，绝对应该是一件值得自豪的事情。终其一生，"李夫子"是对李毓秀的最高评价，用我们今天的话说，就是清初著名的教育家。

3. 《弟子规》成书的时代背景

　　《弟子规》这本书，成书于康熙年间，是有道理的。我国近古代历史上，有过著名的四大盛世，康乾盛世是最后一个。马上得天下者，不能马上治之，文化才是长治久安的根本。清代到了康熙中后期，国力确实已经比较强盛，不能说四方朝拜，但臣服于清王朝的小国确实也不少。康熙是一位拥有雄才大略的皇帝，他力排众议，实现了满汉通婚，打破很多成规，接受了先进的汉族文化。我们汉民族的传统文化，孔孟之道是核心。这是一个特别神奇的文化传统，具有极强的同化性，外来的文化，如果不能融入孔孟之道，就没有生命力。比如，佛教公元前六世纪诞生于古印度，与我们的孔子不相先后，大约在公元前后，才传到中国。刚传过来那阵子，几乎找不到知音，所以，达摩老祖才在少林寺面壁了九年，说是机缘未到，其实是迫不得已，佛法自然无法弘扬。南北朝是一个思想高度动荡，同时也是高度融合的历史阶段，过了这个阶段，中国的文化传统终于形成了三教合流的格局，孔孟的儒家文化是骨架，老庄的道家文化和外来的佛家文化是有机补充。所以中国的佛教已经是中国化了的佛教，与印度的佛教已大不相同。历来的治国者，必须了解这个文化传统，才能更好地履行职责。康熙自小熟读经典，见识不凡，自然不会不懂这个道理。所以，他崇文尊孔，提倡修读"四书五经"，尊孔子为"大成至圣先师"，大修孔庙，春秋祭孔，宣谕以孔子儒教为立国之本，主动追求文化上的认同。康熙九年（1670年），康熙专门根据儒学核心制定和颁发"圣谕"十六条，作为人们的思想准则和行为规范：敦孝悌以重人伦，笃宗族以昭雍睦，和乡党以息争讼，重农桑以足衣食，尚节俭以惜财用，隆学校以端士习，黜异端以崇正学，讲法律以儆愚顽，明礼让以厚风俗，务本业以定民志，训子弟以禁非为，息诬告以全良善，戒匿匪以免株连，完钱粮以省催科，联保甲以弭盗贼，解仇忿以重生命。除此之外，康熙十二年（1673年）荐举山林隐逸，康熙十六年（1677年）开设明史馆，康熙十七年（1678年）荐举博学鸿词等，康熙用了很多手段网罗名士，弘扬儒学。正是在这种历史氛围下，《弟子规》应运而生。

4. 《弟子规》的教化作用

讲解和学习《弟子规》，从家庭教育、学校教育、社会教育等方面综合而论，具有深远的意义。准确地讲，《弟子规》是启蒙读物，以浅近通俗的文字、三字成韵的形式阐述了学习的重要、做人的道理以及待人接物的礼貌常识等，后来几乎与《三字经》《百家姓》《千字文》产生了同等的影响。《三字经》《百家姓》《千字文》简称"三百千"，是我国传统教育的三大启蒙读本。《三字经》成书于南宋，至今有七八百年历史；《百家姓》成书于北宋；《千字文》成书于南北朝，是一个叫周兴嗣的人奉梁武帝之命，从王羲之书法作品中选出 1000 个不重复的汉字写成的精美文章；只有《弟子规》，不到300年。但可以肯定的是，这些作品都是经受了历史检验的。

2014 年 9 月 6 日，海南省首开传统文化改造犯人的先河，服刑人员每日诵读的作品中，就有《弟子规》。海南的这种做法后来得到了司法部的肯定。时至今日，《弟子规》已经不再只是小孩子的启蒙读本，社会各阶层都在讲习《弟子规》。前两年，中央电视台《百家讲坛》栏目，请了知名教授钱文忠给全国人民讲《弟子规》，效果挺好。但在大学里讲《弟子规》，好像还没有听说过。我所在的学院，近年来，大倡通识教育，给学生选讲《弟子规》，这实在是一种有益的尝试。

现在的大学生，基本上以独生子女为主，从小物质生活富裕，性格或者人格教育不足，心理很脆弱。近年来，大学校园里，自残的、抑郁的甚至自杀的学生越来越多……大学生迫切需要接受优秀传统文化的教育。等到孩子们知道了守规矩，知道了人不能无所顾忌，不能太以自我为中心，就学会了与人相处，也就学会了安身立命。

有人把《弟子规》说成是一本讲管理的书，当作企业员工的培训教材，据说十分有效。我个人觉得，这可能是有意抬高这本书。笔者浅陋，觉得中国传统文化中，真讲管理的，可能只有一本《道德经》，那才真是在讲管理的有效性，方法与技巧讲得更多，充满了取予、进退、高下、福祸的辩证法，所以后人才把它看成了"面南背北"之书。而《弟子规》没有那么深奥，关注的只是教孩子们安身立命，说得好听些，是传达圣人的思想与言论；说得不好听些，就是教条。尽管如此，这本书仍然很博大，主要是作者的胸怀开阔，立意深远，如果不是从怀疑的立场出发，阅读之后一定会大有收获。《弟子规》这本书，其实不是在讲做事，而是在讲做人的同时把做人的道理变成了实实在在的行为，学习的人照着做就够了。从这个意义上讲，《弟子规》不是用来学习的，而是用来实践的。

我不怀疑《弟子规》对于企业员工入职培训的作用，在当代条件下，确实有必要把《弟子规》用在企业员工培训上。表面上的原因是强化规矩的力量；深层次的原因，是企业里面的很多人，看起来是不会做事，其实是不会做人，只有把人做好了，做事才会简单得多。根植于心性培养的《弟子规》的学习与实践，至少在目前，应该引起我们足够的重视。

二、总叙

《弟子规》的微言大义

原文：

弟子规，圣人训。首孝弟，次谨信。
泛爱众，而亲仁。有余力，则学文。

《弟子规》总叙只有24个字，出自《论语·学而》第六条
"弟子，入则孝，出则弟，谨而信，泛爱众，而亲仁，行有余
力，则以学文"。这段话是孔子要求弟子在家、出外、待人、接
物与学习方面必须遵守的规则，类似于现在的学生守则，只是
更为全面。

1. 积极引导与反面壅堵

现在的学校，不管是中小学，还是大学，都有学生守则。每次看到这些学生守则，我总是能想起忧心忡忡的父母害怕孩子学坏，常常语重心长地告诉他们这也不能做，那也不能做，絮絮叨叨地说很多。父母叮嘱孩子的话总是很多，但结果可能刚好相反，天下有几个人能真正记得父母的谆谆教导呢？父母的错误在于，永远认为孩子是长不大的，总想包办，总在担心。其实他们心里也清楚，只有放手了，孩子才能长大，但就是做不到。现在的行为规则，不停地告诉孩子们什么不能做，而不能做的事情，是规定不完的，具体的情况一变，马上会产生很多问题，所以很多学校的学生守则总是在不断增加新内容。孔子的高明之处在于，他把弟子当成了一个具有高度自觉意识的正常人，他只需要告诉弟子们什么可以做就行了，老师说了一，学生就能明白二，举一隅不以三隅反者，他是不教的。

孔子给我们的直接启示很多，至少有一条，那就是学生还是应该正面引导，而不是反面壅堵。当然从当下效果上，反面制止立竿见影，但从长远看，还是正面引导更好些。因为正面引导的着眼点，在于引发学生心底的善良与乐观，反面制止的出发点则是如何防止内心的邪恶。根植于人性本善的立场，更具有积极的意义。

　　《弟子规》整篇文章，从 25 个字发挥成文，属于正面引导，只是更细致、更具体。《弟子规》的作者李毓秀确实是个好老师，他精研孔孟，在文章中列出的那么些规则，体现出了儒家育人救世的良苦用心。他的内心很温柔，但正是这种温柔，开了一个不好的头，教训的话说得越来越长了，已经十分接近现在的孩子家长。但他还是幸运的，可以像古之师者一样，主动地选择学生，学生们听完了之后，就要按他的要求做了。

2. 圣人与本命年

说起圣人，很多人往往不假思索，认为圣人就是完人，而且一生下来就是完人。这种认识其实是不对的。即便是孔子，也并非"生而知之"（《论语·述而》），后天的学习更为重要。只是，在后来漫长的历史演绎过程中，圣人越来越被推向至高无上的境界。

"才德全尽谓之圣人。"（《资治通鉴》）《说文解字》："圣者，通也。"只有修成了"至善""至美"的人格，具备了透悟天地的大能，才能称之为圣人。圣的繁体字写作"聖"：以耳闻道，知天地之理；以口讲道，教化大众；率万物而行王道，德行施于四海。先秦典籍中，圣人并非儒家独有，各家学派都有。后来，各行各业中取得不世之功的，也往往被尊为圣人，如诗圣杜甫、书圣王羲之、画圣吴道子、史圣司马迁、医圣张仲景、酒圣杜康、茶圣陆羽等。可老百姓心目中，能够称得上圣人的，只有两个人，一个是文圣人孔子，另一个是武圣人关公。读书人心目中的圣人，只有孔子，贤如孟子，也只能做了亚圣。

先秦时期，思想极其活跃，百家争鸣，儒家只是其中一家。可后来两千多年的发展，儒家渐渐成为正统。圣人一词，慢慢就成了儒家专用词。道教里有神仙，神仙有法术，享受着很多特殊的待遇，很多杰出的历史人物，往往被道教奉为神明，受万人敬仰，但孔孟却以儒家领袖的身份独立于神仙体系之外。事实上，古时中国人对于圣人的崇拜，往往更甚于神仙。孔孟对中国人的影响，虽然没有上升到宗教层面，却远远比宗教大。举一个简单的例子，孔子活了 72 岁，后 107 年有了孟子，孟子活了 83 岁，这两个年龄逐渐成了中国人的心理极限。按照儒家德配其位的说法，大德者才能高寿，两位圣人是最有德行的人了，也不过活了 72 岁和 83 岁，后人基本上就不敢奢望超过这个年龄，民间因此有了"七十三，八十四，阎王不请自己去"的俗语。过了七十三这个坎，人们通常会理所当然地认为下一个坎就是八十四，八十四的坎再过了，那就是上天的眷顾，可以放心地享受天伦之乐，心里没有什么负担了。体康泰，心无愧，享高寿，对于普通的老百姓，就是最幸福的事情！

受这种思想的影响，人们觉得本命年也是一个坎，需要小心谨慎。中国人把年龄与属相配对，属相有十二个，十二年一个轮回，属相当值的那一年，就是本命年。72 岁是一个本命年，84 岁也是一个本命年，所以到了本命年，人们就特别注意。慢慢地，本命年就成了中国人的一种心理压力。有了压力，当然就得破解，所以我们讲究本命年要系红腰带，红色辟邪；是不是真辟邪，我不知道，但至少可以使人安心，从心理学上，这其实就是一种心理暗示。

3. 三教合流，儒是主流

　　孟子说："五百年必有王者兴，其间必有名世者。"（《孟子·公孙丑下》）这是一种历史循环论的思想，但影响很大，而且有很多历史佐证。中国文化史上，周公是被孔子极度崇拜的人，也算是第一位圣人吧，从他到孔子，基本上是 500 年。孔子也是圣人，后来的人，虽然确实也有人取得了丰功伟绩，却不再被认为是圣人。孔子之后 500 年，有汉武帝与董仲舒，提这两个人，不是因为他们是帝王或者是帝王的主要帮手，主要是因为经过这两个人的一唱一和，罢黜百家，独尊儒术，从此有了孔孟的传统。又过了 500 年，出现了梁武帝与达摩，形成了佛教传统。再过 500 年，到了唐，国家大治，佛教开始广泛流传，出了个慧能，是个了不得的人物。接下来 500 年后，出了王阳明等，儒学被改造成了新儒学，也叫宋明理学。王阳明是 15 世纪后期到 16 世纪前期的人。再后 500 年，就到了现在，中国传统文化又到了传承创新的重要时期。

　　有必要向大家说几个历史人物。上面所说的几个人，周公、孔子是大家熟悉的，梁武帝可能就有些陌生了。梁武帝是南北朝时期梁朝政权的建立者，本名叫萧衍，武帝是他的谥号，庙号高祖。谥号是后人根据他的生平作为给的，有一个武字，又是开国之君，可见也是个有能力的人。梁武帝杀伐果断，在皇帝位上颇有建树，却是个既崇佛又重道的信徒。一方面，他和道教关系密切，那个号称"山中宰相"的著名道士陶弘景，就是他的重要谋士；另一方面，他又造寺写经，大力提倡佛教，虽然达摩认为他并无功德，所作所为只是"人天小果有漏之因，如影随形，虽有非实"。他先后三次出家，以皇帝之尊舍身佛寺，却并没有给佛教带来弘法的契机，搞得达摩只好到少林寺面壁了九年。梁武帝所在的南北朝，成了我国文化史上的一个重要时期，佛教来了，来了却传不了。但总要努力吧，所以后来又出了禅宗六祖慧能。慧能出生于唐代贞观十二年，也就是公元 638 年，目不识丁，却天性聪慧，以自性具足，心无执念，为佛教带来了新契机。佛教在中国的传播，其实就是以儒道改造佛法的新路子。儒道吸收了佛教的一些思想，而佛教却更多地向儒道靠拢。佛法的弘扬，是三教合流的机缘，也是佛法中国化的开始。

王阳明是一个很厉害的人，他的心性之学中，提倡"知行合一"，认为"圣人之道，吾性自足"。人人都可以成尧舜，这话并不新鲜，也算是孔孟传统的应有之义，因为人们总是跪着看圣人，顶礼膜拜，很少有人敢想着比肩周孔，可是王阳明敢，而且他把这种大胆的想法归根于一个特别朴素的基础：良知。人人有良知，知而后行，知行合一了，就有了圣人的境界。宋代的学者，已经具备了调和儒道释的勇气与能力。当然，之前的历史准备为他们提供了这个平台。

中国的文化传统中，儒与道的关系本来就密切。孔子就向老子学过礼，两人所谓的道，其实也就是一个道，内涵各有侧重，学习《易经》，可以很确切地明白这个道理。佛教是外来的，必得向我们传统的这个道靠拢，才有机会生存。南北朝开了这个头，唐宋完成了这个转型。到了宋明理学，深层次的血脉融合不仅必然发生，而且也必然成功。这就是人们常说的三教合流。三教合流，儒是主流，佛道只是归流。以我的理解，归并的三流，其实也还是一流，大道之下的阴阳两仪，四象八卦，是儒道共有的传统，而中国的佛教，确切的应该叫禅宗，已经脱了印度佛教的本来面目。著名学者季羡林在《中印文化交流史》中甚至认为中国的佛教已经走到了印度佛教的反面。

从这个历史脉络中，我们不难发现，无论学术思想如何变迁，儒家的领袖人物孔子，始终或明或暗地影响着中国人的价值取向。中国传统文化内涵复杂，三教九流，无所不包，明面上表现出来的，总是儒家的面孔。这就是圣人的力量。圣人是人，不是神，却是神一样的存在。这是中国文化传统中的一个基本观念，是对圣人的高度肯定，也是圣人平民化的一种推广，只有把圣人坚定不移地置于人世间，我们才可能真实地理解他的喜怒哀乐，也才能明白圣人教化的深刻意义了。

4. 性善性恶的争辩

孔子说"性相近，习相远"，他知道人性有恶，却更愿意相信善。对此，孟子看得很准，所以他补了一句："人之初，性本善。"儒家是一种乐观的文化，有时候是知其不可为而为之的。孔子的一生，很辛苦，用他自己的话说是"累累若丧家之狗"，但他却依然相信教化的力量，主张有教无类，所以，孔子是大教育家。对照一下我们现在的一些教师，教学相长，不光是指专业知识，也指内在的修养。教师在走进课堂之前，在面对弟子之前，必须先尽量地完善自己。北京师范大学的校训是"学高为师，身正为范"。范，就是楷模；合范，就是传承。从先贤那里传承下来的"范"，影响到学生，就是传道了。所有的教师，都应该记着这两句话。

什么样的人可以叫弟子？我个人的理解，弟子的含义有广义与狭义之分，广义的弟子有两层意思：一是指年幼的孩子，儿童和少年都可以算弟子；一是指学生。这两层意思在《弟子规》里面都有。狭义的弟子，应该是执弟子礼、入室求学的人。这样的弟子，具有了一种资格，进入了传承的程序。如果是在公开场合的听众，或者现在意义上在学校听讲的学生，不过是广义的弟子，其中有一两个愿意听并且愿意做的，才可以算是真正的弟子吧。现代教育很少有师从的程序，或许是无意识的淡化吧。程序的意义首先是一种强化，老师和弟子的关系平等而有别，得互相尊重，彼此习染的是做人的道理与规矩，然后才是答疑解惑。现在常说教育要充满爱，老师爱学生，学生爱老师。爱到极致，就是敬，虔诚的敬意落实在日常行为中，就实现了教育唤醒人们内心善良天性的价值，也就有可能成为一种信仰。

《弟子规》开宗明义"弟子规，圣人训"传达的是圣人的言论，希望人们能够遵从圣人的规范。《弟子规》是一本宣扬儒家价值观的读本，所以，人性本善是逻辑起点。基于性善或者性恶的教育，虽然从结果上可能并无二致，但价值取向却是截然相反的。学习或者践行《弟子规》，必须先搞清楚儒家为什么一定要坚持性善论。关于人性的问题，历史上反复讨论过。性善性恶的两元论，是先秦时期的主论调，孟子主张性善，荀子主张性恶，汉代的扬雄主张善恶混合，董仲舒主张"性三品"，韩愈在此基础上有所发展，提出"性情三品"，这些都是出于美化统治秩序的理论，却把性善性恶推向了更为细致的讨论。本文无意辨析性善性恶，选择相信性善，这是孔子的观点，是一种乐观的观点，文化上的乐观是一种大智慧。有人说恶是推动历史的原动力，知道了恶，能够让人更清醒，但相信善，却可以使人更自觉地构建一个充满爱的大同世界。

5. 人生的三重境界

　　人生自有境界，境界不同，行为各异，却都有一个合理的现实基础。境界本来是一个文学批评的专业术语，却经常被借用于其他范畴。研究境界最有名的学者是清末的王国维。他在《人间词话》中提出，古今成大事业、大学问者必经三种境界：第一种境界是"昨夜西风凋碧树。独上高楼，望尽天涯路"，是孤独的探索与追寻；第二种境界是"衣带渐宽终不悔，为伊消得人憔悴"，是执着的坚守与磨炼；第三种境界是"众里寻他千百度，蓦然回首，那人却在灯火阑珊处"，是一种恍然大悟后的自得，这种自得，通常是不经意的收获。教育或许也是如此。此前，宋代禅宗大师青原行思曾经提出过参禅的三重境界。第一重境界是"看山是山，看水是水"，是参禅之初的心理反应，物我两隔，是"有我"的阶段；第二重境界是"看山不是山，看水不是水"，已经有了心得与感悟，物非物，我非我，是"忘我"的阶段；第三重境界是"看山仍是山，看水仍是水"，物还在，我不在，是"空我"的阶段。仔细品味一下这些境界，似乎也是讲人生的道理，有异曲同工的妙处。中国传统文化的精妙之处，可意会而不可言传。

有了上面的启示，我们也可以把不同的人生分为三种境界。第一种是凡俗之境，这是普通人的境界。好坏是个道德评判，但并不是好始终好，坏始终坏，有时候是个大好人，有时候也难免干些坏事情，性情会随着环境的不同而有所改变。生活在这种境界里的人，常常容易看见自己的长处，容易为自己的不足找借口，却不能理解别人的过错，所以不开心的事情很多。第二种境界是胜境，也就是所谓的小成之境，分两种情况：一种是一辈子做个好人，团结同事，和睦亲友，孝敬长老，宁可牺牲自己的利益也要照顾别人的情绪，没有所谓的事业，平平淡淡地过日子；另一种是人无所谓好坏，事业有成，或者多钱，或者多名，或者多势。通常情况下，这个境界里的人看得较常人远，有坚毅的品格，有明确的目标，不会随波逐流，也不会因别人的意见而改变自己，所以能做出一番成就。我们有很多人，总觉得事业有成要比做个好人更好些，其实不然，一辈子做个好人也是个大事业，很不容易做到。第三种境界是圣境，是大美之境，此境之人，必是大善之人。事业是大事业，也有名利，计的是天下利，想的是万世名，胸中装着宇宙苍生，所以常怀悲悯。能够达到这个境界的人不多。儒家的学问，是脚踏实地的学问，儒家的传统，也就是脚踏实地的传统。一个人可以用眼睛望着宇宙，但如果跳不出红尘，又想活得更安妥些，唯一能做并且有效的，就是脚踏实地。在人世间获得了神佛一般地位的，恐怕也只有中国的孔子才做到了。按照孔子的教导为人处世，开始可能会有些束缚，有些刻意，但这些规矩最终会自觉地融入灵魂，成为一种自然而然，用孔子的话说就是"从心所欲，不逾矩"，用马克思的话说就是进入了"必然王国"。人本是人，不必刻意去做人，世本是世，无须精心去处世，这才是真正的做人与处世。这个意思就是佛教里讲的"无我"。

对照这三种境界，我们能做到哪一层？这是个没有答案的问题。即便是坦荡的真小人，也并不会想着一定要遗臭万年的。教育的问题当然是大问题，就像在白纸上写文章，立意要高远，要冲着把孩子们教育成圣人的目的去，却要存着培养平凡人的预判，只有这样，面对学生才有热情，面对挫败才不会失落。《弟子规》正是出于这样的目的，心里想着圣人的事情，每一个脚印却踏踏实实地走在现实的土壤上，把高远的立意和务实的期望结合起来了。

6. 人生无非四件事

　　孝悌，是人生必须面对的第一件事情。孝，是一个会意字，上边是老字的省形，下从子，子承老，意思是子承其亲，并能顺其意，善事父母是本义。这个字里血脉相传的用意很明显。中国传统文化对孝的理解，着眼于血缘之下的感恩，人的身体发肤受之于父母，没有了父母——也就是阴阳的构精成形，那就什么也没有了，所以人生大义，莫过于孝。从《诗经》以下历代的文学作品，表达父母之爱的作品层出不穷，成了一个永恒的主题。或许有人会觉得，爱情才是文学的永恒主题。其实，所谓的男女爱情，审美的成分虽然更重，却是血缘之外的情感，而中国的爱情，只有走进婚姻，才会产生更崇高的意义。在一定程度上，父母之爱是最纯粹的爱情，这其中包括父母对孩子的无私，也包括孩子对父母的依赖、感激与赡养。

　　悌，善兄弟也，从心弟声，经典通用为弟，本义是敬爱兄长，引申为顺长从上。悌，通常与孝关联。只有在中国，才有"长兄如父，老嫂如母"的说法，这也是中国传统文化的一大特色。从父到兄，是一种责任的推衍，从子到弟，却是一种义务的规定。因为中国文化是多子多孙的文化，父亲面对后边的孩子，可能已经老迈，所以就要求长子承担抚养弟弟妹妹的责任，但兄毕竟不是父，对于弟不可能做到父亲般无私，弟对兄的顺从也不可能是发自内心的自觉，所以才有了文化秩序上的规定。从兄弟到长幼，也就相应地有了一些要求。在这个意义上，中国传统文化是一种敬长的文化。这个长，可能是年龄上的，也可能是职务上的，也可能是辈分上的。顺从不是绝对的服从，长上的无理要求也可以不从，敬才是核心，从不从，要根据具体情况。所以，幼对于长，有时候可能会说一些言不由衷的话，做一些似是而非的事，这都在情理之中。不理解孝悌的要义，可能就不能理解他们为什么会撒谎和欺骗。

谨，《说文解字》曰"慎也。从言堇声"；信，"诚也。从人从言。会意"。汉字从象形定型，经过几千年的使用，含义有时候会有很大的不同，但从古至今，谨与信的意思却高度稳定。中国人对于谨慎与诚信的确认，也是一种价值观上的自觉继承。

泛爱众，是儒家的说法，孟子还有"四海之内皆兄弟"的类比，墨子叫"兼爱"，西方则叫博爱，佛教里叫慈悲为怀，其实与儒家的泛爱是一个意思。很多人可能会觉得奇怪，佛教里的慈悲为怀，说的是对一切人与物，不光是人，而孔子的"泛爱众"显然只是针对人的，怎么能说一样呢？我们中国人在表达上有一个习惯，有些话，往往是说一半，留一半。说出的那半句，一定包含着另外半句的意思。有时候，是上半句藏着下半句，比如，儿子在城里，父母在村里，村里人常常会问"儿子回来没"，千万不要以为这只是在问儿子，其实是连带着儿媳一起问的。有时候，是下半句藏着上半句，比如，老人常对城里的儿子说"有时间回来看看妈妈"，不是只让看妈妈，也要一起看看爸爸。这是阴阳思想的巨大影响，因为阴与阳不是孤立的，说阳必定就带着阴。泛爱众后面的那句"而亲仁"，在书中写着，可人们在口头上说的时候，常常就省了。人们习惯于把事情说清楚，对于意义，常常不太深究。"泛爱众"，是说事，"而亲仁"，则是说意义，所以可以省略。仁者，仁爱之心，可以针对世间万物，体现出来的，恰恰就是一片慈悲。当然，仁，主要还是对人的，因为儒家的思想体系，是纯粹的人本主义，很少会说到物与自然。不说自然，是因为对自然有太大的敬畏之心，对未知之事，孔子从来不随便表态。

"有余力，则学文"这两句，前边的余力是条件，在表达上也是可以省略的，后面的学文才是正事。

7. 人生的次序

　　《弟子规》总叙给了我们一个人生顺序的安排，这正是"取法乎上，得乎其中"的一个良苦用心。

　　表面上看起来，《弟子规》是在教孩子们学规矩，其实是给他们立规矩。这个安排涉及的四件事，顺序依次为：孝悌、谨信、泛爱众和余力学文。按照儒家的安排，人生无非就是这四件事。孝悌是根本，不光是做人的根本，也是治世的根本；谨是安身的态度；信是立命的原则；泛爱众才能亲仁，是社交的出发点；学文不单单指文学，也包括各种文化知识，是技能，是专长，是前面三个方面都做好了之后，有余力再做的事情，做了，可以提高生活质量，不做，也不妨碍生活幸福。儒家的处世理念中，道德与品性是大节，文学是末节，不能本末倒置。

　　当前，有的父母出于为孩子考虑的想法，要求他们多学技能；学校出于培育英才的目的，强迫孩子博学多能，其实培育英才的宏伟目标之下，只是升学或者就业的现实。这样的教育，无论怎样改进、完善或者创新，也还是把功利当作出发点了。正因为如此，传统文化的教育与普及虽然喊了多年，却几乎很少产生真正的效果。

三、入则孝

孝敬父母是做人的根本

原文：

父母呼，应勿缓。父母命，行勿懒。
父母教，须敬听。父母责，须顺承。
冬则温，夏则凊。晨则省，昏则定。
出必告，反必面。居有常，业无变。
事虽小，勿擅为。苟擅为，子道亏。
物虽小，勿私藏。苟私藏，亲心伤。
亲所好，力为具。亲所恶，谨为去。
身有伤，贻亲忧。德有伤，贻亲羞。
亲爱我，孝何难。亲憎我，孝方贤。
亲有过，谏使更。怡吾色，柔吾声。
谏不入，悦复谏。号泣随，挞无怨。
亲有疾，药先尝。昼夜侍，不离床。
丧三年，常悲咽。居处变，酒肉绝。
丧尽礼，祭尽诚。事死者，如事生。

1. 《弟子规》背后的意识形态

我曾经读过一个文化学者写的文章，名字是《打死都不能读〈弟子规〉》。大意是，《弟子规》背后隐藏着一种说教，有一个人高高在上地告诉我们应该怎样，好像我们都读不懂《弟子规》。原文中有一段话说："如果子女们回到家里，没有催婚逼生那些伤感情的事儿，每个人能够最大限度地选择自己的生活方式，比如想熬个夜睡个懒觉没人干涉，两代的交流，没有压制与强求，家庭成员有共同的爱好与品位，能一起读一本书，看一两部电影，分享家乡美食也分享社会观察，政治观点不怕碰撞，审美情调各美其美，这样的家庭，怎会没有吸引力？"如果不假思索，我们多半会觉得作者描述的是多么理想的一种状态！但这篇文章让我十分不快，当时就写了一篇文章反驳，名字叫《为什么不让读〈弟子规〉？》大意是，作为文化学者，可以持西方的立场，但不宜因此而指责传统的立场。各家有各家的实情，各家有各家的规定。

其实，《弟子规》的背后，确实有一种主流的意识形态，即儒家的价值取向。无论中外，主流的意识形态都必定存在，也都有其他的声音，正如我们不能拿自己的标准称量别的国家一样，我们也不能拿别国的标准称量自己。比如，在一些国家，孩子也有权利，父母不能以自己的好恶横加干涉，父母想做个教师，也要求孩子好好读书，没准孩子就想去种地；父母想做个公务员，就要求察言观色，没准孩子就想去流浪。这种文化的出发点是个人的独立，所以父母是独立的，子女也是独立的，一个可以不管另一个。可中国古代，很少鼓励过个性与自由，子肖其父，是家长对孩子的期望，除非父母对自己不满意。很多人常把不肖子孙的"肖"字写成"孝"，虽然也讲得通，但意思却明显不同。在中国的父母眼里，孩子就是老了，也还是孩子，成器了，家长高兴；犯错了，家长要负连带责任，面子无光是必然的。老子骂了儿子，没人奇怪，可儿子骂了老子，再怎么西化，也一样是要被人骂的。可是，人都有一个毛病，这山看着那山高。其实，他山之石，只是一种借鉴，却不能完全取代。人家的东西再好，也还是人家的东西。中国传统文化，流传了两千五百年，仍然还在传承，就一定有相当充分的理由与必然性。无论我们采用了什么样的治国理念，以孝道为核心的传统文化都会继续传承。

2. 父母与孩子的辩证关系

《弟子规》是很简单的文章，稍微有些文字修养的，字面上几乎没有障碍。"入则孝"这一部分内容，总共 56 句，168 字，讲的是如何孝敬父母。如果不是抱着挑刺儿的态度，仔细品味这一段内容，我们会发现古今的差异。孝，作为一种最古老的文化传统（当然，也可能只有中国才如此系统地讲孝道），现在居然面临着失传的危险。当然，说失传，也是一种夸张的说法，但存在着大危机却是事实。尤其是独生子女成为家庭主流的现状下，父母与子女的关系越来越难处理了。比如，父母和孩子发生了冲突，父母错了，固然要受批评，可孩子错了，周围的人也会一窝蜂地批评父母，孩子不懂事，难道大人也不懂事？我曾经也以这样的理由批评过别人。研习中国传统文化这么多年，我越来越觉得，当代条件下的中国，无论父母还是孩子，都有必要认真学习并实践《弟子规》。每一个人，要先学会做父母，才能教育好孩子，而不会做孩子的，也一定不会做父母。

现在，父母和孩子的主从关系完全颠倒了。古时候，父母是阳，主动，占支配地位；孩子是阴，被动，属于被支配的。父母让孩子做什么，孩子再怎么不高兴，都得先应下来，能做的，一定就做了。现在，孩子是阳，主动，占支配地位；父母是阴，属于被支配的。孩子想做什么了，父母通常想尽一切办法都要满足。为了能让孩子有出息，父母心甘情愿地做着绿叶，后勤保障工作做得极好。为了让孩子长个高个子，早上吃什么，中午吃什么，晚上吃什么，要查食谱，讲究的是科学搭配；为了让孩子安心学习，千方百计地给孩子请家教，买学区房；为了让孩子一身轻松，能帮的忙都帮了，有些明明不在一起住着，不远千里地奔着孩子去了，只是为了让孩子没有后顾之忧；等孩子有了孩子，父母更老了，可做了爷爷奶奶的老人，更不讲道理了，天天早出晚归地接送孙子。其实有时候，得把孩子适当地晾一晾，也许更有利于他们的成长。

3. 一味地顺着孩子会纵容他们的自私与冷漠

现在大多数家庭都是一个孩子，孩子从小在家里享受着皇帝一样的待遇。父母整天研究孩子的心理，喜欢什么，应该怎样，为的是能更好地照顾孩子。研究当然是必要的，科学了更高效，但过头了，恐怕未必就好。孩子在家受委屈了，爷爷奶奶骂父母，父母真像做了什么丢人的事情；孩子在学校受委屈了，家长要找学校讨说法；孩子在社会上受了委屈，家长会动用自己所有的社会关系，不这么做的，孩子要埋怨，别人也觉得这样的父母不称职。仔细想来，父母总是以孩子为中心，顾及着孩子的感受，如果孩子后来成器了，那是好苗不愁长，并不是父母的功劳，可如果不争气，父母溺爱的罪过可就大了。

父母过分考虑孩子的感受，会造成孩子无所顾忌，越来越难伺候。一两岁的孩子，给他喂饭，烫了，他会哭，喂久了，就不会自己吃了，有一天不再喂，他会很不高兴。如果父母为了让孩子能把全部精力用在学习上，包办了一切家务，有一天孩子出门了，会埋怨父母没有把一切都准备好。在温箱里成长的孩子，不会考虑父母的感受，所以出门了，只要有钱，从来想不起要给家里打电话，根本不知道父母在家里有多担心；工作后，总是借口忙，也不知道回家看看，其实很多时候就是和同事朋友们喝酒吹牛聊大天呢，不知道家里的老父母眼巴巴地等着电话，总想听到孩子的声音。常常听说一句话：孩子需要父母十几年，父母需要孩子几十年。听到这句话，总有一些伤感，老了的父母，心里该有多么孤单啊！

4. 适当的惩戒更利于孩子的成长

我很奇怪，现在几乎所有的教育专家，都说要给孩子讲道理。道理该不该讲？得看情况。有些时候，道理讲得再多，孩子也是不听的。哪一个孩子不知道父母的辛苦，可又有多少孩子能体谅他们的辛苦？有些孩子从小说一套做一套，看起来是一个听话的孩子，却有很多小毛病，人又聪明，知道父母爱他，不会为一点小问题就把自己怎么样，所以家长能给他讲的道理，他先讲了，结果还是一如既往。所以，讲道理，总有讲不通的时候，这个时候，适当的惩戒很有必要。只是，什么时候进行惩戒，却大有讲究。有些父母，有暴力倾向，总是在体罚，这固然不对。但是如果连罚站一会儿都舍不得，也不对。中国的父母，确实得学会在适当的时候，用一下惩戒的手段。三十多年来，中国经济快速发展，家庭结构与家庭成员的关系，发生了很大的改变。独生子女让父母越来越不会做家长了，总是把孩子置身于家庭的核心。原来，爷爷奶奶是核心，父母次之，孩子最小；现在孩子是中心，父母次之，爷爷奶奶最小。无论如何，这样的道理，在中国的过去、现在或者未来，都是讲不通的。孩子总是在埋怨父母，怪谁呢？要说怪孩子，如果不是父母从小把孩子顶在头顶怕摔了，含在口里怕化了，孩子能那么无所顾忌吗？要说怪父母，父母爱自己的孩子难道还有错吗？似乎有点复杂，说不清了。

5. 四事八法

"入则孝"这一部分内容，一开始就说了一个"四事八法"。这个"四事八法"，是我的概括。"四事"是指父母对孩子单方面的四种指令，即呼、命、教、责。"八法"是孩子对待父母在"冬夏、晨昏、出返、居业"八个方面的行为规范。也有人把这个归结为孝敬父母的四个基本原则和应该做的八件事。"四事八法"，说的都是小事，是身边事，听起来极平常，但很难做，偶尔做一两次没难度，难就难在一辈子都得这么做。现在很多孩子看到《弟子规》里面说的这些事情，或许会不以为然，觉得这已经是古代的条件了，都到了二十一世纪，如果还抱着老皇历，是要被滚滚的历史潮流淘汰的。这其实就是年轻人不懂事了，有些事虽然做不到，但理却必须明白，明白了道理，具体的做法就可以变通。比如冬温夏清这两件事，说的是后汉的黄香——《二十四孝》里面的著名孝子，他九岁失母，所以侍奉父亲极其孝顺。冬天冷，就用自己的身子把父亲的被子暖热，夏天热，就用扇子给父亲把席子和枕头扇凉。现在条件好了，这些事情好办，只要时常把父母放在心上，一切都不是问题，问题是，很少有人把父母真正放在心上。可以花几百块钱和朋友吃顿饭，却想不起来给掉了牙的老母亲买碗豆花；可以打牌买彩票一掷千金，却舍不得给父母几十块零花钱；可以花成千上万让孩子参加各种辅导班，却想不起来给老父母房子里装个空调；别人借他几万块钱不还他也没办法，却因为父母不多的一点家产分配不均而兄弟不和。所以，我们可以不学黄香的冬温夏清，却必须学习他赤诚和孝敬父母的那份心。

《诗经·小雅·蓼莪》中有一句诗："无父何怙，无母何恃。"怙音"户"，恃音"誓"，两个字都是依靠的意思。一个小孩子无论是没有了父亲还是没有了母亲，都像天塌了半边，没人保护了，是很可怜的。没有父亲的孩子可怜，有了困难得自己扛，自己的前途也要自己决定，一帮孩子在一起，有爸的孩子说话气都壮。相比之下，没有母亲更可怜些，因为母亲从孩子小时就要照顾孩子的衣食住行，这是明面上的；其实更重要的，是孩子天然地对母亲有一种依赖，能朝夕相处，心里就温暖，见不着了，无论多大的年龄，心里先恐慌了。所以，中国人，年龄越大，对父母的依赖也就越重。现在，愿意孝敬父母的，年龄大的比年纪轻的多。因为他们明白，父母，不光是给了孩子生命，还是他们的第一任老师，对父母做再多的事情都不够。

6. 曾子错了

　　《孔子世家》里面记载了一个故事：曾参在锄地的时候，不小心把瓜苗锄了，父亲不高兴，就拿个棍子打他，结果不小心把曾参打昏了。曾参醒来后，没有埋怨父亲，反而很诚恳地向父亲道歉，说自己惹父亲不高兴，父亲打得对。孔子知道后，认为曾参不孝，生了大气，告诉门下弟子："参来勿内。"意思是不让曾参进来，大有赶出师门的意思。曾参是孔子很得意的弟子，也是孝子，挨了打，又被老师骂，当然很委屈。可是他觉得自己没错，想问个明白，就请教孔子，孔子说了一段很有道理的话："汝不闻乎？昔瞽瞍有子曰舜，舜之事瞽瞍，欲使之未尝不在于侧；索而杀之，未尝可得。小棰则待过，大杖则逃走，故瞽瞍不犯不父之罪，而舜不失烝烝之孝。今参事父，委身以待暴怒，殪而不避，既身死而陷父于不义，其不孝孰大焉？"这段话大义是讲瞽瞍和舜相处的道理，瞽瞍很不喜欢舜这个儿子，可舜侍奉父亲却非常尽心，每当父亲需要他，总能及时出现，可父亲暴怒要杀他的时候，就是找不到。小的惩罚，能承受的就受了，不合常理的大惩罚，能逃就要逃，所以，瞽瞍没有犯为父不慈的罪过，舜也没有失掉纯孝的美名。可曾参就完全不同了，父亲暴怒，却以身体硬抗，不知道逃避，倘若真的被打死了，那就是陷父亲于不义，还有比陷父于不义更不孝的事情吗？这段话十分生动地说明了对待父母的责罚，应该怎么办。后来曾参向老师道了歉，师生这才和好如初。曾参是很有悟性的学生，一点就透，现在有很多人却未必。

面对父母的责罚，孔子和曾参的差别在于：一个懂得变通，一个泥古不化。面对父母的责罚，孔子主张"小棰则待过，大杖则逃走"，看的是大义，曾参看似孝顺，其实只是小节。天下没有不疼儿女的父母，但他们也是普通人，总有失去理智的时候。孝顺的孩子是不会让父母失去理智的，这就要求有眼色，有眼色的孩子谁都爱。"父母责，须顺承。"顺承固然要顺承，但也要看情况，父母在气头上，顶撞显然不对，硬着头皮挨打，也不对，我们是可以逃的。有很多孩子，常常觉得自己没错，面对父母的责骂，不解释，不逃避，硬顶，结果是父母生气，自己也吃亏，最重要的是伤了父子亲和的大义，这不应该是我们中国小孩儿的做法。中国人的聪明，在于不固执，在于走曲线，在于变通。孟子是孔子之后，最懂得变通的人，他用权变的理论解释"男女授受不亲"，与孔子解释曾参挨打的实质是一样的。

事实上，儿女爱父母永远比不上父母爱儿女，但如果儿女在家做到了使父母内心欢喜，让父母觉得和儿女没距离，在外做到了使父母受人尊敬，让别人觉得他们是好父母，那就是孝顺了。孝顺孝顺，并不是要一味地顺。处处把父母放在心上，凡事先想到父母，爱而不怨是小节，敬而成全才是大义。爱是自然天性的流露，成全的却是父母与子女的人伦，在父母与孩子的人伦中，父严母慈，子孝女顺，各个角色的社会意义都实现了。

7. 自己丢人就是给父母丢人

孝敬父母，是我们的传统美德。但怎样孝敬父母，却是要看实际情况的。《弟子规》归纳出三个基本原则：一是事勿擅为，二是竭力事亲，三是以德养亲。

事勿擅为，是说不能擅自做主，要把父母放在前边，有事要请示，要听父母的话。早上起来，先请个安，告诉一下他们今天我要干什么；晚上回来，再请个安，汇报一下自己的所作所为。请安有两个作用，问候父母是表面的，真正的用意是告诉老人家儿女安好，父母不必担心。我们应该都知道，父母之于儿女，无时无刻不牵挂，儿女无虞父母才能安心。大事请示，可以得到父母的指点，毕竟他们的人生经验丰富——普通人处世，经验比智慧更重要。小事请示，只是告知，儿女决定了，只要没有原则性的冲突，父母一般不会阻拦。擅为即是不敬。现实中，很多人从青少年时代就已经觉得父母有诸多不足，做事的时候，自己就做主了，也不告诉父母，其实，也许他会因此而失去了借鉴父母人生经验的机会。事实上，长江后浪推前浪，后来者一定更聪明，但是后来者再聪明，为人处世也未必比父母更好。有时候，聪明反被聪明误。如果失了做儿女的规矩，再聪明的人，也可能会有麻烦。

竭力事亲，是说要真诚侍奉父母。父母错了，也不能有怨言，如果不能让他们开心，至少不能惹他们生气。其实，古往今来，全心全意伺候孩子的父母多，全心全意侍奉父母的孩子少。《红楼梦》里有一句话："古来痴心父母多，孝顺儿女谁见了？"父母是天底下最无私的人，也是最偏心的人，总觉得自己的孩子好，孩子做错了事，他们不但愿意原谅，而且还会设身处地地找出很多理由来。比如，孩子总不回家，他们会说孩子忙；小两口闹矛盾了，婆婆一定护着儿子，觉得媳妇错了，而岳母虽然不会明说，也一定是护着闺女，内心觉得女婿不对。我常常想，怎样才能做到竭力事亲？书里面说了很多方法，其实不用那么复杂，各人情况不同，侍奉父母的方法一定有所区别，只要像父母照顾孩子一样侍奉父母，孩子一般就知道该怎么做了。

以德养亲，是说要注重品德修养，做错了事，自己脸上无光，父母脸上也无光，自己丢人就是给父母丢人。一般情况下，有两层意思。一个是指按照古之圣贤教导的方法来赡养老人，即便父母老糊涂了。人老了难免糊涂，糊涂了就有可能不讲理，但子女不能为此生气，更不能指责老人，还是要尽心尽力，甚至要更用心地照顾父母，这就是赡养老人的德。另一个意思，是说儿女要注重自己的品德修养，做好人，做好事，不要给自己惹麻烦，自己有麻烦了，父母一样不开心。父母担心孩子的，不过两件事，一是身体无恙，二是品行端庄。身体出了状况，父母就着急了，病在孩子身上，疼在父母心上。做父母的，都有过这样的体会，只是孩子不知道，等他们长大了，成家了，就知道了，可是那个时候，也许父母就不在了。事亲，不等时间。品行上出了问题，就不只是让父母着急，更会让他们蒙羞。

8. 多听父母的教诲

父母的"呼"，有两种情况，一种是有事，一种是没事，但儿女往往不知道父母有事没事。有事的时候，立刻为父母办了；没事，有可能是父母想见儿女了，也有可能是年龄大了，本来有事，孩子来了，却忘了，一两次还好，次数一多，可能就有人要烦。看过一个故事，说是父母叫了女儿三次，都没事，女儿烦了，认为自己忙得跟啥一样了，而父母净添乱。可后来无意间看到母亲的日记，写到了她小时候没事就叫妈妈，一天能叫几十次，妈妈总是很耐心，也很开心。女儿忽然就很惭愧。父母老迈以后的"呼"，可能更多的是一种心理上的依赖，做儿女的不应该烦。所以，"父母呼，应勿缓"，还是很应该的。

一般而言，现在的独生子女，父母很少"麻烦"他们，但凡自己能做的，通常都自己做了，时间一长，孩子也就不太理会父母了。父母让做的事情，能做，也很勉强，不能做的当然是理直气壮了。适当的时候，父母得遛遛孩子，有事没事叫一叫。让孩子做做家务，不是说孩子一定要做家务，但不会做，以后独立生活了或成家了，会有很多苦头等着他们。做家务是一种学习，在这个过程中，孩子们会学会很多东西。现在的家长，总是怕耽搁了孩子的学习，总觉得孩子只要学习好了，以后什么都会好，这其实是一种误解。父母包办了一切后，孩子就会慢慢地习惯自私与冷漠，"父母呼"，都不应，何况别人！而对于吩咐他们的事情，常常是听见了也装作听不见，能推也就推了，长此以往，责任心、合作意识就越来越淡。父母得认识到这个后果，而孩子也得学会时不时地反思一下自己的内心，懒惰会毁了自己的前程。

对于父母的教诲，现在的孩子通常不以为然。其实不光现在的孩子不愿意听父母的教诲，以前也有这样的问题。孩子在成长过程中，必然会对父母的教诲有一个从盲目接受到怀疑，再到不屑，再到追悔的过程。我们小时候，会觉得父母是无所不能的人，几乎所有的小男孩，都崇拜过自己的爸爸。十多岁，觉得他们也有所不能。二十多岁，觉得他们什么都不对。三十岁过了，慢慢觉得可以理解父母的那些不对。四十岁，觉得父母还是对的多。五十岁，可能又要觉得父母总是对的。六十岁了，父母要走了，或者已经走了，回想起来，会觉得父母是那么地智慧，简直是无所不能了。对父母态度上的转变，是我们人生阅历不断增加的结果。

古时候，有身份的人家，大门都朝南开，门口通常要修一堵影壁墙，叫南墙，出了头门，得拐着弯朝左或朝右，直走，就会撞上南墙。可惜的是，有的人是属驴子的，犟，二十岁以前逆反，更犟，听不进去别人的意见，只有撞着南墙才会回头。有些人甚至是撞了南墙也不回头。几乎所有的父母都会告诉孩子，找对象结婚的时候，要综合各方面情况，多加考虑，可是孩子很少会听取家长的意见。到底谁对呢？经历过了，自然就知道了。人情之复杂，不是年轻人能看透的，多听听父母的教诲，借鉴他们的人生经验，会少走很多弯路。父母不在了，我们才会知道，能够听着父母的教诲成长，是一种多么大的福分！

9. 子女能不能自己做主

有一个孩子，当年和我聊天的时候，说他有一个愿望，是尽快地做家长。做家长这件事情，对于中国人来说，无论男女，诱惑都挺大。一些追求事业胜过家庭的男人，把当家长也当成了一种"官儿"，做起来有滋有味的。其实，做官的学问很复杂，能做官的，要么智商极高，要么情商极高，要么逆商极高，总之都不是一般人。孔子说了，"学而优而仕"，所以学得好的，认为自己该当官；学得不好的，也会莫名其妙地认为自己学得好，至少认为自己在某些方面比别人强，朝着那当官的路上狂奔了。所有的官位都有被剥夺的可能，只有家长不能。别的官是不同的人换着当的，认真负责的，兢兢业业，把公家的事当作自家的事来做，可也一定有怕担责任嫌麻烦的，做一天和尚撞一天钟，混着就过去了。好好干的，不见得人人喜欢，而混日子的，也不见得就人人讨厌。当官有任期，家长却是终身制，而且每个人都有机会。所以，无论愿意不愿意，每个人都要做家长并且要争取做好。如果连家长的责任都不想担着，只好独身，独身不是主流，在中国的文化传统里，是要受人歧视的，甚至连父母都要一块被牵连，认为父母没有尽到责任。

曾经看过一篇文章，大意是说如果父母不能一辈子养着孩子，就没理由宠惯着他。虽然道理很对，但实际情况并没有那么简单。中国的父母，一生都心系儿女，我常常说一句话，老婆孩子就是用来爱的，不宠他们宠谁去！父母守着一个孩子，出于本能的爱，心掏出来的想法都有，让他很理智地对待儿女，道理他懂，可是没用，做不到。鲁迅有一首诗，叫《答客诮》，里面有两句："无情未必真豪杰，怜子如何不丈夫。"说的就是父母爱孩子的不讲道理。

我有一点小认识：现在的教育，基本上都是在对教育的主体提要求，而很少给受教育者提要求。这一点，和古代刚好相反。古时候，做父母和做教师一样，可以对儿女或者学生提要求，他们的成器与否，是他们自己的事情，几乎没有人想要把责任完全推到父母与老师头上。《弟子规》也是这样一本书，学生只要照着做就好，否则，无论是什么样的老师来教，错的都是学生。按照现在的标准，这似乎有点不讲道理。但就是这个不讲道理，培养了很多严以律己的杰出人才。那些指责父母溺爱孩子的言论，虽有道理，但也要辩证地看待。有严父慈母，也有慈父严母，更多的人，往往是慈父慈母。这有点像教师，有严格得近乎古板，也有慈祥得像母亲，严师可以出高徒，慈师也可以出高徒，重要的是，弟子是严格地遵循了老师的教导。指责父母与指责老师，同样没有抓住问题的实质。

10. 交易出来的孝子不是真孝子

　　古往今来，不孝顺的孩子各式各样，但孝顺的孩子却基本一样，而培养孝顺孩子的方法，又千差万别了。古时候有一种说法，叫天生醇孝，是说孩子生下来天性良善，长大了自然知道感恩父母，孝敬父母。天生孝子的说法曾经很有市场，所以，谁都想生个孝子，偏偏就生了个逆子，怪谁？谁都不怪，怪命运！高深莫测谓之天，无可奈何谓之命。生不出孝子，那是命不好。这样一想，心里就不堵了。但是，这其实是父母为自己教育无方的开脱，多少是一种无可奈何的自我安慰。融通了中国传统文化，就能很好地解决每个人的心理问题。

　　我们小时候，都知道这么一句话，叫"棍棒底下出孝子"。父母的打，不是真打，棍棒拿在手上，多半是吓，是为了让孩子有个敬畏心。拿着棍棒真打的，不是亲人，倒有可能是仇人。现在倒好，孩子不知道害怕，天塌下来，有父母顶着，所以由着性子胡来，一旦父母护不住，亲人就真成仇人了。孔子的学生有子说："其为人也孝弟，而好犯上者，鲜矣；不好犯上，而好作乱者，未之有也。君子务本，本立而道生。孝弟也者，其为人之本与？"（《论语·学而》）孝悌是修身的根本，也是治国的根本。汉武帝就专门设立了"孝廉"这么一个察举考试制度，把以孝闻名的人网罗进统治集团。孝廉——"孝顺亲长、廉能正直"，明清时期，干脆成了举人的雅称。汉代还没有科举制度，除了战场上建立军功，这几乎成了下层人士走向上层的唯一途径。因为孝顺可以做官，所以就有人装孝子了。今天人们都说孝子不能装，但其实装孝子的人还是挺多的。

现在有很多人，知道了西方教育的好处，就囫囵吞枣地引进到家庭教育中。比如，为了让孩子多干家务，采用付费的方式，洗碗一块，扫地两块，做饭五块，给父母洗个脚十块，如此等等。单从结果上看，父母和孩子都很高兴，孩子觉得自己挣钱了，父母觉得孩子懂事了。这种做法，好还是不好，要一分为二地看待。付费的方式，鼓励了独立，却忽略了亲情。孝悌，是发自内心的真诚，金钱鼓励出来的孝行，就像掺了水的油，漂在水上，看起来是油，但终究掺了水，不是真油了。长远地看起来，可能还要坏事，父母给钱的时候好办，可是父母老了，没钱给了，怎么办？孩子还能孝顺吗？从中国传统文化的角度来看，这更像是一种交易。

11. 孝顺最难做到的是"色难"?

《论语》里有很多地方讲到了孝。孔子讲孝，有针对性。这好像是常识。孔子教育学生，从来都是因材施教的，同一件事情，对不同的人可能会有不同的说法。比如，子路问孔子："闻斯行诸？"孔子说："有父兄在，如之何其闻斯行之？"而冉有问："闻斯行诸？"孔子却说："闻斯行之。"（《论语·先进》）原因是子路性子急，孔子就劝他多听听父母的意见，而冉有优柔寡断，孔子就鼓励他立刻就做。同样的道理，关于孝敬父母，孔子告诉子夏："色难。有事，弟子服其劳；有酒食，先生馔，曾是以为孝乎？"告诉孟懿子："无违。"什么是无违，无违就是"生，事之以礼；死，葬之以礼，祭之以礼"。而对孟武伯却说："父母唯其疾之忧。"（《论语·为政》）后世的人，死守教条，可是，照着其中的任何一个教条来做，虽然也不会有大错，却有可能会误会孔子的本意。读《论语》，要深刻理解孔子的真正意图，就不能死守章句。

当代有一个学术明星，叫于丹，她讲的《论语》通俗易懂，老百姓喜欢，可是有很多学者不认可，说她的讲解中有很多知识性错误。有争论，是常事，也是好事。《论语》是学者们的《论语》，也是老百姓的《论语》，于丹在《论语》的普及上，做了很大的贡献。上文提到《论语·为政》里的一段话："子夏问孝。子曰：'色难。……'"于丹据此认为孝顺最难做到的是"色难"。有人认为她讲错了，于是引经据典地证明"色"的意思是生气，"难"的意思是离开，而后边的"曾"也不是宋儒解释的尝，而是指孔子的学生曾参，显然把孔子与曾参生气的那个故事当作了经典的依据，于是"色难"就被解释成了："如果父母生气，就赶紧逃开。"虽然也能解释得通，但好像有点过度发挥。如果想知道孔子的"色难"是什么意思，得先知道子夏是个什么样的人。子夏以文学名世，是孔门七十二贤，十圣哲之一，对一些事情的看法甚至与孔子都有所不同，很有些个性，有个性的人多少会有些小脾气，孔子当然看得清清楚楚了，所以才说"色难"。有活儿弟子们干，有好吃的年长的先吃，这难道就是孝吗？孔子显然隐藏了一些意思，启而不发的学生，孔子是不教的，子夏那么聪明，所以不必要把话说透。可是，后人却常常纠结不清，理解不了。

客观地讲，对于一些人而言，做到心平气和，在父母面前低眉顺眼不难，可对于有些人，就像是登天了。如果一概而论，把"色难"看作孝顺最难做的事情，显然没有理解孔子的教诲。孝顺，怎么做都不过分，没有最好，只有更好。如果是一个孝顺的孩子，自然能理解孝无止境的内涵。其实，《论语》里面，已经有了准确的表达："子游问孝。子曰：'今之孝者，是谓能养。至于犬马，皆能有养；不敬，何以别乎？'"（《论语·为政》）孝顺如果没有了敬，就与养犬马没有区别了。于丹把"犬马皆能有养"解释成了犬马也有小养老的，并用了羊跪乳、鸦反哺的例子来证明，把自然现象附着了道德内涵，确实是讲错了。宋儒说得明明白白，孔子在这里就是把养老与养犬马做比较，这才引出了敬。父母养孩子，因为爱，所以才无微不至，即使孩子再淘气，他也不会不耐烦；儿子养老人，不光要有爱，虽然说人老了和孩子一样，但毕竟不是孩子，智力和社会经验远甚孩子，所以会更敏感，爱之外，更要有敬。这个敬，才是孝顺的真正内涵，也才是最难做的事情。我们读经典，要尊重经典，要平实，不要胡乱发挥，要先把圣贤的意思搞清楚；同不同意，那是另一回事。

时至今日，环境问题恶化，有人提出要敬重一切生命，养牛马也要敬，这也是另外一个问题。这个意思，在老子的学问中讲得明明白白，老子是讲天道的，研究的是自然与生命；孔子是讲人道的，研究的是人伦与社会。研习中国传统文化，不要把老子与孔子对立，两者是一回事，只是研究的视角不同而已。

12. 平常的事情最难做

人生在世，无非生老病死，这四件事做好了，一辈子就好了。可世间人，往往连一件都做不好。自己都照顾不好，谈不上孝敬父母。很多人，在孝敬父母的时候，总想做大事，但什么是大事呢？大事不过就是吃喝拉撒，这个过程，就是生命的全部意义。儒家特别强调活着的意义，所谓好死不如赖活着，好像很没有尊严，其实恰恰特别强调了对生命的尊重。吃喝拉撒是生命的基本保证，有些琐碎，但如果赋予这些琐碎快乐开心的元素，就上升到了价值观与人生观的高度了。比如，吃饭为了活着，而活着却要做自己喜欢的事情才能快乐。孔子最想做的，是推行德政，"老者安之，朋友信之，少者怀之"（《论语·公冶长》），实现了，就是快乐；普通人所想的，无非家庭幸福，儿女绕膝，事业有成当然最好，不成，也没关系。普通人对生命缺乏思辨，父母通常把自己的想法强加给孩子，孩子长大了，也想当然地把自己的想法强加给父母，出现了很多错位，心里很痛苦，其实都是自找的。孝敬父母这件事，只要把平常事做好，就足够了。只是，没人知道，平常的事情最难做。

佛家说，除了生死，都是小事。除了名节，儒家不太说身后事，更注重生前的每一天。所以，从睁开眼睛，要先想着给父母请安，要把他们一天的事情都安排妥当了，再做自己的事情。这是在强调感恩。中国文化，重孝道，孝是最讲究感恩的，后来的人容易忘掉父母的恩义，那只是他们做人不讲究，并不是传统文化的错。在中国，父母养孩子很辛苦，总想包办一切：孩子小时候，想吃什么，想要什么，想尽一切办法也要满足他们的要求；长大了，本该独立了，找对象结婚，完全能自己做主了，可就是不放心。其实也不是不放心，是想让孩子过得更好一些，这才不怕辛苦，不嫌劳神，费心巴力地要把自己的人生经验分享给他们，结果就有操不完的心了。一些人不理解这种心理，觉得完全没必要，这也是因为不了解文化传统。在父母心里，他们操心的这些事，其实就是人生的平常事。那么，孩子自己把这些平常事做好，少让父母操些心，也就是孝顺了。

平常的事情，父母与孩子的理解可能会很不一样。比如说，父母觉得孩子好了，就什么都好了，所以总想把自己的经验分享给他们。可孩子并不这样想，他们会觉得父母少管些事，自己就好了，所以事事与父母想不到一起去，这就是代沟。有代沟正常，也是必然，并不可怕，可怕的是不能面对代沟，一味地相互指责，就有没完没了的争吵与苦恼，父母说孩子不懂事，孩子却说父母跟不上时代了。要把平常的事情做好，就得换位思考，站在对方的立场上看一看，问题就比较容易解决。孩子爱吃肉，父母可能更喜欢喝粥；孩子爱熬夜，早上起不来，父母却是困得早，醒得也早；孩子爱热闹，几个人凑在一起，嘻嘻哈哈，没完没了，父母也爱热闹，看着孩子们一起闹也开心，但一会儿就倦了；孩子们爱出去玩，父母也许更爱静静地晒太阳。所以，孝敬父母这件事，不是要根据自己的喜好，得考虑父母的需要，他们喜欢的，才是孩子们要做的。历史上有名的二十四个大孝子，做的都是平常的事，只是做到了极致，才让人格外敬仰。

13. 天下无不是的父母

我多次在课堂上问学生："谁是孝顺的孩子？"都举手！又问："谁以后仍然会做一个孝顺的孩子？"还是都举手！我又问："谁觉得自己的父母没有过错？"没有一个人举手。这里面值得深思。

都知道做父母难，其实做孩子也挺难的，尤其是做个好孩子。中国人的复杂性在父母身上体现得十分突出。父母对孩子在不同的阶段的要求是不同的，甚至对同样的事情在不同的时间要求也是不同的。年轻的时候，父母判断好孩子的一般标准是懂事、爱学习，做不做家务没关系，会不会与人相处也没关系，只要听话就够了，父母把一切都安排好了；孩子长大了，结婚了，男孩子不知道怎么处理夫妻关系、婆媳关系，女孩子也不知道怎样做个好媳妇；再大点，养孩子了，该知道的基本上全不知道，好在现在有百度，什么不知道了都可以查到。所以说，我们这种文化下，强势的父母造就了弱势的儿童，如果是父母强势再加上溺爱，孩子老长不大，也就十分正常了。现在有很多男孩，三十多岁了，心理却停留在二十岁，这怨不得孩子，好像父母的过错确实很多。虽然实际情况如此，却不能这样想问题。

很多人脑子里有一种固定的思维方式：不讲对错，只看结果；模糊是非，但求圆满。比如，一帮子人过马路，明明是红灯，没有车，有的人就过了，或者一堆人凑齐了，也可以过，车得让人，与红绿灯无关。男女婚姻，明明是最个性化的事，却偏偏把两个家庭，甚至家族都牵扯进来；而有的地方闹洞房的时候，越私密的事情，反而越被公开；两个人过不下去要离婚了，仍然是一大家子的是非。到了父母这儿，有些事，父母让做是对，不让做还是对；中国有一句老话"无不是的父母"，父母就没有错的时候。面对父母，孩子们唯一能做的选择就是孝顺，可要做个孝顺的孩子，确实也不是件容易的事情。

我们仔细体悟这种思维方式，它听起来可笑，却无处不在。现在有些家庭，没钱时有矛盾，有钱时也有矛盾，原因其实挺简单，父母和孩子的思维方式不同，想不到一起去。孩子长到三十好几，无论男孩儿女孩儿，还不想结婚，父母都能急死，可他们却十分不理解，谁错了？都没错，这是思维不在一个平面上的缘故。现在有很多人，看似很开明，但根子里却依旧很保守，所以，本人也很纠结。我听过一个故事，说一个男人在外边非常讲道理，守规矩，素质非常高，但回到家里，烟头满地扔，把家里搞得很乱，理由却十分可笑："我在外边要约束自己，回到家还要一本正经，还让人活不！"我曾经写过一篇文章，大意是说，两口子之间，分清了对错，也就生分了感情。其实，不止两口子，朋友、父母与孩子，甚至领导与下属，都是这样。所以，知道了在什么时候该讲道理，在什么时候不讲道理，那就长大了。

14. 久病床前无孝子

从我记事的时候起，就号召学雷锋，现在还在号召学。毛主席号召向雷锋学习，他说过一句话："一个人做一件好事并不难，难的是一辈子做好事。"同样的道理，一个人一时的孝顺并不难，难的是一辈子孝顺；一个人在父母有钱的时候孝顺不难，难的是父母没钱的时候也孝顺；一个人在父母健康的时候孝顺不难，难的是父母生病的时候也孝顺；一个人在父母小病的时候孝顺不难，难的是父母久病也孝顺。

我们是礼仪之邦，礼义廉耻，国之四维，不孝敬父母是可耻的行为。但传统文化又特别讲究变通，所以又有一句老话："久病床前无孝子。"回想父母对待不懂事的孩童，一把屎一把尿，不但没有怨言，反而是满心欢喜。可为什么到了父母多病，需要孩子们一把屎一把尿的时候，他做一天，舆论就表彰一天，他做一年，舆论就要表彰一年了？难不成父母养孩子是本分，孩子养父母就成了一种善行？好像说不通。有一种说法，把父母养孩子的无私大爱解释为一种生物本能，而把久病床前无孝子说成是孩子面对生活压力的一种无奈，好像也是一种生物本能，趋吉避害。这多少有些轻看了人类，虽然人身上动物性的东西确实不少。

中国传统文化，是积极向善的文化，也是宽容的文化，扬善有余，惩恶不足。所以，当孩子们以久病的理由不养老人的时候，社会居然也能够理解。懂事的孩子，愿意扛责任，也能够担责任，知道应该守规矩，至少在不守规矩的时候能够认识到错误，并且有不好意思的感受；不懂事的孩子们，不知道规矩，也不想守规矩，坏了规矩还觉得理所当然。面对这种怪象，社会舆论反而指责施教者不会教育了。中国的传统教育，向来是严格要求受教育者的，现在却恰恰相反，所以孩子才会越来越放肆。不在指责中教育，却在理解中鼓励。这是传统文化的长处，也是不足。对于"久病床前无孝子"的理解，其实就是对指责的忽略。

通常情况下，基于现实的功利选择，很多人不愿意自找麻烦，所以兄弟姊妹多了，就有人把年迈的父母往外推，如果病了，更没人管了。如果因为父母久病，或者赡养老人的难度过大就逃避自己的责任，这不应该是一个中国人的主动选择。而容忍这种行为，在一定程度上就是一种纵恶。曾经与一位企业老总聊天，他说自己从来不与不孝顺的人做生意，理由是这种人对自己的父母都不好，也一定不会对朋友好！这话颇有道理。现在有这么一种流行的意见，大体是说父母爱孩子不知是孩子爱父母的多少倍，所以孩子要感恩和回报，把孝敬父母说成了一种等价交换。我的理解是，孝敬父母不是感恩和回报，应该是一种社会秩序与文化规则，基点是中国人善良的天性。心底的善良天性如果泯灭了，任你有多大的诱惑，恶念也无法回头。教育的目的，其实就是找回每个人善良的天性，知识的传授是其次的事情，至于技能，又在其次。中国传统文化在这一方面做得很好，所以文明的道统才得以传承。

15. 为父母守丧三年

　　人们往往看到有谁给父母花了很多钱，就说这个人是个孝子，其实有可能这是做给别人看的。比如，现在农村很多地方，还习惯于土葬；有些子女老人生前不管，老人死了，却要请道士或者和尚做法事，诵经祈愿，做一个大大的场面，哭得地动山摇，有时候哭都可以请人，但谁也不知道他们内心是不是真的难过。虽然在葬礼这件事上，孔子说过"与其奢也，宁俭"（《论语·八佾》），但风气之下，很少有人能够不受影响。与这一类人相反，还有一类人，觉得只要在父母活着的时候照顾好，父母死了以后，什么都没有了，就可以无所谓了。我曾经也是这样认为的，自从学了《弟子规》，我觉得自己错了。

　　孔子说守丧三年是天下之通义，因为每个人都是三年后才真正离开父母的怀抱。孔子的这个说法，有人理解为报恩，多少有点等价交换的意味，这其实是一种误解。父母对孩子的恩情，是一辈子的，所以三年之丧是基本的要求，之后，逢年过节，家有大事，敬一炷香，烧一些纸，告知一声，就好像父母还在一样，这是情义的传承，也是道义的传承，同时还给孩子树立了榜样。家的概念，不是只有活着的那么几个人，前有已故的先人，后有将来的子孙，旁逸出去的，还有叔伯弟兄，成一个家族了。没有了对亡故之人的敬重，对将来的责任也就轻了，家族成员之间的情分也自然会因为血缘的渐远而平淡如水了。为父母守丧，守的是一种文化、一种血浓于水的虔诚，象征的意义远远大于情感的需要。

四、出则弟

兄弟的相处之道

原文：

兄道友，弟道恭。兄弟睦，孝在中。
财物轻，怨何生。言语忍，忿自泯。
或饮食，或坐走。长者先，幼者后。
长呼人，即代叫。人不在，己即到。
称尊长，勿呼名。对尊长，勿见能。
路遇长，疾趋揖。长无言，退恭立。
骑下马，乘下车。过犹待，百步余。
长者立，幼勿坐。长者坐，命乃坐。
尊长前，声要低。低不闻，却非宜。
进必趋，退必迟。问起对，视勿移。
事诸父，如事父。事诸兄，如事兄。

1. 我理解的"三从"

　　"三从"一词最早见于周、汉儒家经典《仪礼·丧服·子夏传》，在讨论出嫁妇女为夫、为父服丧年限（为夫三年，为父一年）时，说"妇人有'三从'之义，无'专用'之道，故未嫁从父，既嫁从夫，夫死从子"。"三从"之前有一个"专用"，所以很多人想当然地认为这句话是说女孩在未嫁之前要听父母的，出嫁后要听丈夫的，丈夫去世后要听孩子的。这其实是个误解。这里的"从"不是简单的顺从，而是"辅佐、辅助"的意思。不能"专用"，不仅仅针对女人，男人也一样。与"三从"相连的，还有一个"四德"。"四德"一词见于《周礼·天官·九嫔》，九嫔是教导后宫妇女的官职，教导的内容包括四个方面：德、言、容、工。后来就成了天下所有女人的教条。身为女人，最为要紧的是品德贤淑；其次要言辞恰当，语言得体；然后要行容端庄，稳重持礼；最后还要会持家，要心灵手巧。其中的德，最主要的内容是相夫教子、尊老爱幼、勤俭节约等生活方面的细节。"三从"与"四德"合在一起，经过历代的文化阐释，被改造成了束缚女人的最高标准。

　　与女人的"三从"类似，男人要从君。从君从父从夫，封建时代被视为公理，"五四"后遭遇一边倒的批判，这种批判，有历史的必然性，却导致了后来人对"三从"更多的误解。中国文化流传到今天，有很多误解，最大的误解是男尊女卑。我们的古人，在构建文化秩序的时候，比附阴阳，父子、兄弟和夫妇之间的相处，取道阴阳：父道阳，兄道阳，夫道阳；子道阴，弟道阴，妻道阴。"三从"俱是从阳，阴的主动性并没有消失，反作用永远都在，阴阳的消长，并不是趾高气扬或者忍气吞声。男女的社会功能是文化秩序的基础。以前有君父，现在没有了，却可以转换为领导与下属，无论是阴阳的哪一方，都是一样重要的。男女有内外之分，却并无尊卑之别；领导与下属，工作性质与社会分工不同，人格上也是平等的。现实中的男尊女卑，领导高高在上，下属卑躬屈膝，都是误解了阴阳大义。女人的驯化，下属的奴化，是别有用心的人对传统文化做了一些故意的改造，经历了一个长期的历史演进。现在，到了应该还原真相的时候了。

我理解的"三从"，是从父从兄从长，之所以不专门说女人，是因为一家之内，男女相依而存，说一个就是两个一起说了。长兄如父，老嫂如母，这是民间的俗语，却一样包含着深刻的文化内涵。从父从兄从长，讲的是孝道。通常情况下，父兄长幼是从生理意义来说的，但却经常引申出文化内涵：父亲不一定就指父亲，比如在某一领域具有开创性意义的第一人，也可以叫父；兄也不一定就是指哥哥，也可以表达对一个人的尊敬，鲁迅先生就称自己的爱人许广平为兄；长也不一定就是年龄大，也可是单位的领导。孝者顺也，顺也就是从。但从，是可以反动的，也有主动性，可以选择。父亲错了，从父不是从错，只是不正面顶撞，正面顶撞，不仅于事无补，反而要伤了父子的情感。谁都知道，在单位里，领导错了，不能当面顶撞，要通过合适的方式来规劝；同样的道理，在家里，父亲错了，也不能当面顶。当面的不顶，是一种权变，权变不是圆滑，是中国人的大智慧，是为了维护情感和谐的局面。

王宗岳《太极拳论》里说到了练太极拳要做到"舍己从人"。这里的"从"，就是在主动的顺从中取得引导的先机，是对权变的升华。理解了这个"从"，才能真正理解太极。

2. 兄弟是手足

　　兄弟和睦是孝的题中之义，很多人理解不到这一点，以为孝就是指孝敬父母，尊敬兄长。其实，孝是一个体系，看起来，父母在最顶端，其实不是，父母只是居于孝的核心位置，上边有君父，也就是国家，下边是兄弟姊妹，是生命的血脉相连。从父母往上，讲的是理，孝成了忠；往下，讲的是情，孝成了爱。兄弟不睦，是血脉无情的表现，就谈不上孝敬父母了。如果对父母都不孝顺了，朋友只能靠边站，更谈不上爱国。和这样的人打交道，是很危险的。

　　《三国演义》里的刘备说过一句名言："女人如衣服，兄弟如手足。"前半句不对，可后半句却是至理。如果把一个家庭比做一个人，父母就是大脑，兄弟是手足，各有各的位置，也各有各的作用，无论怎么折腾，都要听大脑的，手足一起使劲儿，才会产生"1+1>2"的效果。现实中，兄弟之间，经常为了一些小利，也吵也闹，有时候还闹得很凶，外人看着兄弟们之间有矛盾，以为有机可乘，气势汹汹地来了，无论欺侮到谁，另外一个一定不答应，这叫作"兄弟阋于墙，外御其侮"。兄弟之间的打架，与陌生人之间的打架不同，和陌生人打完架，虽然可能不至于老死不相往来，但心里的疙瘩，就结下了，没有几年时间，根本化不了，而兄弟之间，记仇的就相对要少一些。这是血缘的力量，也是中国文化的力量。中国文化，最重血缘，外人对你再好，兄弟再不好，有事了，还是先想着兄弟。中国的人情文化，有"五伦"——君臣、父子、兄弟、夫妇、朋友，秩序井然。"五伦"之间，有个"忠孝悌忍善"的标准，国家大义当先，其次是血亲，再次是朋友，远近是很清楚的。如果有人因为别人对他好，兄弟对他不好，就疏远了亲兄弟，不但自己心里有愧，其他人也要一起骂他，祖宗在九泉之下，也不开心。

世间再和睦的兄弟，也做不到深信不疑，彼此之间，常怀着些自私的小心眼儿，虽然父母并不厚此薄彼，可孩子们却总说父母偏心。其实父母的平等在心里，外表上很难看出来。孩子们谁的日子好过了，都开心；谁的日子不好过了，都难过。谁的日子不好，父母就偏谁，这是一份深情。父母的苦心，依着道德法律，都讲不通，理解不了，就觉得偏心，理解了，就会感动。父母希望兄弟们之间互相帮扶，一起过好日子。可世间的兄弟们，有谁真能做到，把对方的日子当成了自己的过？把侄子侄女当成自己的娃看呢？如果利益上的纠纷，与个人的恩怨关联，兄弟和睦，好像就成了一个神话，永远无法实现了。

3. 兄弟相处的方法

　　人与人的相处，大的原则是"仁"，这是孔子定的。有一颗为他人着想的仁心，不管关系多么复杂，都能处好。兄弟之间的相处，比旁人多了一份亲昵，也自然会多一分直率，说话做事往往不考虑后果。该说不该说的，常常都说了；该做不该做，也可能都做了。所以兄弟之间，往往互相伤害，如果是外人，说话做事前可能会想一想，保持适当的距离，交往时有所保留，反而会更长久。中国人都知道，亲人之间的互相伤害正是生活的一部分，伤心了，难过了，过一阵子就好了。人常说，亲不见怪嘛。有人说，最高的修养，就是对亲人慎言慎行，这是很有道理的。

　　孔子是两千多年前的圣人，不知道别人怎样想他，因为他总在说要"讷于言而敏于行"，我总觉得他是一个不善于表达自己的人，或许不是不善于表达，只是不愿意表达。能说会道是一种本事，可该说的说，不该说的不说，却是一种修养，也是一种智慧。荀子在《劝学》里说："未可与言而言谓之傲，可与言而不言谓之隐，不观气色而言谓之瞽。"傲者言多必失，隐者城府太深，瞽者没有眼色，都不是君子行径。有人说，人的一生，用一年多的时间学会说话，却要用一生学会闭嘴，说的就是忍言。兄弟相处，虽是至亲，也要循君子之道，忍言，是最基本的要求。

光有忍言，还不够，还得轻财，这也是君子行径。世间之人，相处得好，不是钱的功劳，但相处得不好，却多半是钱给害的。兄弟之间，因财物而互相伤害、因利益而反目成仇者，比比皆是。利益相关的时候，才能看出来到底是不是亲兄弟。越亲近的人，越容易心生嫌隙，关系远了，反而容易相处。哥哥的日子好了，兄弟虽然心里高兴，可也会理所当然地觉得哥哥应该帮帮他；弟弟的日子好了，哥哥多半会觉得没面子。人有时候，因为胸怀不够，常常对身边的人要求太多。如果是外人，日子好坏，跟自己没关系，可到了兄弟之间，疑心是父母偏心、亲戚帮忙，或者要莫名其妙地抱怨别人对自己不好。利益这件事，搁谁头上，都可能是个麻烦。钱终究是好东西，谁也不嫌多，本事大的不一定挣得多，可挣到了自己的口袋，却要拿出来给别人，哪怕是亲兄弟，心里多少也会有些不爽。古人讲，"亲兄弟，明算账"，就是怕兄弟之间的感情沾上了利益的铜臭！事实上，现实中，兄弟之间总有人在吃亏，吃亏不要紧，可占了便宜的人，常常并不念好，不但不念好，时间一长，还觉得是理所当然。各人的视角不同，道理也不同，外人听起来，都对，却不知道纷争的源头，全在于一个"贪"字。

别人帮你，是情分，兄弟帮你，更是情分。大家各人过各人的日子，帮了你，你得记着好。兄弟之间的情分，也要小心维护，不是自己的不拿，轻了财，就长了情。

4. 从朋友到兄弟

我们的文化传统中，有一种随方就圆的方便思维，说不清的事，干脆就用说不清的文字表达，美其名曰可意会而不可言传。缘分就是这样的一个词。最集中表现出缘分的神奇的，是恋爱与婚姻。恋爱中的男男女女，明明有诸多不般配、不平等、不和谐，甚至是不可能，却偏偏爱得死去活来；结了婚，敬老爱幼，夫妇和睦，明明是能说清的道理，却非要胡搅蛮缠，可即使是吵上一辈子，也许还真就是最合适的。面对着纷繁的家务事，最高明的智者，也断不清是非，唯有装糊涂了。印度传来的佛教里，佛祖最高明，就是因为他大多数情况下，总是不说话，即便开口说话，用的也是谁也听不懂的表达。茫茫人海，每个人都有不一样的人生，两个彼此毫不相干的人，忽然有一天，见面了，还成了朋友，这本身就是一种缘分。成为朋友的可能性很多，但最好的朋友，往往起源于莫名其妙的因果。朋友的相识相处之道，真的和两口子居家过日子很相似。

古人讲，同学为朋，同志为友。既然成了朋友，也许就参与了彼此的人生。在现实中，朋友可以分为两种：一种是酒肉朋友，彼此之间，迎来送往，推杯换盏，利益上的关系更多些，彼此互惠互利，真正的感情投入不多；一种是知心朋友，也许常年在一起，也许多年不见，但只要见面，哪怕不说话，总有一种亲切的感觉，这一类朋友，交往不一定多，其淡如水，却滋味绵长。其实，这两者之间，也并不一定有特别明显的界线，酒肉朋友也可以交心，酒喝多了，掏心掏肺的话就多，没准说着说着，就说到心坎里去了；而知心朋友，也会因为各种说得清说不清的原因疏远了，世间事，因爱生恨的多着呢！无论如何，朋友关系的维持，靠的是情。

兄弟是比朋友更亲密的一种关系。中国男人之间，第一次见面，喜欢用"朋友"这个词，熟悉了之后，就多用"兄弟"了；女人和男人一样，也是始于"朋友"，渐称"姊妹"。这些客套话背后，其实有更多的人情世故。根据我们的文化传统，从朋友到兄弟，要经过三个阶段：相识，相信，相知。相识靠缘分，天南海北的人，能在一个学校里同学，能在一个屋檐下起居，能在一个事件里相遇，只有缘分说得过去；相识只是个开始，有些人相识多年，却终归是擦肩而过的陌生人，只有在一起搅的时间长了，共同经历的事情多了，才能彼此信任；互相信任之后，彼此坦荡磊落，共同的话题越来越多，谁也离不开谁，互相牵挂，愿意为对方遮风挡雨，以至于相濡以沫，生死与共，到了这个程度，除了爱人，就是兄弟了。从朋友到兄弟，不知要经过多少年的修炼，在诸多的功名利禄和恩怨是非中，始终把彼此放在心上，才是真正的兄弟。

兄弟有两种，一种是同姓兄弟，一种是异姓兄弟。感情是一样的，只是程度不同：同姓兄弟以血缘相连，同胞同宗，中国人的所有道理中，血脉是最大的道理，血浓于水的情分永远不会因为彼此的争斗而减弱；异姓兄弟以恩义相关，大块吃肉，大碗喝酒，有福同享，有难同当，有相同的目标，有相投的意气，这样的关联，比血缘更牢靠。比起血脉的生物基础，恩义更像是文化产物，完全不同于很多人理解的那种江湖义气。两个人做兄弟，与和一群人做兄弟，带来的结果很不一样。两个人做兄弟，会成就一段美好的生活，可一群人做兄弟，就有可能会完成一段历史。《水浒传》里水泊梁山上那群意气相投、因为共同的目标而聚集在一起的英雄好汉，就差一点推翻了一个腐败的王朝。我们的圣人孔子，对于他理想的德政，说了一句特别正能量的话："四海之内皆兄弟也"（《论语·颜渊》）。摆脱了血缘属性的异姓兄弟，建立起来的理想国，一定没有剥削，没有欺诈，人与人之间，互相包容，互相帮助，和谐是主旋律，友爱是大格局，这是一种理想性很高的社会，直到今天，仍然没有实现。

5. 兄弟同心，其利断金

《周易·系辞上》有一句话："二人同心，其利断金；同心之言，其臭如兰。"这里所说的"利"，是指"锋利"；"断金"，是指斩断金属之类的东西。这句话的意思是说，共事的两个人只要同心同德，同心同行，就会无往而不胜。家庭之内，无论大小，兄弟们如果能同心同德，和睦相处，就一定能家庭繁荣，子女有成，无往而不利。

天下所有幸福的家庭，都是一样的，无非父慈子孝，夫妇互爱，兄弟和睦，子女有成。可不幸的家庭，却是各有各的不幸。父子失敬、夫妇失德、兄弟失和、子女失爱都是重要的表现，说到底，失去了互敬互爱、克制礼让的文化传统，家庭成员之间，一定会因为一些蝇头小利而彼此怨恨。尽管互相怨怼，但血缘是一个很神奇的存在，亲人之间，真正计较的并不多，我们经常会见到有人对兄弟一腔怨言，但该帮忙的时候，也还是帮的。

兄弟不和主要有三种表现。一是在赡养老人方面，每个人都觉得自己做得更多，出的钱多，出的力也多，其实未必，只是，别人出钱出力的时候，他看不到。每个人的生活际遇不同，家庭条件也自然不同，赡养老人，钱财从来都不是最重要的因素，敬爱才是。斤斤计较于一己得失，本身就是失德的表现。二是总把自家的日子和兄弟的比较。如果在一个差不多的水平线上，这种比较只会停留在物质层面上的失衡，可如果差异较大，就一定会导致情感上的失衡。兄弟的日子太好，总觉得他应该无条件地帮助自己，否则就是不讲兄弟情义；而兄弟的日子太差，自己却未必一定会帮，即便是真心帮忙，也要把教训做前提了。过日子是特别私人化的行为，受制的因素太多，有时候，日子过得不好，却并不是谁一个人的过错，真心要帮，似乎不必牵扯过多的道义，兄弟情分而已。三是总觉得兄弟应该把侄子侄女当成亲生的孩子一样来对待，否则也是不讲兄弟情义。兄弟虽然是同胞所生，但成家后各自会有新的社会关系，要求太多，必然会产生心理上的不平衡。中国传统文化的妙处之一，在于永远只管做好自己，而尽量地少要求别人，别人做得好，高兴；做得不好，也不必伤心。

细想起来，兄弟不和，主要的原因无非两点。一是以自我为中心的自私与贪婪，这是个大毛病，必须克服，要不然，不仅兄弟感情处不好，亲友、同志、朋友关系统统处不好。虽然国家已经出台二孩政策，但一对父母加独生子女依然是中国现代家庭的主要格局。有些独生子女逐渐走向社会，他们从小养成的自我中心的意识较之于以往任何时候都更为突出。二是对于亲近之人的妒忌，这是我们的文化传统中很有趣的一种现象，陌生人的飞黄腾达，似乎离自己太远，怨言也有，但也就只是情绪上的发泄，不会有实质性的行为。可亲近之人就不一样了，亲近之人的发达会激发一个人强烈的偏激，也许还会在心里固执地认为他都不如自己，凭什么发达呢！因为离得近，所以看得清，因为偏激，所以会忽视他人的优点，并把缺点与不足放大，好像只有这样，才能衬出自己的能干一样。也许，我们每个人，都会有类似的经历。

6. 长幼之节不可废

我们中国人，特别讲究次序。只要人聚了堆，就一定要排出个次序来。请人吃饭，谁坐哪里，是饭前就得定好的，座位排好了，吃饭的时候，谁先动筷子，大家也都心知肚明，乱了规矩，谁都不高兴。所以，正经的吃请，小孩子是上不得席面的，我们陕西关中有一句俗语："红萝卜不上席。"红萝卜小，类似小孩子，是说小孩子在正式场合要回避，倒并不是真的吃席的时候不要红萝卜。与此类似，大家一起拍合影，也要讲座次。至于领导的座次，那更是不能乱，乱了，可能就从礼仪层面上升到政治层面了。中国文化里，政治的因素最重要，马虎不得。次序的意义不在于先后，而在于树立了一种规矩。

《论语·微子》中说："长幼之节，不可废也；君臣之义，如之何其废之？"在这里，孔子把长幼的次序与君臣的次序相类比。这样的类比，中国人好懂，外国人可就困难了。我们的文化中，善于从小中类比出大来，小细节蕴含着大格局，比如，家与国的同构，男女情事直接指向了国家大义。我们归结了一条男女、夫妇、家国和天下的线索，用阴阳的理论把一切贯穿，这是一种看起来简单，实际上却很复杂的文化结构。有些人批评别人没有公民意识，可批评者本人，可能也仍然跳不出固有的思维模式。

简单地说，长幼的次序，大概有三种内涵。一是生理意义上年龄的大小：长者大，幼者小。大领小是常态，所以一般情况下，领导总要比下属年长几岁。《礼记·射义》有一段话："乡饮酒之礼者，所以明长幼之序也。"孔颖达疏："六十者坐，五十者立侍是也。"由此可知，古代礼仪对于年龄的大小，特别讲究，五十岁够老的吧，可如果有六十岁的人在场，照样得在旁边侍候。二是社会事务中职位的高低。社会太复杂，并不是只有年长者为尊，因为能力与个人际遇，领导有时候比下属还小，虽然开始互相面对的时候多少有些尴尬，但适应了之后，职务的高低会成为不同于年龄的又一种排序。有工作经验的中国人，对这一条应该更为熟悉，也是更认可的。三是宗族伦理内生命更迭快慢先后，老百姓把这个叫辈分。宗族内的人，有时候，年长的辈分低，年轻的辈分高，所以叔侄、爷孙的伦常并不一定与年龄成正比例关系。中国的宗法文化传承了两千多年，对于人们思想的影响根深蒂固，在这个辈分的次序上得到了很好的确认。任是再大的领导，回到家族里，也得按家族的规矩论辈分，乱不得；乱了，就会被认为是一个没有教养的人！

如此看来，似乎所有的人，都包括在长幼的次序之内，但事情总有例外，教师就是一个例外。教师是现实中人，自然得遵守规矩，但教师又是给人教规矩的人，自然会有不同的礼遇。

教师在人群中的排序，虽然也参照年龄、职务与辈分，但也可以单独排序。比如，领导的老师，虽然可能年轻、职务低，却一定会受到领导的特殊对待，这一条推扩到所有的教师群体，好像也是成立的。有一年教师节，我见过一张照片，是周总理夫人邓颖超到大学慰问时和老师们的一张合影，前排的座位本该有邓奶奶，可她偏就站在老师们的后面，令人肃然起敬。对于中国人而言，怎么做比怎么说更能彰显人品。

注重次序，是君子行径。《荀子·君子篇》："故尚贤使能，则主尊下安；贵贱有等，则令行而不流；亲疏有分，则施行而不悖；长幼有序，则事业捷成而有所休。"次序是外在的形式，强调这种形式，可以更好地固定依附于形式上的内涵。长幼次序，外在的是一种礼节，内在的，却是厚重的敬意，与身份、地位、钱财、学识无关。敬人者，表现出的是教养；被敬者，享受的则是生命的尊贵。

7. 避讳的本质是尊敬

名字是给人叫的，这是一般的常识。可在我们的国情里，很多情况下，别人的名字不能随便叫，即便是非叫不可，也得有所区别。《汉书》里说，姓氏是"别婚姻"的，也就是说，姓氏是专门用来区别人血统的。姓字有一个女字旁，早先的时候，人群的血统随母亲一方来确定，道理特别简单，上古杂婚，孩子们只知其母不知其父，跟母亲姓，血统就乱不了。历史上把这一段时间叫母系氏族时期，相对于后来的文明社会，母系氏族时期要长得多。后来，男人的地位提高了，开始全方位地与女人争夺主导权。结果是，男人争到了血统的确认权，中国的孩子从此后就随父姓了。随父姓的前提是家庭稳定，血统的确认才可靠。在同一血统中，孩子不能叫父亲的名字，兄弟不能叫哥哥的名字，这就叫避讳，这一点外国人十分不理解，其实是把生理意义上的先来后到转化成了文化意义上的互相尊重。

不能直接叫名字，就得用敬称。中国的敬称特别多，名后有字，字后有号，号还有自号、别号、又号、谥号、道号、庙号等，无论哪一种，都是自尊或者表敬的方式。中国文化里的避讳现象，其实也是表敬的一种方式。避讳的本质是尊敬，有三个基本原则：避尊者讳，避长者讳，避贤者讳。可即便是面对着普通人，直呼其名也会被认为是无礼的表现。有职务的一般叫职务，没有职务的或者不知情的情况下，只好用泛泛的敬称了，男性用先生，已婚女性叫夫人，未婚的叫小姐，现在"小姐"这个词被糟蹋得不能用了，只好学东北人，改称大姐或者大妹子了。当然，"先生"这个词也不是男人的专称，也可以用来称呼女人，而且还专门用给有文化的女人。现在的社会上，"老师"这个词泛化了，不管哪个行业，也不管年龄大小，都可以用，这倒给我们提供了不少方便，遇见陌生人，实在不知道怎么称呼，干脆叫一声师傅或老师，一定错不了。我们的文化传统里，敬称十分复杂，不同的人，在不同的情况下，有不同的称呼，不小心就会弄错，所以要很小心。

农村是传统文化根深蒂固的地方，父母对于男孩子的称呼，会经历四个时期：孩子在出生后，通常会有一个小名，这些小名要么卑贱，要么难听，诸如狗蛋、猫剩、虎子等等，农村的说法，名字贱了好养活；后来，他成人了，就不能再叫小名，改叫大名，俗称官名，官名是正式的名字，在正式场合使用，表现了对一个成年人的尊重；再后来，他成婚了，有了孩子，爷爷奶奶就该把孙子叫狗蛋、猫剩或者虎子了，而他也就顺理成章地被叫作狗蛋、猫剩或者虎子他爸了；等到什么名儿都不叫了，只称呼职务，当然职务也是一种官名儿，那才是真正有了社会地位。通常情况下，老百姓认为好名字能带来好运气。一个人被叫小名的时候，正是处在多方呵护的弱小阶段，也是父母在生活艰难的情况下对孩子的一点寄托。而把大名叫官名，大概是希望孩子以后能做官吧，毕竟做官是很多中国男人的理想，首先是父母的理想。

8. 弟弟不能比哥哥聪明?

　　哥哥姐姐与弟弟妹妹的关系，其实是一个保护与被保护的关系，尤其是在父母不在场的情况下。古时候说长兄如父，长姐如母是最好的概括。现在独生子女家庭是主潮流，很多孩子不明白这个道理。哥哥姐姐之于弟弟妹妹，都有保护的责任与义务，所以一般比较专横霸道，在家里或许会不讲理，但出了门，却是弟弟妹妹的主心骨。独生子女为主的家庭，孩子的性格容易跑偏，以自我为中心、缺乏克制忍让等问题普遍比较突出。可家里有两个以上的孩子，哥哥或姐姐自然就生出了一种义务，这是生物的本能，也是文化的传承。

　　父母在教育子女的时候，对年龄大的和小的一定会有所不同，打大的，爱小的，中间夹个受气的，天下老的，都爱小的。这是中国文化的独特之处。人在年轻的时候，通常会觉得自己比较聪明，所以儿子看不上父亲，弟弟看不上哥哥，总觉得自己说话或做事要比他们强，越是人多，越想表现。所以就有很多情况下，父亲或哥哥的话没说完，儿子或者弟弟就抢着说了，无论说得好不好，心里总是很得意，父亲或者哥哥也不计较，不是特别重要的场合，一般不会制止。这是长者的宽厚。

其实换个个儿，他不一定会做得更好。

　　年龄小的不能比年龄大的聪明，不是说真的不能更聪明，而是如果真的更聪明，不能表现出来。中国人有一种特别的智慧，叫装傻，说好听一点，叫难得糊涂。聪明和智慧是两个概念，聪明与智商有关，而智慧关乎情商，关乎为人处事的技巧。弟弟或者妹妹的"勿见能"，主要是维护哥哥或姐姐的权威，或者是尊严，通俗的说法是面子。中国人比任何人都爱面子，年龄越大越爱，做得不对，也不希望人当面顶撞，单位里的领导如此，家里的父亲和哥哥更是如此，非得要丢点儿面子，还是年轻人更恰当些。

　　如果有一个人指着一只鹿说这是马，周围的人到底有几个会真的当面反对呢？不让人丢脸，是我们应该有的修养，这不是个科学的是非问题，是个世态人心的问题。如果指鹿为马的人是故意的，有某种目的，还掌握着周围人的生杀大权，恐怕还真就没人敢指鹿为鹿了。耿直地表现自己的不合作，是事先准备好的气节，对于结果，能有什么改变呢？所以，"见能"是聪明，聪明人说一是一，说二是二。"勿见能"，却是智慧，智慧的人，看见了一，却可能说是二。我们还是做一个聪慧的晚辈吧，让长辈觉得比你强。多一个长辈，时时关心你，爱护你，有什么不好呢！

9. 认清自己的不足，学会感恩

　　学生和老师在课堂上的关系，与孩子和父母在家里的关系类似。早些年在私塾的时候，老师坐着讲学，旁边还有礼乐，西汉的马融，撒帐教学，教学的地方，就得了绛帐的美名。哪怕面对着公子王孙，老师也是高高地坐在正位上，除非是皇帝的老师，要委屈地坐在偏位，君臣大义，大过师生情谊。老师的手里，有一把戒尺，所谓戒，就是明确告诉学生哪些不能做。后来老师可以坐着，也可以站着，手里的戒尺换成了教鞭，教鞭自然有鼓舞鞭策的含义。无论老师手里拿的是戒尺还是教鞭，上课的时候，学生是要起立问好的，老师不让坐，学生就得站着。不知从哪天开始，师生的关系变了，学生坐了，老师却站着。我教了20多年书，站了20多年，开始学生还问个好，后来不问了，老师反问"同学们好"，同学们还很不耐烦。拿着戒尺或教鞭的老师，在学生那儿是权威，要尊敬或者爱戴。可总有人说，拿了戒尺的老师很危险，会打学生，也不知这是从哪里听来的道理。

　　孩子在家里，一辈子吃妈妈做的饭，以为是理所当然，有一天妈妈没做，他就很生气：你为什么不给我做饭？一没钱，就管爸爸要，也以为是理所当然。这样长大的孩子，不会感恩，即便是把感恩挂在嘴上，也落不到实处。父母爱得太深，不计较，会包容孩子太多的缺点，可世间的事，没有什么是必须的！到了社会上，其他的长者，一定会教训他。人生是个大江湖，江湖中人，不全是父母，非得宠着你，也不全是朋友，非得顺着你。虽然不全是敌人，可你做得不对，别人一定会公平地还给你。孩子们从家里走向社会，就是在不断地接受教训，说你对，是鼓励你，说你不对，才是爱你！

一个人能认清身上的不足，不是件太容易的事，"知人者智，自知者明"（《道德经》）。光是自知不足还不够，只有改正这种不足，那才是成长。学会了感恩自己的父母兄长，就发现了内心的善根，把这种感恩推及到其他长者，才算是真正地认清了自己的身份。

没有谁是太阳，别人都要绕着你转，即便是太阳，那还有银河系呢。人呀，千万别太不把自己当回事儿，也别太拿自己当回事儿。把自己太不当回事儿，就失了前进的动力；可太把自己当回事儿，也会失了前进的动力！刚愎自用会蒙蔽你的灵智！

10. 哥哥不能和弟弟开玩笑

　　很多表达严肃认真的意思的词语大都是褒义，比如不苟言笑、肃然起敬、郑重其事、正言厉色、正襟危坐、义正词严，等等，只有一个道貌岸然，好像是贬义，其实还是在批评装严肃，严肃是不错的，装严肃则是可笑的；与之相反的不严肃的词通常是贬义，比如油腔滑调、吊儿郎当、玩世不恭、嬉皮笑脸等。严肃与油滑之间，我们的态度很明确。

　　中国人历来是严肃的。家里的父母是严肃的，单位的领导是严肃的，天下人的老师孔子的画像，也是严肃的。我们看历代帝王传下来的画像，就没见过谁露过门牙，而寺庙里的神佛们，也都是正襟危坐，向世人展示着绝对的严肃庄严。因为一般情况下，严肃意味着权威，权威之人则一律的不苟言笑，唯其如此，才有分量，别人才会听他的话。

　　长者说话，语重心长；领导讲话，严肃认真。无论是谁，正规场合的发言，都要想清楚了再说，断不能随意。你觉得是在开玩笑，可别人未必就这样想，所以会产生很多麻烦。《论语·阳货》里记载了一个故事。子之武城，闻弦歌之声。夫子莞尔而笑，曰："割鸡焉用牛刀？"子游对曰："昔者偃也闻诸夫子曰：'君子学道则爱人，小人学道则易使也。'"子曰："二三子！偃之言是也。前言戏之耳。"每次读到这一节，我都觉得有意思。做一个严肃的老师真不是一件容易的事。孔子一生认真，好容易心情不错开了个玩笑，可学生认真了，夫子也只能莞尔一笑，马上改口认错。

我们的传统文化有一个显著的特点：严肃有余，活泼不足。有的领导，即便是在很严肃的场合，也可以轻松地幽默一下，和大家一起笑一笑。可也有一些领导，只能严肃认真，无论场面上发生了多么可笑的事，他都得忍着，如果笑了，场面也许就会失控。正因为如此，总有人说严肃的人缺乏幽默感。其实不是，严肃是上对下的常态，上可以是上级，可以是地位高者，也可以是年长者，他们要维护自己的权威形象，所以不能随意。可下对上，同事或者平辈之间，偶尔的玩笑，也还是很普遍的。好朋友之间，说话就更没正形了，多大的玩笑都开，有时候还对骂，彼此并不计较，一旦严肃起来，那一定是大事。

哥哥与弟弟之间，弟弟小，不论多大，在哥哥面前，都可以开玩笑，也可以胡说八道，小孩子说话可以不负责任呀，哥哥就不行，说话之前得想清楚，他得处处维护自己的权威。金庸先生的《倚天屠龙记》里，张无忌和赵敏打交道总吃亏，有一次张无忌很生气地质问赵敏为什么说话不算数，赵敏就说我是小女子呀。女人做事，说话，错了就错了，没人计较，也不能计较；大男人就不行了，男人说话得算数，大丈夫一诺千金，"三杯吐然诺，五岳倒为轻"了。事涉大小，好像就有了责任，小者可以无赖，大者只能认真。

11. 客观公正对待身边的每个人

尽管很多人可能会标榜自己平等待人，其实不能做到。生理上，人心并没有长在中间，而是中间偏左；情感上，每个人都以自我为中心，也许会在某些事情上做到持中守正，但整体而言，一定会有所偏倚，做不到完全的客观公正。正是这个原因，在处理社会事务时，我们想做到一视同仁，却不一定做得到。认识到这一点很重要，只要是正常人，就一定有七情六欲，潜意识里，总是希望别人能够接受自己的标准，却很难设身处地地站在别人的立场。这也是现实世界纷扰不断的真正原因。

曾子概括孔子的思想，说了一句话："夫子之道，忠恕而已矣。"（《论语·里仁》）忠是中心，就是要把心放在中间，尽量客观公正地对待身边的每个人；恕是如心，就是钻到人家心里去，深刻地体会别人的想法与心意，这样才能体贴入微，善解人意。忠恕很难，孔子推广一生，我们后学继承并学习了两千多年，也还是做不到，但不能因为做不到就不做。孔子本人呢，仰之弥高，钻之弥坚，是知其不可而为之，这就是理想主义，所以我们尊他为圣人。他给后世立了一个高不可及的标准，后学们虔诚地不遗余力地推广，这也是理想主义。

我们每个人都知道要孝敬父母，爱自己的孩子，可有谁会同样地对待别人家的老人和孩子呢？也许，别人对我们已经很好了，可我们还是觉得他可以做得更好。我们总在要求别人对自己好一点，对自己的家人好一点，却完全想不起来自己应该同样地对待别人家的老人和孩子。孟子说："老吾老，以及人之老。幼吾幼，以及人之幼。"（《孟子·梁惠王上》）这是两千年前的表达，今天听起来，仍然振聋发聩，因为我们每个人都没有做到。现实中，因为家庭出身、社会地位及经济实力等因素，总是有人理所当然在要求别人，这种不平等，客观存在，正视它才可以走向真正的平等。

中国文化是宗法文化。家庭之外，还有家族；父母之外，还有叔父母；亲兄弟之外，还有堂兄弟。家族内部之事，也就是家庭内部的事情，自家人的事，当然应该按照自家规矩来办，诸父就是家父，诸兄就是家兄了，这是一种理想的状态，我们"虽不能至"，却可以"心向往之"。

五、谨

立身从自律开始

原文：

朝起早，夜眠迟。老易至，惜此时。

晨必盥，兼漱口。便溺回，辄净手。

冠必正，纽必结。袜与履，俱紧切。

置冠服，有定位。勿乱顿，致污秽。

衣贵洁，不贵华。上循分，下称家。

对饮食，勿拣择。食适可，勿过则。

年方少，勿饮酒。饮酒醉，最为丑。

步从容，立端正。揖深圆，拜恭敬。

勿践阈，勿跛倚。勿箕踞，勿摇髀。

缓揭帘，勿有声。宽转弯，勿触棱。

执虚器，如执盈。入虚室，如有人。

事勿忙，忙多错。勿畏难，勿轻略。

斗闹场，绝勿近。邪僻事，绝勿问。

将入门，问孰存。将上堂，声必扬。

人问谁，对以名。吾与我，不分明。

用人物，须明求。倘不问，即为偷。

借人物，及时还。人借物，有勿悭。

1. 惜时与养生

有些人总在说没时间读书，没时间做事。这样的话，不管别人信不信，反正我不信。鲁迅先生说，时间就像海绵里的水一样，只要你愿挤，总还是有的。欧阳修在《归田录》里说，他的文章成于"马上、枕上、厕上"，虽然可能略有夸张，但善于利用时间，大约是确定无疑的。

贪玩是人的天性，年轻的时候尤其如此。有一个冬日的下午，太阳正好，我给学生上课，学生们昏昏欲睡，我就在黑板上写了四句诗：春天不是读书天，烈日炎炎正好眠，秋高气爽风景好，收拾书包好过年。他们一下子高兴了，直到下课，兴奋的劲儿都没过去。不想读书了，春夏秋冬，一年四季的日子，都不是读书天；想读书了，无时不是读书的大好时间，早晨起床读几句，晚上睡前翻几页，忙了看一眼，闲了读一天。养成了读书的习惯，一天不读书，浑身都不自在。

古诗里有很多及时行乐的诗句。《古诗十九首》里就有这么一句："昼短苦夜长，何不秉烛游。"说的就是及时行乐。其实，道家思想发展成的道教，有一个重要的内容，就是及时行乐。孔子说"讷于言而敏于行"（《论语·里仁》），把一件事想清楚了，就坚决地去做，有始有终，用现在的话说，就是执行力强。这才是惜时。

从古到今，有很多人都讲过要惜时。我也是打小从这种教育中过来的。前几年，有一种论调，说是时间就是用来浪费的，不是这样浪费，就是那样浪费，不管你珍惜不珍惜，时间总是会被浪费掉的。初听这话的时候，真有点五雷轰顶的感觉。但静下来细想，好像还真有那么几分道理。只是，这里所说的浪费好像并不准确，准确的说法应该是顺应。比如，早上五点以前就起床，晚上十二点以后才睡觉，这究竟是珍惜，还是浪费？还真是个问题，是个大问题。

惜时，并不全是指要爱惜时间，有些时间，该浪费还是要浪费的。比如，晚上十点到清晨六点，就好好睡觉，在这段时间非要干点什么，长此以往，不但事儿干不好，而且对身体也不好；每天总得抽那么一个多小时的时间，做做运动；几乎每天都要抽点时间，和家人一起吃顿饭，喝杯茶，散散步，即便是同事好友，也得过一段时间娱乐一会儿的。总是挤时间的人，身体多半不好，年轻的时候显不出来，到了一定的年龄，身上的赘肉就出来了，黑眼圈也出来了，完全是未老先衰呀。年轻人可以逛夜店，可以几十个小时不睡觉，过了四十岁的人，可能就不行了。

所以说，惜时的正确内涵，并不是很多人理解的爱惜时间，而是要顺应时间。太爱惜时间了，总是要在有限的时间内尽可能地完成更多的事情，很容易伤身害命。时间是一种客观存在，无论你爱与不爱，它都要走。只有顺应时间，更好地利用时间，才是爱自己，而爱自己，就是在孝敬父母。

顺应时间的安排，在什么时间干什么事情，一切都顺其自然。早上六七点起床，晚上十点十一点睡觉，就得这么做，还得有规律；十岁前，就好好玩，十岁到二十岁，就得好好学，吃多少苦都得好好学，这个时间没学好，后来再补，完全是自己逼自己了，这是每个四十多岁的人都能明白的道理。

现在这个社会，人们的生活节奏快，工作压力大，很多人处于亚健康状态，养生保健本来应该是一种生活常态，现在忽然就成了一种时尚。专家的建议无非是药物、食品和运动三种。我的理解，最好的养生，应该是顺应时间，就是道家所说的顺其自然。山头看云，河边脱鞋，在适当的时间做适当的事情，不但可以把事做好，而且也可以做得长久。有些人，为了事业，该睡不睡，拼命加班加点，事情不一定能做得多么好，还损害了健康。

2. 讲卫生就要严以律己

严以律己是传统文化的一个基本精神。利益冲突时，先人后己，可在个人修养上，则必须先己后人。讲卫生看起来是个人私事，其实关乎个人修养，关乎礼义廉耻，不能算是小事。

讲卫生包括三个层面：身净、心净、人净。

讲卫生的身净，指的是洗手、洗脚、洗脸、刷牙、洗澡，这是人每天都做的事。每天早上，起床以后，把自己洗得干干净净的，男人把胡子修理好，女人化个妆，然后精精神神地出门，自己心情好，别人心情更好，你好我好大家都好了，日子就过得快活。讲卫生成了习惯，不收拾利落，浑身就不得劲，甚至于不敢出门了。相反的，一个人老是脏兮兮的，长时间不洗澡，如果是个抽烟的男人，汗味烟味混在一起，除了某些特殊癖好者，可能还真没人愿意和他打交道。不讲卫生，不仅是对自己不负责任，也是对别人的不礼貌。通常情况下，不讲卫生的男人多，女人相对较少。

心净相对要复杂一些。汉语词汇丰富，有些词的古今意义发生了很大的变化。西晋有一位皇甫谧，少年放荡，二十岁后才开始发愤读书，却成了大文士，同时还是针灸鼻祖，也算是一位奇人了。他写了一本书，名字叫《高士传》，记录了七十二位高人，其中有一段话："许由隐于沛泽之中，尧以天下让之，乃而遁于中岳，颍水之阳，箕山之下。又召为九州长，由不欲闻，洗耳于水滨。"大意是，尧让天下给许由，他不要，又让他做九州长，他就跑到河边洗耳去了。今天安徽巢县还有一个洗耳池呢。洗耳的原因是恶闻其声，功名利禄与隐于世的志趣不合，听到了也会污了自己的耳朵，洗耳不是在洗耳，而是在洗心。

游历可以净心，所以要行万里路；阅读也可以净心，所以要读万卷书。我在读先秦经典的时候，经常会碰到诸如沐浴、斋戒、焚香这些词。这些词出现的语境，通常是某种重大事件之前的礼仪。上古的时候，有一种书祭，读书之前，要行焚香沐浴、三跪九叩之礼，不如此，不足以表达恭敬。直到现在，有些特别讲究的人，在读圣人经典时，仍然要净手洗面，焚香洁案。

一个人，从外在的穿衣打扮，到内在的个人修养，都干净了，才能算是彻底的干净了。干干净净做事，清清白白做人，这是古训，也是我们应当继承的传统。陈忠实写的小说《白鹿原》中的朱先生，是一个干干净净的人，他有一句名言：学做好人。这话说起来简单，做起来，却无比艰难。做不了好人，但至少不要做坏人，不做坏事吧。有些人做了坏事，总是心存侥幸，以为没人知道，其实他自己的心里，也是没底气的。东汉有一位著名的杨震先生，官做得大，人也做得正，有人晚上送礼，以无人知自慰，杨震回答得义正词严："天知，神知，我知，子知，何谓无知者！"做人到这个程度，也算是干干净净了。"四知先生"的祠堂，今天就在陕西华阴市，没事的时候，可以去看一看。

3. 要不要戴帽子

冠，就是帽子，它的象征意义，要远远大于现实意义。

帽子，本意是为了保暖，或者为了美观，因为是戴在人头上的，而头至高无上，最为尊贵，所以帽子也就有了尊贵的意义。

《礼记·冠义》篇记载："冠者，礼之始也。"古时候，男女不同，男子二十行冠礼，女子十五行笄礼。笄，就是在头上用簪子结个发髻，表示成人，可以嫁人了。现在也有成人礼，却没有性别上的区分了。把冠礼视为礼之始，给予极高的文化地位，不是没有原因的。从男性文化的角度看，是血脉的延续，父子传承。一个男孩，二十岁以前，年纪尚小，做错了事情，可以被原谅，甚至父母也会故意庇护。但二十岁以后，行了冠礼，成家立业，还经常做错事，错了还不思悔改，那可真就是不懂事了。

古人要求的"冠必正"，不只是要求把帽子戴好，更是要把人做好，不给别人戴高帽子，也不给人扣帽子，给自己戴合适的帽子，当然也应该给别人戴合适的帽子。虽然文明历时千余年而绵绵不绝，但直至今天，人性之弱点好像并没有多少改变。

爱戴高帽子，怕扣大帽子的人依然很多。比如，我在讲课的时候，忽然有人捣乱，但同时也夸了我的课讲得好，虽然不至于高兴，但至少我不会特别地生气。我犹如此，何况他人。提高品格境界的路还远着呢，吾将上下而求索。

4. 衣着得体是一种修养

　　根据美国心理学家马斯洛的需要层次论，吃饭穿衣是人最基本的需求。吃饭是为了活命，人活着才有一切；穿衣是为了保暖，衣不蔽体的时候，不可能有尊严。但几千年的历史下来，吃饭穿衣也成了文化。文化从来都不能看表层，深层次的东西更重要。比如，吃的东西只是个食材，怎么吃，和谁吃，吃了干什么才是文化；穿的东西是衣服，但怎么穿，什么时候穿，为什么而穿才是文化。

　　《诗经·卫风》里有一首诗："自伯之东，首如飞蓬。岂无膏沐？谁适为容！"意思是女人的穿衣打扮是为了爱情，穿衣与爱情有什么关系呢？人类社会，男人首先追求的是视觉感受，好看了，才起了爱的冲动，现在的眼缘，或者叫颜值，其实是一个意思。美和爱，成了附着于衣服之外的两个重要的文化要素。

　　穿衣成了文化，保暖的本来目的反而退居其次了。有些衣裳，比如泳装或者时装，在特定的场合穿，才会产生美感；而在特别庄重高雅的场所，大概也不能穿得太过随便吧。所以，穿什么样的衣裳，得看场合。作为普通人，我们大概都有这样的经验：有些人，浑身名牌，可咋看都别扭；可有些人，衣着华贵时美，衣着朴素时也是怎么看怎么舒服。究其原因，与人有关，确切地讲，与人的修养有关。心地善良、格调雅淡的人，穿什么都会干干净净，通体散射的，不是衣服的华美，而是人格的魅力。

　　穿什么样的衣裳招什么样的人，风月场所的站街女，不管她穿得多么华美，品位一定不高，接近她的人，也一定不会是谦谦君子。现在很多人穿衣打扮，求的是炫酷，搏的是眼球。好好的衣裳，剪个洞，觉得是时尚，更有甚者，干脆就奇装异服，衣着暴露，把身体暴露在光天化日之下，不光是女生，男生也有。我做教师二十多年，见过太多的孩子，稠人广众之中穿个短裤，上课的时候穿拖鞋，这些都不是好习惯。女人在特定的场合露出肚脐，可能很美，但什么场合都露，一定不美；男人不分场合地光个膀子，并不一定表现出粗犷豪爽和男子气，相反可能更表现出没有教养。

　　李渔写过一本特别有趣的书《闲情偶寄》，里面说起女人的美时，提出了一个概念：态。女人有态，三分美成七分；无态，七分美只有三分。态的养成，与生活经历、审美趣味有关，最重要的，还是个人的文化修养。衣着得体，首先是一种修养。

　　女人的美，与衣着有关，男人也一样。华贵是给别人看的，穿的是炫耀；故意的朴素也是给人看的，满足的是虚荣。穿衣打扮，自己舒服才是最重要的，舒服的感觉来自自然而然。奇装异服也好，平常装扮也罢，得体最好，得体了自己才舒服。得体的打扮，不仅需要修养，更需要冲淡谦合的心态。历史上也有人把华美的奇装异服穿出了特别的味道，后世人却特别敬仰他的人品与文品，这个人就是屈原。

5. 挑食与节食

儿子一两岁的时候，贪玩，把吃饭不当回事，总挑食，尽管我们千方百计，他仍然长得精瘦精瘦的；十多岁后，不知什么原因，忽然就不挑食了，见什么都是好胃口，人像吹气似的，一天比一天胖了。做父母的，都希望孩子体格健壮，打小就特别关注他们的饮食，所以做一手好菜的妈妈，通常会被认为是称职的妈妈。

中国的爸爸妈妈都应该知道，最合理的营养，是五谷杂粮的搭配，什么都吃点，才经得起折腾。就像读书：只读文学，就会越来越细腻敏感；只读哲学，就会越来越冷漠；只读科学，就会越来越无趣。各种书都读点儿，不一定能成大事业，却一定会成为一个热爱生活、享受生活、感恩生活的人。人的世界，充满趣味：瘦了想胖，就使劲吃；胖了又怕太胖，所以就节食。其实，胖子的胖，除了吃，一定还因为挑，只挑好的吃；而瘦子的瘦，除了吃，还是因为挑，也是只挑好的吃。挑食的孩子，通常身体不会太好；而过于刻意节食，身体也不会太好。

以前老百姓穷得太久，吃了太多的苦，如今富了，自然不希望孩子们再吃苦受罪，这是人之常情。但如果因此就一味地挑好吃的满足他们，却是一种溺爱。小孩子适当地吃些苦，是有好处的。世间的一切，一阴一阳谓之道。太阳下晒久了，就要到阴凉处凉一凉；日子太好了，人就会消沉，需要适当地吃些苦。阴阳是矛盾的，也是互补的，挑食和节食，就是一对矛盾，也互为补偿。

家长对孩子的溺爱，表面上的理由是为了孩子，其实只是对自己的补偿。家长把孩子的一切看成了自己的继续，无论从生理上，还是兴趣爱好上，其实他们也知道，孩子是一个独立的生命，可子肖其父的希望一直都不会丢，在爱的名义下，干涉着孩子们的自由成长。中国的一些孩子，像地里的苗苗儿，好好地长着，可总有些家长想让他长快一点，时不时地拔一拔，虽然是好心，却违背了事物的客观规律，会产生不想看到的结果。

6. 年少不宜饮酒

孔子说："君子有三戒：少之时，血气未定，戒之在色；及其壮也，血气方刚，戒之在斗；及其老也，血气既衰，戒之在得。"（《论语·季氏》）从孔子到现在，过去了两千多年，人性却没有多大变化。年少时，喜欢逞强斗狠；老了，拥有的东西越来越多，反而害怕失去。所以，少年好斗，是血气方刚，老而贪婪，却是失德败行。

酒是个好东西，开始辣，苦，入口的滋味多了，才能尝出后味的香。喝酒即是阅世，经得住世事的酸甜苦辣，才能享受快乐与甘甜。年轻人少不更事，喝酒只是凑热闹，喝不出味道，反而要伤身体，坏了酒的名声。喝酒是一件很复杂的事情，古人用吃而不用喝，显然是更能体会吃酒的人生百味。

孔子的"君子三戒"，是大智慧，是针对所有年龄阶段的人。与此类似，民间有一句俗话：少不读《水浒》，老不读《三国》。无论是《水浒》还是《三国》，都是好书，可好书也会有不好的影响，关键在于读书的人和读的时间。读书和喝酒，道理大体相同。读书是雅事，喝酒也未必是俗事。读书可以启智，每天读一点，读得好了，人就会越来越聪明，读得不好，就容易往邪路上走；喝酒可以活血，每天喝一两杯，不是神仙，却有神仙的感觉，喝多了，却会无端地生出事来，一样的丢人；难的是恰到好处。年轻人自控能力差，往往把握不住分寸，所以要有所节制。

古往今来的文人和武士都喜欢喝酒，但对酒的理解并不相同。文人喝得雅致，猜拳行令，吟的是诗词歌赋，唱的是小曲儿；武士喝得豪放，酒是大碗喝，肉是大块吃，刀剑上的生活，自然比书本里的人生更痛快。无论文人还是武士，可爱的是人，不是酒。酒喝高了，都难受，身体都不听使唤，头疼呕吐，丑态毕露，不加节制的身体是丑陋的，并不值得年轻人效仿。

人在高兴的时候，可能会喝两杯，酒能助兴；在不高兴的时候，也会喝两杯，酒入愁肠，要么麻木了神经，忘掉了现实中的苦，要么催化了眼泪，更加伤心。无论从哪一个角度，年轻人都不应该贪杯，灿烂的人生才刚刚开始，努力奋斗才有未来，什么都没有体会，嘴上说苦，心里却什么体会都没有，只不过是"为赋新词强说愁"罢了。

饮酒的妙处，在于一种似是而非的和谐：坐在一桌上喝酒之人，未必是掏心掏肺的朋友，酒可以喝，有些话却不能说，说多了伤和气；可有人偏要反着行事，平日想说的话，不能说，就借着酒劲说了，说了也就说了，想计较的人反而不能计较了，真要计较，就会落个没有胸怀的坏名声。酒能壮人的胆，也能坏人的事，其中的利害关系，大家都心知肚明。这其中的是非曲直，年轻人并不懂得，还是少喝些吧。

7. 美比漂亮更动人

长期以来，就审美而言，一直都是男人审女人之美，漂亮专属于女人，男人只要能干就行。可现在的情况不同了，女人不需要只围着丈夫孩子，把自己拴在厨房，她也可以光明正大地要求审男人之美了。荧屏上的小鲜肉，正铺天盖地地涌过来。现在，真正是一个看颜值的时代。所以长得好，很重要。

大约十年前吧，我就已经给学生讲过，男人的长相也很重要。长得好是一种资本，好多事情，只是因为长得好，就有很多人愿意帮你，不是帮你的人有什么不可告人的邪恶想法，只是他帮你的时候心情更好。这样讲，是不是有些天生不美的人很受伤呢？

单就人的长相而言，五分靠天生，五分靠养成。如果我们把小时候的照片和现在的比较会发现，无论是谁，长相的变化都是惊人的。都说是女大十八变，其实，男大也十八变，只是，有些人变美了，有些人则相反。爹妈生了你的身，只是定了个大致的轮廓，具体的塑形，还得靠自己呢。一个人二十岁以前的长相由父母负责，之后，只能是自己负责了。大美女长成老巫婆、小鲜肉长成油腻男的事情，以前有，现在也有，以后也不会没有。

20世纪90年代初，我在陕西师范大学上学的时候，有一次在图书馆看书，无意中看到了冰心七十多岁的照片，突发奇想，找来她二十多岁的照片，请同学们看看哪个更漂亮。结果很意外，却也在意料之中，我的同学们无一例外地，都说七十多岁的冰心更美，对，不能说漂亮，只能说美。年轻的冰心漂亮，可老年的她，美！美比漂亮更持久，更有内涵，历尽沧桑之后，才能显出岁月的风韵，参透是非之后，才能彰显智慧的光辉，怎一个美字了得！

关键是怎样才能获得这样的效果呢？读书是最好的办法，腹有诗书气自华。读书可以改变一个人的气质，气质变了，长相慢慢也就变了。这种变化，即使是本人，也觉察不到，用一句杜诗，那叫作"随风潜入夜，润物细无声"。多读书，即便是以后依然丑，却也会生出别样的味道。

冰心还说过一句话：女人，100%为了爱而活着。爱是人类一切琐碎情感中最高级的情感，心有大爱，一切皆美。爱的背后，是奉献，是心存善念。少林寺的和尚们练功的时候，讲究坐如钟，站如松，行如风，这些只是身体规范，是表面的东西。只要心存善念，多做好事，面相上自然就有慈悲。慈悲是人世间最美的表情！

8. 无人时也注意自己的德行

有些大学里的男生，当着女生的面，一个个收拾得干干净净、体体面面，好像很讲究，可走进他们的宿舍，才知道他们平时有多脏。一般情况下，人都有相同的毛病，稠人广众之中与一个人独处时，对自己的要求是不一样的。

人多的时候，那么多双眼睛盯着，人们会有所克制，给人看的，只是自己的闪光点。有多少人敢把自己赤裸裸地暴露在光天化日之下呢？法国的卢梭写了一本《忏悔录》，从心底检讨了自己以前的种种过错，成了后世无比敬仰的作家；中国的巴金写了一本《随想录》，对自己在"文革"中的行为做了情真意切的忏悔，成了"二十世纪中国文学的良心"。

好在我们的文化传统中，并不缺乏自律。《礼记》这本书提到了"慎独"这个词。其中有两句话解释了为什么要"慎独"。一是"所谓诚其意者，毋自欺也。如恶恶臭，如好好色，此之谓自慊。故君子必慎其独也"。人的天性中，有好多不好的东西，一定要严格克制，尤其是没人的时候。二是"小人闲居为不善，无所不至。见君子而后厌然，掩其不善，而著其善。人之视己，如见其肺肝然，则何益矣。此谓诚于中，形于外。故君子必慎其独也"。道德上的修行是革除恶行陋习的最佳途径，也是君子小人的最大区别，只有内心的自觉，才会终身恪守。北宋的"二程"从《礼记》中抽出来一些篇章，其中就有这两句，编成了《大学》，朱熹觉得这是孔子及其门徒留下来的书，所以列为《四书》之首，受后世儒者的反复记诵，产生了很大的影响。

孔子的孙子子思，做《中庸》，原本收在《礼记》里，后被抽出来单独成篇，列入"四书"。其中也有论及慎独的句子："道也者，不可须臾离也，可离非道也。是故君子戒慎乎其所不睹，恐惧乎其所不闻。莫见乎隐，莫显乎微，故君子慎其独也。"中庸是儒家最高的修身准则，一般人无法企及，只有道不离身，始终不忘道德修养的圣人，才能做到中庸。《论语》记录了一个特别好的慎独的例子，说的是颜回。孔门弟子三千，特别有名的七十二人，颜回不幸早逝。孔子对他有很高的评价："贤哉，回也！一箪食，一瓢饮，在陋巷，人不堪其忧，回也不改其乐。贤哉，回也！"(《论语·雍也》)环境困苦，意志弥坚，只要心有明灯，即便独自前行，苦也就不是苦了，而成了催人奋进的修行。颜回当得起孔老师的高度评价。

《诗经·大雅·抑》有一句诗："相在尔室，尚不愧于屋漏。"即便是一个人独自待在房子里，也还有神灵在墙角瞪大眼睛看着你呢，万万不可率性而为。老百姓口头也有一句话："为人莫作亏心事，举头三尺有神明。"这两者表达的是一个意思。中国人的宗教信仰比较弱，却并非没有宗教情怀。子不语怪力乱神，那是因为他对于不知道的事情付之阙如，是君子的明智做法。事实上，我们的文化传统中，神灵的警示作用一直都在，神就是人，人也是神，神的情怀就是人的情怀。

9. 不怕困难，其实就不难

在单位里工作了二十多年，常常会想起刚进来那阵儿，无论领导派下来什么活儿，想都不想就应了，应了之后，想尽各种办法去完成。后来，在单位里待久了，锐气越来越少，每次面临一件事，先要在心里掂量难不难做，慢慢地，什么都觉得难，敢干的事越来越少，虽然说错误犯得少了，可成就感也越来越低。

为什么初生牛犊不怕虎呢？因为它不知道害怕。事实上，事情难做不难做，因人而异。认为一件事情难，首先是一种心理反应，怕了就难，不怕就不难，人也就更有力量了。所谓的能力，就是在很多次的不怕中，一点点练出来的，怕字当头，什么事都不用做了。做事对于世人，永远是检验意志品质最好的办法。

大凡认为一件事情难做，是因为觉得困难多，有些甚至是不可克服的。但天下真有不能克服的困难吗？只要想一想红军当年的两万五千里长征，就什么都会明白。面对几十万敌军的围追堵截，红军枪炮不足，弹药不足，给养严重不足，更要命的是，伤员还很多，可他们就是饿着肚子，硬是跳出了包围圈；

几十米高的悬崖上，桥上的木板被抽了，就剩下几根铁索，对面还架着机关枪，泸定桥硬是过去了；零下几十度的酷寒，光着脚板，一身单衣，冻死的不少，但活着的接着走，雪山也就过了；荒凉而危险的草地，风沙四起的大漠，最终都没有挡住信仰的力量。困难好比弹簧，你弱它就强，你强了，它自然就弱了。

《易经》里有两个卦象。一个是乾卦，以阳领阳，主刚健进取，相当于顺境；一个是坤卦，以阴导阳，主柔弱包容，相当于逆境。顺境中困难少，再大的困难，也能克服；逆境中困难多，稍有挫折，好像就没办法了。可人的一生，不可能只是顺境，也一定不会只有逆境。无论顺境与逆境，我们都必须面对。逆境与顺境之间，其实并无绝对的界线，可以互相转换。顺境应对不当，就变成了逆境，逆境处理得当，也就转换成了顺境。历史上有多少朝代，开国皇帝千辛万苦，经过了多少磨难，把不可能变成了可能；可没传几代，江山就葬送在了不能守成的人手上，所谓创业难守业更难，都是相对的。

清代康乾盛世的时候，四川出了一个才子，名叫彭端淑，为了让子侄们好好读书，他专门写了一篇文章《为学》。这篇文章的开头，有一段议论，道理讲得极好。"天下事有难易乎？为之，则难者亦易矣；不为，则易者亦难矣。人之为学有难易乎？学之，则难者亦易矣；不学，则易者亦难矣。"蜀地的两个和尚，一者富，一者穷，都想去南海。南海是观世音的道场，是修行和尚的圣地，能在有生之年朝拜一次，也算是一件功德。

富和尚欲购舟船而行，却始终没去成，可穷和尚硬是靠一瓶一钵，用了一年时间，完成了这个壮举。我们现在的成语蜀鄙之僧，就是出自这篇文章。

无论自然界，还是人类社会，都推崇强者，但什么才是真正的强者呢？强者不一定五大三粗、孔武有力，鲁迅在外形上就很弱小；力量也不一定是越大越好，四两有时候就能拨千斤。只要能冲破重压，突出困境，重获新生，就是强者。强者需要力量，更需要智慧。

直面困境，不怕困难，需要勇气，更需要担当与责任，这正是当下人们最需要的一种品质。

10. 不要到人多的地方去

小时候，家里人教导，人多的地方不要去，我很不理解。现在想来，这里面除了经验，还包含了丰富的人生智慧。

不到人多的地方去，基于对人性的一个基本判断：人性有恶，自性却可以向善。人多的地方，通常有是非，如果不是本着解决是非的态度，还是不要去的好。中国人是聪明人，文化也是聪明的文化，虽然提倡善良，却深知人的天性中，恶是客观存在的，所以才严以律己，宽以待人。自己不做坏事，可别人做，他做是他的事情，我们只管做好自己。如果无力阻止别人的恶，当然只好独善其身了，这是中国人的惯常做法。很多民间的智慧，初看有些消极，仔细想，却大有深意。比如"少管闲事"，闲事管得，但前提是管得了，如果管不了，不管也罢；再如"各人自扫门前雪，莫管他人瓦上霜"，有时候，做了别人的事，别人就无事可做了，做了不一定好，不做也不一定不好；如此等等。做好自己不是一句只能说说的空话，必须付诸行动。世间事，一切都是相对的，唯有切实地做，才会产生积极的意义。

我们的国家现在越来越富强，人民生活也越来越好，旅游成了时尚。逢年过节的时候，各个旅游景点都十分火爆。我曾经在过年的时候去过礼泉县袁家村，一个以民俗文化、特色小吃远近闻名的特色景点，站在街道上，我才理解了人头攒动、摩肩接踵的真正含义。人都有从众心理，越热闹、人越多的地方越愿意去，别人不去的地儿，自己也就不去了。近年来，时不时地发生旅游景点踩踏事件，给我们的旅游管理和游人都敲了警钟。要尽量做到人不去我去，人去我少去，合理安排节日出游。如果是老年人，自身行动本就不便，需要人照顾，最好不去凑热闹；年轻人，也最好能错开出游高峰。不到人多的地方去，不给别人添堵，不给自己添乱，不给社会惹麻烦，这应该是最起码的自制。

11. "登堂入室"的正确方法

　　如果想进一个人的家门，一般情况下，得经过三道程序。一是敲门，敲门是一种试探，也是一种提示。试探屋里有没有人，如果有人，就告诉他外面来人了。如果屋里的人有意让你进来，敲门就是提示他把不想让人看见的东西收拾好。所以敲门之后要等，直到里面的人明确给出可以进来的信息。二是大声询问，可以是"屋里有人吗"，也可以是"我可以进来吗"，如此等等，无非是再次提醒屋里的人，外面的人想进来。三是自报家门的时候说全名，不要总是我呀我的。我是谁呀？很多人总是想当然地认为只要说个我，别人没有不认识自己的，其实是想多了，你没有那么大知名度，反倒是越有名的人，越愿意报全名。《西游记》里的高僧唐三藏是一个特别有教养的人，和人相逢，不等人问，总是自己先说"我是东土大唐前往西天取经的和尚"，童叟无欺，诚心诚意，所以，唐僧很得人爱！

　　读书做学问，想探索一个新世界，也得像进入家门一样，得敲门。敲门本来是用手即可，可偏偏有一种说法叫敲门砖，谁见过敲门用砖的？有些门不好敲，就得用工具，敲门砖就是工具，在读书做学问的时候，指的是基础性的知识，掌握了这些，才能进一步登堂入室。一个人认准了这个门非敲不可，才能主动确认掌握这些敲门砖。比如，你想读古之圣贤，就得从"四书五经"读起，可要读"四书五经"，就得先做一番音韵训诂方面的小学功夫。敲门砖到手了，就可以和屋里的人对话。通常的情况是，越是对屋里的人好奇，就越是想掌握更多的信息，可屋里的人并不作声，屋外的人反而要越发崇拜了。

能和屋里的人对话，并且能会之以心，已经算是登堂，比起当初的敲门，要好得太多。很多人以为登堂是境界不够，心里颇为不屑，其实是他自己境界更低。《论语·先进》里记载了一个故事："子曰：'由之瑟，奚为于丘之门？'门人不敬子路。子曰：'由也升堂矣，未入于室也。'"子由是孔子有名的学生，因为孔子一句他刚到"丘之门"的戏语，门人就看不起了，孔子只好解释说，子由已经登堂，只是尚未入室，并没有贬低的意思。子由与门人，高下是不言而喻的。只是，现实中，恐怕更多的人离子由的境界差得还远着呢。由登堂而入室，一看天分，二看际遇，三看个人的努力，能做到这三点，并不是一件容易的事。至少，在孔子看来，他的三千弟子里，真正入其室者，恐怕也就是一个颜回了吧，所以颜回的不幸早逝，对孔子的打击很大。

生活中的敲门问路，读书里的设身处地，有很多相同之处，最大的相同，有两点。一是先人后己的思维模式，敲门问路，别人不同意，自己就不能进。读书学习，虽然要有主见，毕竟要先学别人的思想。二是登堂入室的过程中忘我的境界，老想着自己，就无法做到自觉地尊敬别人，只有真正地忘掉自己，才能体会到物我一体、与天地同往来的快乐。

12. 不告而借谓之偷

　　随着社会的发展，越来越讲究分工合作，一个人的力量终究有限。人的一世，一定有些什么是自己没有的，如果自己没有，还想要这些东西，无非借与偷两种办法。借与偷之间，有时候很难区分。很多人认为，所有的借，都是光明正大，所有的偷，都是偷偷摸摸，这种认识，大体是对的，只是稍微有些绝对。中国人说话或者做事，很灵活，从来都不绝对。同桌的橡皮，你没告诉他，就拿来用了，这就不应该。不告而借谓之偷，不借而用谓之盗。只是这些事太小，事虽小，是非却不小，所以，我们更应该注意生活中的这些小细节。我们可以比照一下，现实中有多少人，明明在做偷窃之事，却显得特别地心安理得。

　　孔乙己说窃书不算偷，读书人是高雅之人，书也是高雅之物，即便是钱不方便，顺手牵羊地拿了，也只是个凑巧，担不起一个偷字。这种思想流毒不小，现在哪个图书馆里没有几本找不回来的书呢？至于为了省几个复印钱或者省些抄写的工夫，在书上开个天窗什么的，就更算不得什么了。读书人是最讲气节的，可总有些人，明明偷了别人的东西，却偏偏不承认。孔乙己算是个笑话，但现实中，有多少人把别人的论文，或者其他劳动成果改头换面，贴上自己的标签，就当作是自己的成果？奇怪的是，这些剽窃者居然面无愧色。我们当前的法律，在某些方面，需要进一步完善，以免有些"聪明人"，专门找出其中的漏洞，光明正大地干着偷窃的勾当。有一句话说得很对：流氓不可怕，就怕流氓有文化。

小偷小摸的心理，正常人都有一点。偷东西这件事，多少带了点刺激，容易激发人的兴趣，不过，这种兴趣是邪恶的兴趣。人之一生，只要做事，总会有些过错。犯了错，改了就好，过而能改，善莫大焉。有些特定的情况下，偷什么不重要，重要的是偷。黑客进入了别人的系统，也许他进去后什么也不干，就是想体验一下偷偷摸摸带来的刺激与挑战，成了，会产生强烈的成就感，但这同样是偷。

偷窃之后带来的快感，如果视为当然，就失了做人的底线，失了底线的人，当然不能算人，至少不能算是个正常人。阳光之下，一切都无须遮掩，见不得光的事，还是不要做！

六、信

信言不美，美言不信

原文：

凡出言，信为先。诈与妄，奚可焉。

话说多，不如少。惟其是，勿佞巧。

奸巧语，秽污词。市井气，切戒之。

见未真，勿轻言。知未的，勿轻传。

事非宜，勿轻诺。苟轻诺，进退错。

凡道字，重且舒。勿急疾，勿模糊。

彼说长，此说短。不关己，莫闲管。

见人善，即思齐。纵去远，以渐跻。

见人恶，即内省。有则改，无加警。

惟德学，惟才艺。不如人，当自励。

若衣服，若饮食。不如人，勿生戚。

闻过怒，闻誉乐。损友来，益友却。

闻誉恐，闻过欣。直谅士，渐相亲。

无心非，名为错。有心非，名为恶。

过能改，归于无。倘掩饰，增一辜。

1. 说真话与说假话

聪明的人常常说假话，说了一个假话，就得用十个假话来圆，可再聪明的人，也总有圆不了谎的那一天。假话说多了，会产生一种压力，老是担心会被戳破，可最终一定会被戳破，所以聪明人总被打脸。说真话的人，就没有这种担心，他活得简单，也活得轻松。

真话说上一千遍，听起来就像是假话，而假话，只用说三遍，听着就像是真话了。有的男人，每天都会对心爱的女人说一句"我爱你"，可在另一些人看来，没有比这些更假的了。他们认为一千句"我爱你"也不如给她一个踏实的可以依靠的肩膀。我上大学的时候，做过一个游戏，有一年春节过后，看见一位女同学过来，就组织了三位同学，先后告诉她，过年后她胖了。第一次她不信，第二次她犹豫了，第三次直接抓起了镜子，她不觉得我们是在说假话，而是觉得她真的胖了。

三人能成虎，假作真时真亦假。我认识一位美女，夫妻恩爱，子女有成，家庭幸福。有一次和她聊天，她告诉我说，有时候，明明知道丈夫在骗她，可她不计较，不但不计较，还装糊涂，希望丈夫能骗她一辈子。她是有大智慧的人，太计较真假，就失了恩爱。有些人太过认真，总是明辨是非的样子，如果不是科学研究，无涉大是大非，只是居家过日子，有必要非得分个对错吗？一个人爱一个人，基本上天天都在说假话，海枯石烂，山盟海誓，"在天愿为比翼鸟，在地愿结连理枝"，"山无陵，江水为竭，冬雷震震夏雨雪，天地合，乃敢与君绝"，这些都是假话，只是说者不以为意，听的人也不以为意。

有时候，说真话很残忍，说假话就相对轻松。比如，有人得了重病，或者是癌，或者是其他什么要命的病，即便是医生，也不可能当面告诉他，至于家属，当然是能瞒一天算一天了。好多将死之人，不知真相，能多活几年；知道了，没几个月就死了，不是病死的，是吓死的。恐惧这件事，像是把悬在头顶的刀，真正吓人的不是刀，而是这把刀随时会掉下来。其实，无论男人女人，内心都有战胜不了的怯懦，所谓的胆大之人，只不过是想通了，看开了，放下了。在一个人真正脆弱的时候告诉他真相，是一件极其残忍的事情，这样的真话，不说也罢。

人的一生，难免不说几句假话，只要不是心怀恶意，说几句假话，是再正常不过的事情；即便是最坏的坏人，也不可能一辈子只说假话而不说真话。人不能总纠结于真话假话，无论真话假话，都不重要，重要的是出于什么样的目的来说话。善意的假话可以说，可能导致恶果的真话，最好不要说。那些总觉得自己在说真话，或者只愿意说真话的人，终归有说不出真话的那一天。真话假话，有时候很难分清，分不清就分不清吧，人生的真相，谁能说清呢？最好的办法，还是少说话吧。

说话简单，说真话也简单，难的是一直说真话而不说假话，难的是不说真话也不说假话，最难的，是不说话！

2. 话痨子不得人爱

我们周围，一定会有这样一些人：话多，说起来就没完没了，不管你爱不爱听，他只管说他的。听的人或者出于礼貌，或者因为上下级关系没办法，说的人痛快了，听的人却要耽搁好些时间呢。这样的人，心眼一般不坏，只是太啰唆。通常情况，我们把这种人叫话痨子。话痨子一般有较强的表现欲，却总觉得自己没有足够的发言权，只要有机会，就愿意说个不停，这是一种病，得治！

不管是谁，说话太多，都不得人爱，话痨子自然更不得人爱了。《大话西游》里的唐僧，话太多，被抓住后喋喋不休，终于把旁边的小妖说得自杀了。有些小孩子总觉得妈妈啰唆，尽管知道她所有的啰唆一定是出于好意，可就是从心里讨厌这种啰唆。一个正常人，大约一岁，就会说话，却要用一生来学会闭嘴。好多修道求仙的人，难成正果，有一个很重要的原因，就是老学不会闭嘴。真正能体会到少说话，或者不说话的好处的，一定是年过五十的人了。

会说话的人说话挑时机。什么话该说，什么话不该说，什么时候说什么话，他都清楚。该说的话滴水不漏，不该说的话一句不说，说出来的话，谁都爱听，谁听了都高兴。该明白处明白，不该明白处，明白了也装糊涂。时，是传统文化中的一个重要的概念。《孟子·万章下》中有一段话："伯夷，圣之清者也；伊尹，圣之任者也；柳下惠，圣之和者也；孔子，圣之时者也。"孟子对孔子用了一个"时"字。《红楼梦》第五十六回目录词里有一句"时宝钗小惠全大体"，曹雪芹对薛宝钗也用了一个"时"字。至少在我的脑子里，孔子讷而寡言，宝钗却是巧而能言。孔子的讷而寡言，不是不会说，而是不愿说；宝钗的巧而多言，不是随便说，而是根据时机，根据需要说。

"礼、仁、和、中"四个方面，作为孔子的思想核心已经被学者反复讲过了，但很少有人说到"时"，也许，在很多人看来，这应该是不言而喻的事情吧。子思作《中庸》，专门有一段话："仲尼曰：'君子中庸，小人反中庸。君子之中庸也，君子而时中。'"这种"时中"，就是随时以处中、与时偕行，"中"就是位置，"时"就是时机。《易经》里用那么多古奥的文辞反复讲的六十四个卦象，其实最核心的，也就是"时"与"位"两个字。

有些人话不多，可一说，就在点子上；话痨子说了很多，有用的却很少，类似于自言自语。到底该怎么说，荀子在《劝学》里有专门的论述："问楛者，勿告也；告楛者，勿问也；说楛者，勿听也。有争气者，勿与辩也。故必由其道至，然后接之；非其道则避之。故礼恭，而后可与言道之方；辞顺，而后可与言道之理；色从而后可与言道之致。故未可与言而言，谓之傲；可与言而不言，谓之隐；不观气色而言，谓之瞽。故君子不傲、不隐、不瞽，谨顺其身。"这段话是说：如果有人向你请教不合礼法之事，不要回答；向你诉说不合礼法之事，不要追问；在你面前谈论不合礼法之事，不要参与；如果有人态度蛮横好争意气，不要与他争辩。所以，一定要是合乎礼义之道，才能接待，不合乎礼义之道，就回避；对于恭敬有礼之人，才可与之谈论道的宗旨，对于言辞和顺之人，才可与之谈论道的内容，对于态度诚恳之人，才可与之谈论道的精深义蕴；不可以交谈却与之交谈叫做浮躁；可以交谈却不谈叫做怠慢，不看对方的回应却随便交谈叫作盲目；真正的有德之人，不浮躁，不怠慢，不盲目，只是根据实际情况小心谨慎地说话。

3. 说脏话与市井气

市井，本义是集市与水井，是人口聚居的地方，是民间生活最纯粹的表达。不管别人相信不相信，反正我相信，原生态的民间生活，包括语言与表现形式，是一切艺术的源泉，我们必须向民间学习。一切僵死的艺术，都是因为失去了民间的根本，成了无本之木，自然长久不了。只是，要学的，不是粗陋无文，而是生动的情绪与鲜活的表达。

现在我们习惯的说法，把市井气叫接地气，也叫烟火气。现在很多人有一个误解，以为说脏话、粗话就是接地气。有些人与人交流，动辄以粗人自居，好像以粗人自居就能占领先机，说错了话就能很容易被原谅一样。这真是天大的误解。我们的文化传统中，确实有雅文化与俗文化的分野，但俗文化并不等于就一定是粗鲁鄙陋，只是相对地少了些文人的精致，也一样是鲜活生动的。以陕北民歌为例，虽然叫酸曲儿，也就是男女的打情骂俏，有挑逗的成分，却并不下流。

以脏话为市井，显然有抬高脏话地位的企图，但无意间却玷污了市井的品质。民间的确有些话粗鄙无文，不堪入耳。原汁原味的东北二人转，最早是纯粹的民间艺术，艺人们都有绝活，耍丑逗乐，语言夸张，具有极强的艺术表现力，老百姓也确实喜欢。缺点是盲目迎合市场中的一些不健康潮流，有些语言接近于黄段子，有些耍丑类似于嘲弄残疾人，这样的东西民间肯定是有的，但在舞台的方寸之地，集中展示，终究不是高品质的艺术。

说脏话不是天生就会的，而是后天的习染。人的本性，好东西学得慢，不好的，却是沾手即会。小孩子学说话的时候，好听的话，学得慢，忘得还快，可如果教他骂人，却一下子就学会了，会了还不忘。教孩子学坏的人，大概只因为好玩，却不知一点点改变了孩子天性中的纯良。

人太容易被诱惑，而现在的社会，诱惑又太多。别人并无恶意的教唆是一种诱惑，金钱是一种诱惑，标榜着市井气的脏话也是一种诱惑。只是，面对这些诱惑，能够主动抵制的人是越来越少了。有些人好吃懒做，整天想着怎么碰瓷讹人。孩子们找工作，要工资高、工作环境好，还要轻松，总想着天上会掉个大大的馅饼。可即便是天上真掉馅饼了，难道就一定会砸在你的头上？

投机比学真本事要容易得多，所以投机的人也多。向民间学习很难，生动鲜活的语言不好学，疏淡洒脱的格局更不好学，好学的，只有粗话脏话。有些文艺工作者，以为把粗话脏话搬进作品，就是接地气了，这又是一个大大的误解。我们的传统中，强调人要适应现实，但更强调气节，所以，以移风易俗、改良天下为己任的书生们，从来都是被大力提倡表彰的人。市井气要有，但太多了，气节就少了，文艺作品中的崇高与理想，是什么时候都不能丢的。

我们要为自己，更要为孩子们，营造一个良好的生活环境。适应不易，改良更不易，但不能因为难就不做，再难也要努力完成。孟子的母亲搬了三次家，就是为了孩子能有一个良好的生活学习环境，我们不一定要搬家，但应该有这种意识。

4. 眼见的不一定是真的

　　有一个成语叫眼见为实。但眼见的，就一定是真的吗？

　　《吕氏春秋》中讲了这么一个故事：孔子误会颜回偷吃东西。孔子被困于陈国和蔡国之间，七天没吃上米饭了。有一天让颜回出去讨一点米回来煮饭，饭快要熟了，他看见颜回用手抓锅里的饭吃。后来吃饭的时候，孔子故意说："刚刚梦见了先君，如果这份食物是干净的，就先供奉给先君吧。"颜回回答说："不能这样，刚刚炭灰飘进了锅里，如果因此把弄脏了的米饭丢掉，不吉利，所以我就偷偷地把不干净的米粒拣出来吃掉了。"孔子听了之后，叹息道："人们都相信眼睛看到的事实，可是眼睛看到的，也有不可信的时候。"要了解真相，很难；要了解一个人，更难！

　　如果不是孔子的冷静，颜回被误解偷食，就会成为一个千载难明的冤假错案。孔子真是一个明白人。事实上，人确实不能太相信自己的眼睛。人眼所见的客观真实，其实带着很强的主观色彩，总会因为经验，有一个先入为主的判断。颜回趁人不备，在锅里偷偷地拿米粒吃，因为已经绝粮，正常的判断就是偷食，绝不会想到是把不干净的米粒吃掉了，这就是因经验而产生的认识上的误区。现实中，这样的例子其实挺多。所以，那些因眼见某件事的发生就义愤填膺的人，不要着急地口不择言，多看看，多想想，一定还有些东西是你所不知的。

大多数情况下，眼见的总比听说的要真实可信。可在特定的情况下，即便是自己的眼睛也会骗自己的。可能会因为视角不同，或者一个细节刚好被忽略。同样的事情，不同的人就会看见不同的结果。一个小时前的事情，一个小时后，就会有不同，甚至截然相反。每个人都觉得自己看到的是真相，其实未必，有时候，真相很容易就被一些微不足道的细节掩盖了。一个小时前的事情尚且如此，那么几年前，几十年前，几百年前，几千年前呢？想要知道真相，并不是一件容易的事。有些事情，糊涂一点，比清楚一点看得更清。心气平和，冷静处理，有时候比真相本身更重要。《金刚经》五千余言，通篇都在说"诸相非相"的道理。

眼见的都不一定真，听来的就更有可能不靠谱了。好多事情，我们根本就一无所知，大到国家政策，小到明星八卦，总会时不时地有一些所谓的内幕流传出来，说的人说得栩栩如生，听的人兴致勃勃，完全是一副亲眼见证了的样子，其实也就是吹牛聊天，当不得真。有一句骂人的话——以小人之心度君子之腹，我更愿意把它理解为一种提醒。且不论事情的真相如何，我们只管先把自己做成君子就好。

如此说来，是不是什么都不敢信了呢？也不是。我们在关注事物的时候，要尽量保持客观公允，消除先入为主的成见，不受限于自己的刻板印象，不急着下结论，多看看，多想想，结果就会完全不一样。看看孔子是怎么对待颜回的，我们就知道，慎言慎行，也要慎下结论。

5. 讲诚信的人不轻易许愿

　　《韩非子·外储说左上》中记载了一个故事：曾参的妻子出去赶集，儿子也想去，追着她哭，她不想带，就说："你回去吧，我回来以后给你杀猪吃。"她刚从集市上回来，曾参就要杀猪。妻子制止了他："之前说要杀猪，是故意与孩子开玩笑呢。"曾参说："小孩子是不能随便开玩笑的。他的智力水平有限，就跟着父母学，由着父母教呢。现在你欺骗他，就是在教孩子学骗人。母亲欺骗孩子，孩子就不相信母亲，这不是教育的好方法。"于是就把猪杀掉了。

　　曾参字子舆，敢作敢当，诚实守信，是个了不起的人物。在孔子的学生中，与颜回齐名，颜回死得早，只有他得了孔子的真传，又传给子思，子思就是孔伋，是孔子的亲孙子，子思又传给孟子。这四个人，是孔子最有名的四大弟子，后世称为"儒家四配"。需要说明的是，虽然班固、刘向、赵岐等说孟子的老师是子思，但司马迁根据生卒时间，认为孟子的老师是子思的门人，这大概是比较可信的说法。因为在《孟子》这本书里，子思的名字出现了 16 次之多，如果他是老师，孟子断不会直呼其名。近代的梁启超及郭沫若都认定孟子的老师是子游，子游是孔子另外一个学生，以文学名世。时代久远，文献不足，孔家学派的师承到现在仍然有争议。

孔门弟子，无论师承，都高度强调诚信。《论语》中说到诚信的句子很多，如"与朋友交，言而有信"（《论语·学而》），"人而无信，不知其可也"（《论语·为政》），"民无信不立"（《论语·颜渊》），"言必信，行必果"（《论语·子路》）等。曾子说："吾日三省吾身：为人谋而不忠乎？与朋友交而不信乎？传不习乎？"（《论语·学而》）把"与朋友交而有信"列为每日"三省吾身"的一个重要方面；孟子说："诚者，天之道也；思诚者，人之道也。"（《孟子·离娄上》）把诚信当作做人的根本。荀子说："不诚则不能化万民。"（《荀子·不苟》）更是把诚信上升到了治国的高度。《大学》长篇大论修齐治平的道理，但落脚却在正心诚意。后世的学者，不同于儒家的观点很多，但在为人诚信这一条上，却高度统一。

以诚安身的传统，持续了两千多年不断。可教条终归是教条，教条落地后，必然会有分歧。世间事，有阳必有阴，有白天，就一定有晚上，有讲诚信的人，也就一定有不讲诚信的人。有人说讲诚信的是君子，不讲诚信的是小人。实际上，君子与小人的区别，要复杂得多，并不仅限于说话算不算数。说话算数的，不一定是君子，但君子一定是说话算数的；说话不算数的不一定是小人，可小人，通常是说话不算数的。君子坦荡荡，立身以诚，做事有原则，一诺千金，"三杯吐然诺，五岳倒为轻"；小人常戚戚，为人没底线，利字当头，见利而忘义，临利而苟得。

正是出于维护诚信的考虑，我们才强调为人处世，一定要小心谨慎，说话不必太满，做事留有余地，苦不必尽吃，愿不可轻许。轻易许诺的人，总觉自己比别人聪明，他把对别人的承诺当成了一个获得信任，或者收买人心的筹码。对于后来这种承诺到底能不能实现，很少考虑，后面的事，只是顺水推舟，成了，是他的人情，不成，那是情况发生了变化，怨不得他的。可这个世界上，哪里有什么笨人呢？人家看破了，却不说破，并不代表心里对你没有什么看法。说到底，轻易许诺的人，心里并没有真把这个承诺当回事。

轻易许诺的人，其实是在透支别人对你的信任。如果是领导干部，对别人的承诺一次没兑现，别人对你的信任就少一点，不仅工作会越来越难开展，周围的朋友也会越来越少，普通人更是这样。这种人，到处都有，抖的是小机灵，缺的是大智慧，不值得信任。

6. 飞短流长是一种恶习

　　我一直特别喜欢魏晋之际的一位著名人物阮籍——建安七子阮瑀的儿子，字嗣宗，做过步兵校尉，世称阮步兵。阮籍信奉老庄之学，一生离经叛道，行为放诞，白眼看鸡虫，身列竹林七贤。后世的曹雪芹心向往之，为自己取了一个别号叫梦阮，《红楼梦》里的贾宝玉，就有点阮籍的影子。他的怪诞事迹，熟悉古典文学的人，应该比较熟悉。按说，这样一个蔑视礼法、做事率性之人，应该也是特别喜欢胡说八道吧。可事实偏偏不是这样。《晋书·阮籍传》："籍虽不拘礼教，然发言玄远，口不臧否人物。"这里面，应该有一些耐人寻味的东西。

　　口不臧否人物，就是不评价别人的对错，也就是不说是非。我们的古人很有智慧，说过一句话：来说是非者，必是是非人。问题是，即便是知道来说是非的人心里有某种目的，可我们仍然会受到影响，有时候还是挺大的影响。如果这种是非是好的，我们不一定介意，如果是不好的，我们也许嘴上可能会说没啥，其实心里多少会留下些阴影，甚至是不愉快。比如有人来说谁谁谁对你好，做了不少对你有利的事情，我们当然会开心，但后来未必会记着这个人的好；可如果有人说谁谁谁对你不好，做了对不住你的事，你一定会特别想知道他到底做了什么，怎么做的，一定不会去想他为什么做这些事，一定会心生怨恨。心胸大的人，时间长了，也就淡了；可斤斤计较的人，后来一定会找机会反击，他基本上不会考虑说是非之人真正的目的，和传出来的这种是非的真假。

我们的传统中，有一点特别不好，就是总爱把别人的事情当作茶余饭后的谈资。如果仅仅是客观的评述，倒也没啥，可偏偏要加上个人的喜好，头头是道地说些是非，看热闹的不怕事大，煽风点火，动静越来越大，影响也越来越大，至于被闲话的主角会受到什么影响，说闲话的人根本不会考虑。如果被说之人内心足够强大，毫不理会这些闲话，闲话如打在棉花上的拳头，空落落的，反而没有意思了；可如果他在闲话的压力下，要死要活，闲话就越发热闹了。

作为普通民众，可能也会关注科学家和英雄人物，但更喜欢关注影视明星，这本是人之常情，无可厚非。市井里的谈资，多是风流人物。英雄境界太高，可以被崇拜，却不能被调侃；政要事涉机密，说得不好，要惹麻烦；唯独影视明星，不怕人说，也喜欢人说，对不对并不重要，因为他们需要流量。江湖中的是非恩怨，飞短流长，比事情的真相更容易传播。人性有善有恶，好事传得慢，坏事传得快，也容易被当真！明星的绯闻，远比做慈善更容易受到追捧。名人的丑态一旦被放大，还不如老百姓呢。明星要的是名，老百姓要的是热闹，不过是各取所需罢了。

与其花很多热情关注别人，尤其是关注别人不好的事情，把自己心里的那点略带邪恶的陋习搅得翻天覆地，远不如安安静静地做好自己。

7. 做最好的自己

做最好的自己，就是按照自己的想法生活。别人怎么看，怎么说，那是他的事情。不要总想着取悦谁，也不要想着让所有的人都喜欢你，你不是钞票，即便是钞票，也有人不喜欢。

总有人说人生太苦，其实，生活不苦，是抱怨的人心苦。我们正处在一个最好的时代。但在有些方面，我们确实遇到了一些问题，乡村逐渐荒芜，城市越来越大，贫者愈贫，富者愈富，但这些并不是不能解决的问题。所有的问题，总会有解决的那一天。

细细想起来，全心全意为人民服务的信念，与市场经济并无必然的冲突。市场逐利的本质，也终究要以服务为唯一正确的坦途。我为人人，人人为我，看起来是一句口号，却实在是良性秩序的前提。我们把别人当作上帝，自己也就理所当然地获得了回报。那种着眼于当下获利的做法，不过是杀鸡取卵的短视行为。乾道进取，坤道包容，名与利，世之大欲，也应该是善良之人努力进取之后的必然回报。生活不会负人，只是人不能善待生活。

一个用心生活的人，一定会发现周围的美：路不拾遗，外出不闭户，小孩子快乐地成长，年轻人勤劳地工作，老年人安心地养老，父子有亲，夫妇有爱；太阳每一天都是新鲜的，月亮每一晚都是柔和的，花草每一天都是嫩绿的，天空每一天都是晴朗的；路上有人摔倒了，并不是所有的人都不扶；做生意的，也不全是唯利是图；或许帮了我们的人，也很艰难，只是不为人知。设身处地地为他人想一想，世界其实很简单。记着别人的好，忘掉自己的难，每走一步，快乐便会油然而生！

在我们的文化里，钱从来都不是一个最终的衡量标准。成功，不是钱挣了多少，而是事做了多大；不是自己拥有多少，而是给了别人多少；不是有显赫的家世，而是有进取的精神；不是有荣耀的成就，而是有平凡的人生。说到底，在这个有些浮躁的社会，很少有人把家庭幸福与平安顺遂当作成功，但这才是最大的成功。孟子所谓的人生四乐，哪一个与钱有关呢？最可怕的事情，莫过于为了钱而奋不顾身，钱有了，亲情却淡了，幸福也找不见了。

做最好的自己，就是要正确地定位自己。每个人的人生际遇并不相同，能不能成事，什么时候能成事，能成多大事，取决于个人的努力，也取决于天时、地利与人和诸多因素。好多事情，我们做不到，但至少，我们可以做到心存善念与敬畏，可以做到诚实守信、乐于助人，可以做到努力工作善待生命，这样的人，就是那个最好的自己！

8. 聪明人总是在反省自己

　　曾子曰："吾日三省吾身：为人谋而不忠乎？与朋友交而不信乎？传不习乎？"（《论语·学而》）这句话影响了后世儒者两千多年，为个人的自察从内容与次序两个方面确定了基本规则。人在社会中生活，不能不做事，也不能只做自己的事。无论是谁的事，答应了，就应该尽心尽力。人是群居的，不可能不交朋友，在儒家眼里，朋友是五伦之一，生活中不能或缺，相互的交往应该彼此信任。个人相对简单，群居就需要规则，因此而成的精神文明，是人类进步的根本保证。对于一个以传承道德与文明为使命的读书人，没有什么比学习更重要的。三者之中，最重要的是做事，其次是交友，最后才是学习，这是自察的基本次序。

　　现在，很多人出于急功近利的目的，只是一味地强调孩子要好好学习，只要学习成绩好了，其余一切都成了小事。近十多年来的中国家庭，独生子女是主流，孩子一生下来，就受到了爷爷奶奶、姥爷姥姥、爸爸妈妈等六位长辈无微不至的关心。家务事不让做，粗活重活不让做，危险的事情不让做，不放心的事情不让做，孩子只好待在家里，成了温室里的花朵，生存能力不断降低，自我中心不断强化，越来越自私自利，到头来只好啃老。不是有很多人指责现在的孩子问题很多吗？主要的责任，其实在家长，这就是不教之过，怨不得别人。过分关注孩子的学习，看起来是为了孩子，到头来只会让他们成为社会的累赘。

如果我们每天花一点时间，检查自己的不足，要不了多长时间，就会成为习惯。"闭门常思己过，闲谈莫论人非"应该成为每一个读书人的自觉。这话说起来简单，可做起来，却无比艰难。刚愎自用的人，拒绝反思，或者说他们根本不会反思，别人的建议不是心怀叵测，就是鼠目寸光。只有自己永远都是对的，尽管每个人都承认"尺有所短，寸有所长"，可我们还是只相信自己，事实上，一叶障目，难见森林，心中有一份目的性特别强烈的执念，就难以做出正确的判断。

在儒家的体系里，道德修养永远大于个人能力。很长时间，我们忽视了这种精神的传承，只追逐于实际的好处。比如：以就业的难易区分专业的优劣，以收入的多少判断工作的好坏，以财富的大小衡量事业的成败，以职位的高低划分贡献的大小，如此等等。看起来，这都是现实中不得不做的选择，却无意间破坏了我们的精神家园，危害不在当下，而在不远的将来。其结果是，每个人都想做个聪明人，都选择投机取巧，维护社会运转的道德秩序一点点被毁坏。迅速见效的事情，一堆人挤着做；笨功夫没人下了，基础性的工作没人做了。有些所谓的百年老店，其实是假的；某些高校虽然标榜创新，但教育质量并没有明显提高。

　　在当下这种略有些浮躁的风气中，我们需要反思的地方很多。事事总想逞强，未必真强，处处表现聪明，未必真聪明。难以言说的贪婪，盲目的攀比，这些人性中的丑陋，正是我们需要反思的地方！

9. 和别人"攀比"的技巧

现实中，我们总是在不断地和别人攀比。一个班级中，比较的是谁的学习好，谁的家庭背景好，谁的发展潜力好；一个单位里，比的是谁的职务高，谁的收入高，谁的能力强。我们总想通过不断的比较，确保自己的利益。有攀比就有争斗，我们的文化讲和谐，可明里暗里的争斗，一直都有，从来就没有停止过。

该不该攀比？该不该争斗？我的理解，太应该了！事物的发展，根本原因就在于两种力量的争斗。我们的文化里，叫阴阳消长，其间有一个阴阳平衡的状态，平衡是短暂的，之后又产生新的消长。阴阳两种力量，在事物的内部与外部都有。人活着，总要做事，所以就得攀比，就得争斗。说得简单些，不断地和别人攀比，其实就是在不断地给自己主动确定一个个小目标。有了目标，争斗才有趣，事业才会有成。

我喜欢看金庸的武侠。武侠是成年人的童话，每个中国男人的心底，可能都会有一个不大不小的江湖梦。年轻的时候，梦想着以后匡扶正义，仗剑天涯，可成年之后，发现什么都不能实现，胸口萦绕的，就只剩下江湖情结了。阅读武侠小说，其实就是一种补偿。几乎每本武侠小说里，都有这样的情节：一位不知名的小子，身负深仇大恨，却武功平平，忽然因为某种特殊的机缘，得了一本武学秘籍，躲在一个谁也不知道的地方，偷偷地练了一两年，或者更长时间，再出来的时候，就比所有的人都厉害了。这样的情节设置，包含着深刻的人生哲理：人首先要敢于比较，敢于挑战，敢于正视自己的不足，才能够有迅速提高自己的机遇，而要强过对手，就一定得下一番死功夫，要不然，比较就毫无意义。

合理的攀比会激发斗志，可以让人生更精彩。但如果事事比，时时比，争一时之长短，总想在所有的事情上压人一头，就会深陷狭隘的琐碎的争斗而不自知，耗费太多的心气儿，最终会落一个一事无成的结果。所以，才有很多人攀比争斗之后，语重心长地告诉我们，要学会看淡、看开、放下。这也是一种智慧，而且是我们的文化传统中，与争斗文化相伴而生的生存哲学。治国之道，一张一弛；生存之道，一消一长。休息是为了行走，后退是为了进步。太极拳是修身养性的功夫，也是防身自卫的武术，习练太极，才能知道每一次防守里都有进攻，每一次攻击之前都得先彻底放松。

和别人的攀比，其实也是和自己较劲儿。好处想得太多，不懂得舍，自然不会有得；虚名儿计较太多，不懂得放下眼前，自然也无法拿起未来；内心冲动太多，不懂得克制，也就没有了平静。人的一生，内心的不满与自足，决定着事业的高度。有些东西，可以攀比而后得，而有些事情，却只能自悟而明白，如春江冬水，涉足其中，才能知道冷暖。没人知道你想要什么，也没人知道你想成就什么。你在与别人攀比争斗的同时，别人也在与你攀比，与你争斗。与其羡慕别人，不如让他们羡慕自己。所以，每天抽一点时间，反观自己的内心，把不该有的纷扰放空，集中力量，活出更好的自己。

10. 好朋友是一生的财富

　　人生在世，有各种活法：幸福的一生，家庭美满；充实的一生，事业有成；开心的一生，高朋满堂。朋友，对每一个人都具有特别意义。儒家把朋友与君臣、父子、兄弟、夫妇并列，以之为五伦之一，也是特别强调朋友的重要性。

　　东汉的郑玄是经学大师，他在注《周礼·地官·大司徒》时有这么一句话："同师曰朋，同志曰友。"后来，也有人据此说同学为朋，同志为友。《说文解字》："朋，古文凤。象形。凤飞群鸟从以万数，故以为朋党字。"甲骨文里，"朋"像系在同一根绳子上的两个玉串，后来写成了"倗"字，其本义是品行优良且志趣相投的结交者。《说文解字》："友，同志为友。从二又。相交友也。"从甲骨文的字形可以看出，友字是由两个"又"构成，"又"是右手的象形，意思是两只右手紧紧地握在一起。我们今天朋友见面，互相握手的习俗，有人说是从西方传来的，其实我们的上古就有了。只是，西周之后，拱手成了一种礼节，慢慢地取代了握手，但朋友之间的深情表达，却还是握手的多。

　　人在社会中过着群居生活，好人有朋友，坏人也有朋友。古人把朋友分得很细：酒肉之交，知己之交、刎颈之交、总角之交、生死之交、莫逆之交、患难之交、点头之交、一面之交、忘年之交、金兰之交、君子之交、八拜之交等，不少于二十多种。有些特别生僻，现在不太说了，比如：总角之交也叫竹马之交，民间说青梅竹马，《诗经·卫风·氓》里说"总角之宴，言笑晏晏"；缟纻之交，缟纻指缟带和纻衣，指交情笃深；管鲍之交，齐人管仲和鲍叔牙是春秋时期著名的好朋友，相知相慕，后常比喻交情深厚的朋友；纪群之交，陈纪是陈群的父亲，陈群是三国时著名的政治家，九品中正制的创始人，意思是累世的交情；臼杵之交，臼是石制的舂米器具，杵是舂米的木棒，臼与杵不能分离，民间的说法叫"秤不离砣，砣不离秤"，比喻非常要好的朋友；车笠之交，有钱人出门乘车，没钱人戴个斗笠就可以了，有钱人与没钱人也可以交朋友。

　　应该和什么样的人交朋友，圣人早有教导。孔子说："益者三友，损者三友。友直，友谅，友多闻，益矣。友便辟，友善柔，友便佞，损矣。"（《论语·季氏》）直是直率，谅是诚实，多闻是见多识广，便辟是阿谀奉承，善柔是阴险狡诈，便佞是花言巧语，前三者是益友，后三者是损友。怎么样交朋友，圣人也有教导。孟子说："不挟长，不挟贵，不挟兄弟而友。友也者，友其德也，不可以有挟也。"（《孟子·万章章句下》）意思很明确，交朋友，不可有所倚仗，如果总是仗着自己年龄大、地位高、势力强，就觉得交朋友容易，那样交来的朋友，只能是酒肉朋友。真正的朋友，可以成就你的仁德，增长你的才干，扩大你的见闻，圆满你的人生。与利益无关的朋友，才有可能是好朋友。

孔子说："君子不重则不威，学则不固。主忠信。无友不如己者。过则勿惮改。"（《论语·学而》）其中的"无友不如己者"这句话至今分歧仍然很大。影响较大的解释有两种：一是认为"无"是"勿"的通假，意思是"不和不如自己的人交朋友"，比较典型的代表是邢昺、朱熹、康有为和杨伯峻等；二是把"无"解释为"没有"，这一句的意思就成了"没有朋友不如自己"，也就是朋友总有比自己强的一面。因为第一种解释里有一个悖论：都不和不如自己的人交朋友，就交不到朋友，而且好像也有点太功利，不太像是孔子说出的话，所以才有了第二种解释，持这种观点的比较典型的是南怀瑾与李泽厚。南先生认为，"无友不如己者"，是说不要看不起任何一个人，不要认为任何一个人不如自己，上一句是自重，下一句是尊重朋友。

在《论语》中，"无"一般通假为"勿"，比如同在《论语·学而》里的"君子食无求饱，居无求安"，两个"无"字很明显也通"勿"字。把"无"解释为"没有"，"无友不如己者"就成了一句陈述句，前后都是祈使句，就这一句陈述，听着别扭，也不合道理。这种解释，显得有些牵强。所以，近年来，出现了第三种声音，把"如"字由"去"的本义引申为"相似"，"无"通"勿"，"如"是"相似"，"不如己者"就是与自己并非志同道合者，"无友不如己者"意思就成了不和志不同道不合者交朋友。这样的解释，合不合孔子的原意，另当别论，但至少更符合孔子温柔敦厚、含蓄内敛的形象。

11. 有心无心之间

　　无论我们的传统文化如何起源演变，最终的定型，是儒道释的合流。作为普通人，细节不必关注，只需要知道儒家以中庸积极进取，道家以退守迂回前进，释家以空无度己度人，三家都讲修行，但并不排斥事功。儒家的修行，是修身，目的是救世，修身为了齐家，齐家为了治国，治国为了平天下，强调以己正人；道家的修行，是悟道，目的是长生，参悟宇宙玄妙，力求天人合一，强调顺其自然；释家的修行，是慈悲，目的是劝善，离了世事无世外，出世也做红尘事，强调超脱放下。细细体悟三家宗旨，都是有心无心的区别。

　　儒家的尽人事而安天命，道家的有用无用，释家的是与不是，大体上讲的是相同的道理。尽人事，就是好好做事，有些事，明知不可以做，却偏偏要做；安天命就是不问结果。孔子一生，周游列国，试图推行德政，"累累若丧家之狗"（《史记·孔子世家》）。德政很好，国王们也都客客气气的，可就是没人用。五十岁后退居乡里，教书育人了，内心倒也坦然，他的安天命，其实是知命之后的守本分。道家在有无之间，讲了好多道理，老子的"无为而无不为"（《道德经·三十七章》，庄周处世的"材与不材之间"(《庄子·山木》)、"无用之用,方为大用"(《庄子·人间世》),其实都是在讲顺其自然。释家的一篇《金刚经》讲的"菩萨非菩萨是名菩萨",也不过是在讲"相非相,非相即相,是即是非,非也是是"的道理。心系一处,若有若无,是修身,也是做事。

太执着于一件事,往往做不好;而做好的,往往是在不经意间做成的。所谓"有心栽花花不发,无心插柳柳成荫"。比如有些家长拼命也要让孩子上名校,上了名校能怎么样呢?结果无非有这么几个:一是好听,说起来,脸上有光,这是家长的虚荣。二是最正当的理由,据说孩子因此能有一个好的前途。真是这样吗?恐怕无非是有一个好的工作吧,孩子喜不喜欢,倒在其次,以后的人生,会不会幸福,就不得而知了。三是整个社会鼓励名校把名气越做越大,用了什么手段不重要,高中想办法把会考试的、成绩好的集中在一起,大学则盲目扩招,一窝蜂地做新闻,这恐怕也不好。不是说上名校不好,而是没必要非得上名校。北大当然好,可师大也不错,高职也可以,整个社会一股脑儿全在做一件事情,这件事情做好了,其他的事呢?还是各人做各人应该做的事最好。

有些事情,一定要有心,而有些事情,就一定要无心。只是,这个分寸不好把握。通常情况下,做事要有心,结果要无心。上学的时候,一定要好好学,尽自己的能力,每天进步一点,至于能不能学好,大可不必太操心。各人资质不同,事实上,资质好未必就一定学得好,成大事的往往是资质平平的人,他们总觉得自己不够优秀，踏实努力，结果反而最好。工作之后，也要好好做事，不斤斤计较，不挑三拣四，不怕吃亏受累，不投机取巧，不偷奸耍滑，尽职尽责，勤勤恳恳，貌似老实无用，实则大巧若拙，时间长了，得人爱，还能成大事，这不是很好吗？

12. 掩饰过错其实是在推卸责任

　　为人处世，必有是非。《孟子·公孙丑上》里有一句话："恻隐之心，仁之端也；羞恶之心，义之端也；辞让之心，礼之端也；是非之心，智之端也。人之有是四端也，犹其有四体也。"有是非，就会有对错。错了不可怕，错了不改才可怕。一个聪明的人，不是永不犯错，而是知错能改。

　　《左传·宣公二年》里记载了一个故事。晋灵公无道，滥杀无辜，臣下士季劝他，灵公当即表示一定会改，士季高兴地说："人谁无过，过而能改，善莫大焉。"只是，晋灵公是个言而无信的人，他说的改，只是应付的话，之后依旧残暴，后来被人杀死了。仔细阅读历史，会发现很多有趣的事情。几千年的文明进化，人性里丑恶的曲曲折折，并没有改多少。古时候的皇帝，有些虽然残暴，却并非无所顾忌，有时候也会听大臣们的话，哪怕是应付。今天，几乎所有的人都知道人不可能不犯错，也都知道有了过错就要改，可真心改错的，并不多。有些有身份的人，甚至连错都不愿意认了，潜意识里认为认个错，尤其是当着很多人的面认错，是一件很丢人的事。

　　如果真认错了，并且改了，后来的人一定会原谅他的错，记着他的好。三国时期，有一个著名的人物周处，年轻的时候，被乡里与大蛟、白额虎并列为三害。幸运的是，他意识到了这个问题，发愤图强，拜文学家陆机、陆云为师，终于才兼文武，成了一代名臣。这段故事，收录在《晋书·周处传》。中学课本里好像节选过这篇文章。周处的勇敢，不在于他杀死了大蛟和老虎，而在于他敢于面对自己的错误并坚决地改正。

小孩子常常有一种心理，做了错事后，要找各种借口来掩饰。小孩子的掩饰，不是他不知道自己错了，而是怕师长责罚。他以为，刻意地隐瞒了，别人就不知道了。所有的错误，不管掩饰得多么巧妙，最终都会露馅儿，掩饰之人反而会成为笑料。小孩子的幼稚，出于单纯和心智不健全，所以总是会被原谅的。可是大人呢？情况就完全不同了。他做了错事，大多数情况下也知道错，只是不愿意承认，这是死要面子的结果，后来也许会悄悄地改掉；死要面子是很幼稚的心态。可如果是不认也不改，还要想方设法地推诿给别人，虽然表面上是害怕承担责任，内心却充满了阴暗，那么这样的人成不了大事，也不会有知心的朋友。

一个成熟的社会人，并不会惧怕自己应该承担的责任，而愿意承担责任的人，才是勇于改错的人，才是有敬畏心的人。人有了敬畏心，才会是真正有担当的人。现实中那些明明错了，却拒不承认、也不改正的人，往往是不敢，或者不愿意承担责任的人。虽不能说这些人就一定是小人，但谦谦君子却一定不虚美，不隐恶，错了，大大方方地承认，然后坦坦荡荡地改正。

子贡曰："君子之过也，如日月之食焉。过也，人皆见之；更也，人皆仰之。"(《论语·子张》)

年轻的时候，总是在不断犯错和改错中成长，这是生活的磨砺。少了这个过程，是不可想象的。人的一生，有些错，可以犯，犯了能改；有些错，不能犯，犯了没法改；有些时候，可以犯错，错了有时间改；有些时候，不能犯错，错了没时间改。前两者事涉原则，后两者关乎时运。大约，年轻的时候心性不定，为人处世拿不准分寸，谁都难免会犯点小错；可人到中年之后，如果还总有错误，那就是一个肤浅的人，在生活态度上有问题，迟早要受到惩罚。

七、泛爱众

让世界充满爱

原文：

凡是人，皆须爱。天同覆，地同载。

行高者，名自高。人所重，非貌高。

才大者，望自大。人所服，非言大。

己有能，勿自私。人有能，勿轻訾。

勿谄富，勿骄贫。勿厌故，勿喜新。

人不闲，勿事搅。人不安，勿话扰。

人有短，切莫揭。人有私，切莫说。

道人善，即是善。人知之，愈思勉。

扬人恶，即是恶。疾之甚，祸且作。

善相劝，德皆建。过不规，道两亏。

凡取与，贵分晓。与宜多，取宜少。

将加人，先问己。己不欲，即速已。

恩欲报，怨欲忘。抱怨短，报恩长。

待婢仆，身贵端。虽贵端，慈而宽。

势服人，心不然。理服人，方无言。

1. 爱：兼爱、博爱、泛爱

天下学问，无非一个爱字，却面目各异，内涵大不相同。抛开细节不谈，从施爱者一方的心态来看，大体有两种看似相反的意见：一是认为爱就是要得到，要据为己有，才能全力呵护，爱是排他的，很自私；二是认为爱了就要放手，默默付出就足够了，让被爱者自由自在，爱是利他的、无私的。目前，这两种意见都很有市场。父母对孩子的爱，最无私，却总想代替孩子们做出选择，所以两代之间矛盾不断；情人之爱最自私，但也常常义无反顾地付出。

文明的年代久了，什么样的理论都能找到源头。我们的传统文化里，关于爱的理论很多，最具代表性的是儒家和墨家。儒家讲仁爱，讲泛爱，讲爱有差等。因为历史的原因，我们大多数中国人，以儒家思想安身立命，大多数封建王朝，也以儒立国，所以儒家的理论接受起来相对方便。泛爱是指广泛地爱每一个人，为什么要爱每一个人？因为现实中的人爱有差等，对每个人的爱并不是一样多的。著名学者汤因比以同心圆作比，自己是圆心，向外扩展，对亲人的爱最多，依次减少。泛爱是因己及人的仁心推扩，是基于现状的理想构建。爱有差等的辩论，最早见于《孟子·滕文公上》。孟子因为夷子"以所贱事亲"，托病不见，夷子以赤子之心类比"爱无差等，施由亲始"。孟子批评说："信以为人之亲其兄之子为若亲其邻之赤子乎？"后世儒者，普遍接受了这种意见，对不同的爱，也有不同的表述，比如，臣之爱君为忠，父之爱子为慈，子之爱父为孝，弟之尊兄为悌，幼之尊长为顺。

可是墨子不同意这种看法。墨子这个人不得了，他是墨家学派的创始人，提出了兼爱、非攻、尚贤、节用、节葬等很多特别了不起的见解，进行了几何学、物理学、光学、逻辑学等自然科学的研究，以《墨子》一书传世，在当时有重大的影响。虽出身儒学，但自立门户，与儒学分庭抗礼，并列为"显学"。在百家争鸣的战国时期，天下学问，"非儒即墨"。值得特别强调的是，他因为出身社会底层，有任侠之风，兼具手工之长，不仅被视为侠者之祖、手工业之祖，也是我国职业教育的鼻祖。他提出了"兼爱"，是专门针对儒家"爱有差等"的观点。《墨子》中有三篇文章，从乱所由生、治国之术和推行王道三个方面专门阐述了兼爱，主张爱无差等，人与人之间，应该不分厚薄亲疏，相亲相爱。儒者之泛爱与墨者之兼爱，如果从最终的结果上看，区别不大，只是出发点不同。儒立论于人性之善，着眼于血缘人伦；墨立论于人性之恶，看到的是利益交换。儒家是温和的，而墨家是激烈的。

所有的文化传统里，爱都是对别人的，只有道家最与众不同，无论是全身葆真、纵欲养性，还是长生不老、得道成仙，

都是从自己开始，或者说先爱自己，最后才是别人。在道家的
基础上，后来有了道教，也参政济世，相对于儒家，却要洒脱
得多。儒家的处江湖之远，总有些悲情，可道家的隐逸山林，
却是逍遥自在、天人合一的。

2. 名望是自己挣的

　　人到底该不该看重名利，还真是个问题。总有人说，名利是身外之物，生不带来，死不带去，要看开些，看淡些。通常情况下，说这话的人，要么是无名无利的自我安慰，要么确实是得了大名大利之后的开悟。一个人无名无利的时候，很容易会觉得天下的名利都给了为富不仁的人；可他真得了名利，未必看得开，放得下。就像没当官的人总是说，我当了官一定是清官；可真当了官，所作所为，却不一定是利国利民的事。人总是把自己想象得更好一些，其实没那么好。所以，修行是一生的事业！

　　我做教师二十多年了，教过太多的学生，但绝不以看淡名利教导他们。年轻轻的，什么事都没经过，看淡名利，放下贪婪的话，一定听不进去。他们需要的，正是他们没有的——钱、权、美色，物质世界里的各种诱惑，都能够成为引导他们奋勇向前的动力。老师所要做的，无非是导之以正当的手段。至于他们后来的人生会不会有获得大名大利的机遇，那是另外一回事。而在他们备受挫折后，才可以谈看开放下的道理。那个时候，他们才能理解，人生不是只有一种风景。车到岔口，才能知道还有另一种可能。

经常有家长在孩子高考后纠结学校与专业，很多人认为好专业比好学校重要。究竟什么是好专业？目前社会的通用标准是就业好。这是一个似是而非的观念。我实在想不明白，当下的中国，吃饭早都不是问题了，凭什么就认定孩子四年大学后就一定找不到工作？谁让家长产生了如此深刻的恐惧？如果真的找不到工作，不是专业的问题，而是自己不够优秀，任何一个专业领域的优秀人才，哪怕是技术工人，绝不会找不到饭碗！实际上，就普通高等教育的本科阶段来说，好学校比好专业重要得多，上一个好大学，就等于选择一个好的成长环境。好的环境，比好老师更重要。几年前，北大的保安考上硕士还是新闻，现在已经不新鲜了，因为这样的保安越来越多了。细想起来，这里面有某种必然性。

对于普通人，判断学校与专业的好坏，社会声誉也许是最重要的一个标准。好学校一定有好专业，好的专业也一定会有好的就业。普通高等教育的本科阶段，好学校比好专业重要。好学校能够为学生提供一个足够优秀的平台，他们会获得完全不一样的眼界和人际关系。到了研究生阶段，好的导师要比好的学校更重要。好的导师，无论是专业水准，还是社会资源，都可以帮助学生有更好的发展。学校的名声与个人的名声，都很重要。正因为如此，没有哪个学校不重视知名度，为此甚至刻意制造新闻。但是，好的专业，靠的不是就业率，好学校，靠的也不是高楼大厦。好专业与好学校的好名声，有且只有一个途径，那就是自身的软实力，外部条件再好，都只是个助力。我们曾经有一个西南联大，连上课的教室都不能保证，却培养了中国迄今为止最杰出的人才群。

好的教育一定要有好的理念，好的理念不一定是超前的，但一定是一贯的，方法可以创新，但劝人为善的根本一定不能动摇。方向确定后，教育得分阶段。对于年轻人，当然首先要做入世的教育。事实上，除了自己，没人对你的未来负责。前二十年太安逸，后面再补不回来，后二十年一定会遭罪。民间有一句谚语：穷不过三代，富也不过三代。人在年轻的时候，一定要不断努力，为自己挣些名利，这是后来自立的资本。弘一法师李叔同，出世以后名声很大，主要还是因为他在艺术上的巨大成就，一般人看到的是他破除执念修得正道的果，却看不到他以才情历世参悟生命的因。

名利的获得，可以借力父母，但最终还得靠自己。爹妈再优秀，创造的财富再多，社会资源再丰富，自己不争气，最终都留不住。每个人的人生际遇不同，有些人奋斗之后，能得到名与利，可有些人却始终不能如意，这个时候，就需要出世的教育了。我们不能做一个总是抱怨的人，尽人事而安天命，奋斗了之后才不后悔。看开，放下，一定是在得到之后。我们要以出世的心态，做入世的事情。

3. 藏私与守拙

　　中国人对于有些事的态度，其实很微妙。比如公与私，巧与拙。

　　从字源学的角度看，私在甲骨文里写成"𠃊"（厶），一种解释是人伸出胳膊把财物抱入自己怀里。韩非子说："古者仓颉之作书也，自环者谓之厶，背厶谓之公。"（《韩非子·五蠹》）还有另外一种解释：私字是一个头部朝下、尚未出生之胎儿的象形。孩子未出生，属于父母私有，一旦出生，就有了社会属性。不管怎样，公私相对，似乎并无争议。公字上面的那个"八"，是两个人背靠背。我们今天把这个意思写成北，败北就是逃跑，逃跑当然是朝相反的方向，上面这个"八"字，就有了相反相对的意思。

　　自古以来，公私相对，似乎并不两立。可实际情况，往往要复杂得多。私产是神圣的，前提是私产是自己奋斗出来的，公产更为神圣，在一定程度上代表着大多数人的利益。所以，私产要保护，公产更要保护。有些人，为了私产，不惜损害公产，常常做些损公肥私的事情，这是人的贪婪；有些人，完全为自己活着，并不害人，只是不做有利于他人的事，这是人贪婪之后的冷漠，谁都知道冷漠的后果可怕，但其实未必就不做冷漠的事情；有些人却道貌岸然，把公器私用了，公器成了为自己谋利的工具，这就不仅仅是贪婪了，贪婪过头了，就成了罪恶。无论中西方哪一家的文化，罪恶都是不能容忍的。

我们的主流文化，两千多年来一直在提倡为他人服务，可真正做到的有几个人呢？战国的杨朱提倡极端利己，虽然也算是一家学说，但后世敬仰者不多，至少不敢明目张胆地维护。每个人在心里都有那么点私欲，并且一直都在用大道理压制着，压着压着，有些人真压没了，可有些人反而会产生强大的反弹。历史上的贪官，大多都是嘴上说着公义，心里想着私欲。所以，私，从来都是藏着的，并不敢公开挂出招牌。西方的发达国家，虽然维护私产，可治国治世时，也还是先公而后私。

为公为私的背后，很隐蔽地与巧和拙产生了关联。总有那么一些人，觉得自己聪明别人愚笨，不管做什么事情，想着法儿取巧，看起来是在为人，其实是在肥己。一两次别人不知道，可时间一长，别人就看穿了，只是大多数看穿了的人并不说。聪明人的聪明，是一种自以为聪明的聪明。相反的，有一种人，看起来傻傻的，总是费心费力地做些让聪明人嘲笑的事情。比如：一个人过马路，红灯亮了，哪怕周围一个人也没有，他也要停下来等；买东西别人多找了钱，根本没人知道，他也要还；路上有老人摔倒了，别人都躲开了，可他却硬是扶起来送进医院；卖一件东西，跟人说好了价钱，又有人来加价，却硬是不动心……很多人说这是笨，我宁愿将之叫作拙。

中国人对于取巧这件事，态度颇为微妙。乍一听，好像是一种褒奖，是在夸一个人聪明机灵，可往深里想，却会咂摸出别的含义。有很多含"巧"的成语——投机取巧、巧取豪夺、弄巧成拙、取巧图便、巧言令色、巧言如簧、巧言为佞等，好像都有些贬意。与巧相对的拙，最字面的解释是手脚不方便，清代段玉裁《〈说文解字〉注》："拙，不巧也。不能为技巧也。"深究起来，其实是踏踏实实地做事情。而拙人，也专指看起来笨笨的，其实是一心为别人着想的人。这样的意思，在《道德经》这本书里，写得特别明白。拙人一心想着别人的好儿，自己吃点亏并不计较。相对于总把自己太当回事的巧人，拙人更愿意把别人看得高一些，有点像大海，处在最低的位置，却成就了最博大的胸怀。谁又能说这样的人不是最聪明的人呢？

4. 不要轻视周围的每一个人

在这个世界上，没有谁比谁更独特，每个人都是独一无二的。我们的传统文化与西方之最大不同，就在于约束个性，鼓励共性。魏晋时期的竹林七贤，还有后来的郑板桥、八大山人等，特别有个性，得到了后世文人的赏识，可愿意效仿的人并不多。通常情况下，有些有才华却不被重用的人，往往都个性十足，个性成了他们彰显存在的独特方式。大多数的人性格趋同，见解趋同，行为趋同，骨子里的个性却还在，只不过刻意地不表现出来。

西方很多地方讲自由平等，所以，总有人觉得平等的观念是舶来品。这其实是个误解，我们中国也有人人平等的观念。虽然我们的文化讲等级，但这个等级只是社会身份的规定，人格上并无高低贵贱。我们的文化并没有特别提倡人人平等，大约正是因为根子里就一直认定人人平等。在我们的现实生活中，不平等的人和事确实有，还不少，但文化本质上，却是自觉地认同平等。圣人的教导，正是从"生而平等"开始的。"人之初，性本善。性相近，习相远。"孔子自己都说："我非生而知之者，好古，敏以求之者也。"（《论语•述而》）圣人的成就，是学而后得的，生下来的时候，和大家一样。个人资质有差异，但差别不大，成就的高低，完全取决于后天的努力和人生经历。

真正地理解了平等，才可以处理好人与人之间的关系。周围的人，面目不同，成就各异，却都轻视不得。每个人，都各有所长，亦各有所短。聪明的人，总是看人的长处，容人的短处。看人的长处，就能够发现自己的不足，就容易取长补短，有利于自己进步；容人的短处，不仅是雅量，也是智慧，不但自己快乐，别人也愿意与他相处，这样的人，往往是最好的领导。有些人却恰恰相反，他的眼里，只有自己的长处，看别人只有短处，自己哪儿哪儿都好，别人哪儿哪儿都不对。这种心理，看起来是自负，其实多半是自卑，或者是忌妒。

总是盯着别人的短处，人家的长处却看不见，或者故意看不见，这是一种蔑视。我们周围，故意轻视别人的人很多。轻视别人的人，多半太想重视自己。重视自己没错，但太想重视了，行为举止就容易走偏，做事就容易过分，这并不符合儒家文化的要求。自孔子之后，后世儒者，温柔敦厚，持中守正，说话做事讲究中庸合度，应时得位，要求自己不能张扬，对别人也是恭谦有礼、宽厚包容。轻视别人，别人少不了分量，可自己的分量就轻了。

现代社会，分工越来越细，单独一个人很难成事，团队的精诚合作特别重要，我们要学会欣赏自己，更要学会欣赏别人。在任何一个单位里，总会有一些人，单独做事，能力很强，但很难合作，谁和他在一起，他就认为谁不行，他和别人在一起彼此都别扭。相反，还有一些人，看起来什么都没做，可大家就是愿意和他在一起，他就像黏合剂，能够把一盘散沙整合成一个强大的团队，再难的事，大家一起使劲，也就完成了。这不是能力的问题，是心态的问题，与个人修养有关。

我们要学会以小孩子的眼光看待这个世界：一切都是美好的，大家都是最棒的。有了这样的心态，和谁都能共事，谁都喜欢我们。我们要让自己更优秀，也要看到别人的优秀。

5. 喜新不必厌旧

在我们的常识中,"喜新厌旧"应该是一个不太好的词儿。熟悉文学史的人都知道,古代很多爱情诗一旦涉及喜新厌旧,通常是男子薄情负心,见异思迁,女子痴心守候,终被抛弃。这种诗,一般被叫作弃妇诗。中国的诗论,有道德评判的传统。批评的尽管批评着,做的却一直都在做。现实中薄情负心的男人代代相传,层出不穷,弃妇们也是伤心人各有情怀。

大概,在薄情的男人眼中,新的若是美的,有什么理由不喜欢呢?可在弃妇们的眼里,即使新的是美的,喜欢也是不对的。这是个听起来很顺的理,实际上却是很不通的逻辑。事实上,喜新厌旧是人类的通病,无论男女,都一样。美女或者帅哥,都更容易得到异性的更多关注。这并不丢人。相对于普通生物,人是一种高级生命,有七情六欲这样的自然属性,也有道德文章这样的社会属性。自然属性是生物的本能,社会属性才是人之为人的原因。只有普通生物,才追随纯粹的本能,人断不是这样的。承认本能并不可耻,可耻的是只有本能。

汉代有一首佚名的诗《古艳歌》,只有四句:"茕茕白兔,东走西顾。衣不如新,人不如故。"这首诗说出了人的另外一种情感：喜新而怀旧。弃妇的可怜，在于不能自主自己的生活，总是在抱怨，可抱怨有什么用呢？公道不是抱怨出来的，是改变出来的。现状需要改变，自身也需要改变，自身的改变才是关键。并不是所有的人都喜新厌旧，也不是所有的人都愿意怀旧。喜新是一种追求美好的动力，怀旧却是一种保存美好的能力。其实，怀旧也是人类的一种本能，只是，有些人细腻，善于梳理过去的情绪；有些人粗犷，对于往事的追忆在不经意之间，并不刻意地表现。每个人的故事并不相同，怀旧是极其私人化的行为，有人懂，是幸运；没人懂，是正常；人人都懂的怀旧，必定是一个时代的共同记忆了。

人活的是一种心境，太害怕受到批评，就容易被舆论牵着走。由着自己的心，喜欢谁就是谁，可以是新，也可以是旧，仅仅是喜欢而已，喜欢没错，错在有非分之想。人总是社会的人，得守规则，更得知道为人的本分。喜欢不喜欢，仅仅是一种情绪，每个人都有自己的缘分，不该是你的，远远看着就行。

6. 纵有财产千万，也只是一日三餐

　　人生在世七件事，柴米油盐酱醋茶。对于任何人而言，物质财富都很重要。小到家庭，谁挣的钱多谁是家长；大到一个行业，财大气粗的也总是更能说了算。马克思说过，经济基础决定上层建筑，这是真理。尤其是当金钱成为硬通货的时候，没钱的想有钱，钱少的想钱多，都是再正常不过的事情。大约十多年前吧，流行过一句话，钱不是万能的，但没钱是万万不能的。在我看来，凡是跟钱过不去的，大约都多少受过一些刺激，内心有些偏执。钱真的是好东西，可以让自己生活得好一些，也可以让我们有能力帮助别人。

　　但我们经常会听到一句话：纵有财产千万，也只是一日三餐。说这种话的人，看淡了名利，经历了生活的磨炼，至少在某一方面，应该算是成功人士。但这句话对于即将入世的年轻人，好像并不特别合适。在我的课堂上，我更愿意给年轻人说，虽然一日三餐已经有了保障，还是以正当的手段挣上千百万的财产更重要。即便是天下最顺境的人，也总会遇到过不去的坎儿！大多数时候，这些坎坷可以用金钱解决。有人说过一句特别豪气的话：凡是能用钱解决的问题，都不是问题。对于绝大多数普通人来说，钱确实不是问题，问题是没钱。

没钱，想有钱，这是常态，君子爱财，取之有道，孔子都不会说你错；有了钱，还想更有钱，从正面说，是积极进取，其实大约还是对未来缺乏安全感，总担心万一出了什么问题，钱不够了怎么办。这也是常态。有这样想法的人，大约有两种，一是像我这样的普通人，有一份固定的工作，银行里也有些不多的存款，可经历过穷日子，吃过苦受过罪，就总觉得钱不够；还有一种是已经特别有钱了，可人家把挣钱当作了一种事业，也总是觉得自己钱少。虽然穷人的爱钱和富人不一样，大概都算不得是一种过错吧。

只有一心钻到钱眼儿里去的人，比如像巴尔扎克笔下的葛朗台，他们的爱钱，是欲望，是贪婪，是人性深处见不得光的阴暗。人在世上，说到底，不是为了钱，而是为了把日子过得舒坦，是为了幸福。一个人的幸福，其实和周围的人密切相关，大家都好了，自己才能真好。幸福是分阶段的：童年的时候，无忧无虑，不管住多么破的房子，吃多不好的饭菜，只要和家人在一起，就是幸福的；上学了，成绩好，老师和同学们高看一眼，家长有面子，考一个好大学，感觉很幸福；青春期，碰到了一份纯洁的爱情，双方的家长都不干涉，工作后还能在一起，最终修成了正果，就觉得是最幸福的人了；工作了很多年，父母俱在，子女有成，家庭和睦，碰巧也还在做着自己喜欢的事情，那真就是最大的幸福了。

钱少了，是你的；多了，是家人的；太多了，就是社会的。

对于个人而言，钱多到一定程度，好像也就没什么用处了。中国人的攒钱，一半是为了生活，一半是为了孩子。如果生活有保障，孩子又争气，钱也就没用了。一般情况下，越是争气的孩子，越不愿意要父母的钱，而为财产争得不可开交的，多半是不肖子孙。林则徐是一位大英雄，也是个有大智慧的人，他不愿意给孩子们留钱，还说了一句特别有道理的话："子孙若如我，留钱做什么，贤而多财，则损其志；子孙不如我，留钱做什么，愚而多财，益增其过。"中国的家长，出于爱的执拗，明知孩子是不肖子孙，还是愿意把钱留给他们，林则徐这样决绝的人，好像并不多。

年轻的时候挣钱，钱多到一定程度，就得想着散财了。除了惠泽乡里，最主要的途径就是做公益或者做慈善。把钱用在最当用的地方，才能取得最好的效果，这不但是爱钱，也是爱人了。我经常听到一些企业的老总解释自己的唯利是图：你们只考虑一个人、一家人，而我手下有几十人、几百人、几千人等着吃饭呢，不赚钱不行。这其实是一个似是而非的理念，高明的管理者都知道，不是你给员工饭碗，而是员工给了你饭碗，老板不过是个掌舵的，其职责是让员工们都努力幸福地工作。做到了这一点，挣钱是必然的回报。老板并不是企业的主人，员工才是。把自己看得低贱，才能成就高伟。

7. 不要轻易打扰别人的生活

　　很多人以为，中国之"中"，是一个地理上的概念，好像真的中国人自大到以为自己是世界的中心。其实，这是一个大大的误解。中国人观察世界的视角，从一开始，就是着眼于天道自然的，人之渺小，几乎是不言而喻的前提，绝不至于自认中心，倒是西方文化的自我中心意识极强。中国之"中"，文化的意味更重一些。

　　我们的文化传统中，特别强调"中"，换一种说法，也可以叫作"和"，所以中和通常连用。具体到为人处世，就是各种要素的制约与配合之下的动态平衡。时间上的恰到好处是中，空间上的恰到好处也是中，《易经》厚厚的一本，只是在讲时间上的"时"与空间上的"位"，所有的卦象中，凡是得时与得位的，结果都是好的。有些人，稀里糊涂就得了时与位，这就是通常人说的命好；而有些人却是一生拧巴着，总是与周围的人、事不合拍，做什么都别扭，和谁相处都难受，这样的人，事做到什么程度都不会太幸福。

　　"时"与"位"，说白了，就是分寸感。同样做一件事，做得早了不好，做得迟了也不好，不是事不该做，而是做的时间不对，所以要恰到好处地做。人与人之间的相处，太远了，会生疏；可太近，容易起冲突，也不好，所以要恰到好处地相处。与陌生人保持距离不难，难的是与亲近的人也保持距离。牙齿会咬着舌头，却无论如何都咬不着鼻子。所以，陌生的人好相处，太过亲近的人，反而是嫌隙丛生了。孔子说过一句话："唯女子与小人难养也，近之则不逊，远之则怨。"（《论语·阳货》）很多人以为孔子看不起女人与小人，其实不是，他只是说了一个与人相处的事实，这里的"养"，是相处的意思。

我读《论语》，越读越觉得孔子是个了不起的人。他说话的角度，总是客观中立，对于说不清的事，宁愿不说。比如，人性善恶这样的大问题，他也只说了一句："性相近也，习相远也"（《论语·阳货》）。相比之下，孟子就说得很肯定，他说"人之初，性本善"，"孟子道性善，言必称尧舜"（《孟子·滕文公上》）。孔子的话，千年之下，谁也没有疑义，可孟子的性善论虽然初衷极好，却争议不断。孔子从来不说我喜欢什么你也要喜欢什么，我想做什么你也要做什么，他只是说："己所不欲，勿施于人。"

事实上，以人合己，多半快乐；以己合人，多半不幸。孔子说："不患人之不己知，患不知人也。"（《论语·学而》）一个人如果学会了站在别人的立场上看问题，为人处世，自然就有了分寸感，快乐就像是周遭的空气，与你的生活再也分不开了。幸福的人眼睛里都是包容：别人高兴了，跟着一起快乐；别人难过，想办法让他开心。别人做错了，不计较他的错儿，却看到了他为什么错；别人做对了，由衷地替他高兴。客观地讲，能做到这一点的人，极少，所以幸福才极难得。

现实中有很多人，特别喜欢干涉别人，总想把自己的意志强加给别人，他觉得好的，就以为别人也觉得好，他想做的事，就觉得别人也想做。其实不是，上天生人，每个人的想法并不一样，可以自由地选择自己喜欢的生活方式，世界因此而丰富多样。越是亲近的人，越要注意，不要过多地干涉别人，彼此适当地留些空间，这是对别人的尊重，也是对生命的尊重。

不轻易打扰别人的生活，其实是基于一种幸福自在的信任，一切都是最好的安排。情如夫妻，也有隐私；亲如父子，也有欺瞒。世事如若一味强求，结局反而无趣。

8. 不揭人短，不打人脸

语言有杀伤力，这是不争的事实。楚汉战争时，刘邦用四面楚歌一下子就打垮了项羽的部队；据说，明崇祯皇帝也是被一个测字先生给算死了。对于普通人，语言的杀伤力，虽然不至于要命，却可以伤心。两个人起了冲突，互相以言语攻击，揭人短，打人脸，正是互相伤害的具体表现。

语言习惯是大环境的产物，也是个人有意培养的结果。一个从小说方言的人，突然要说普通话，或者一直说普通话的人，一下改说方言，就会有难以言说的别扭。家庭出身高贵，举手投足间自然会带着华贵，普通人家出身的人勉强不来。干净的语言与纯粹的表达，必须从小培养，甚至要经过几代人的努力。即便对方对自己无礼，也仍然和颜悦色，依然能保持正面沟通，而不是恶语伤人，这实在是一种很高的教养。说脏话，表面上是不好的语言习惯，其实是骨子里粗鲁，绝不是有些人所说的接地气。

民间有一句俗话：恶语伤人六月寒。陌生人的恶语相向，虽然很可怕，但承受者也只是一时生气，只有熟人朋友的揭短与打脸，才会产生最大的杀伤力。知根知底的人，语言上攻击对方，往往能直击要害。从心理学的角度，人们在潜意识里会不自觉地对周围多一点戒备，可熟人朋友不在此列，关系越好，秘密越少，最不愿意让人知道的丑事，彼此都毫无保留了，这才是铁杆儿。但就是这种关系，才更容易互相伤害；伤了，即使和好，也终究会留下裂痕。一起过日子的两口子，应该是最亲密的人吧，可有时候，偏偏要互相打脸，用恶毒的话，刀子一样戳对方的心。不知道经过了多少次教训，我们的传统中才有了"话到嘴边留三分"的古训，有人把这个理解为世故，其实只是要求人对不好的言语的主动克制。恶语伤人，如果是情急之后的冲动，顶多是不懂克制，倒也可以谅解；可如果是故意的，心理就有些阴暗了。

揭人的短儿，类似于往伤口上撒盐。每个人做了不好的事情，如果是不小心做的，心里多半有些愧疚，虽然别人已经知道了，可他宁愿掩耳盗铃地以为别人不知道，如果突然被说破，可能会恼羞成怒。一个恶语伤人，一个怒发冲冠，干柴碰着烈火，一点就着，发生什么可怕的结果都有可能了。人都有两面性，一半是天使，一半是恶魔，所谓的教养，不过是用理智约束本能。如果能做到"从心所欲不逾矩"（《论语·为政》），就可以高度自由，性格里就只剩下高贵了，可这境界，谁能做到呢！反过来，失去了理智的人，不懂克制，任由邪恶满天飞，如田野里自由生长的蔓草，荒芜的不只是心性，更是人之为人的尊贵了。

揭人短、打人脸这件事，说大不大，说小也不小，可造成的伤害，往往很难愈合。孔子说："君子讷于言而敏于行"（《论语·里仁》），少说话是一个好办法。如果遇上了言语上的冲突，我们的策略，说得清就说，说不清就躲，口不择言不仅会伤着别人，最终也会伤着自己。

9. 每天表扬别人三次

　　最早听到这句话，是从一位领导那里。领导脾气不好，平时说话急躁，安排工作的时候，稍不留神，就开口骂人了。他在位的时候，周围的人不管愿意不愿意，顺着他的多，有些人知道他性格如此，并不计较；但接触少的，心里就有很大的怨气。也不知从哪天起，他好像忽然开悟了，就跟我说了这句话。能给自己提出表扬别人的要求，而且还有数量的规定，可见他是一个严以律己的人。

　　我没有细问过那位领导，每天表扬别人三次是表扬一个人三次，还是表扬三个人，这之间是有区别的。可着一个人表扬，也许是偏爱，喜欢一个人，他的什么都是好的；主动地表扬不同的人，那是认可了别人有可表扬之处，既是行善，也是修心。少年人心性不定，需要以世事磨砺；成年人在心性大定之后，又容易太自我，总觉得自己什么都对，都好。表扬人，本来是件挺简单的事，我们小时候都会，那时候看谁都很厉害，心机少，表扬人出于自然的本心；年龄渐长，学问多了，人生经验丰富了，职务高了，反而出于各种顾虑，很少表扬别人。

　　作家雪小禅有一本书《在薄情的世界里深情地活着》，我没看过，不知写了些什么，但心里却一直有个疑问：深情活着的人，会觉得这个世界薄情吗？薄情是别人的感觉，热爱生命的人，纵然被现实虐得七荤八素，却依然有一腔热情。对于世界的体证，我们首先用眼睛观看，其次用心灵感悟，每个人看到的，悟到的都不一样。最要命的是，人家用心感悟，你偏偏说人家用眼睛看，交流就肯定不在一个层面上。我不了解雪小禅，也不了解她所写的那些人物，但她的文字我是见过的，温婉从容，细腻优美。说实话，这样的文字，虽然很美，但我更喜欢平和安静、自然闲淡的文字。世界何曾薄情？不过是我们觉得世界薄情。人和世界的作用，如同物体之间的力，是相互的，你给它越多，它回报越多。薄情的感受，其实是顾影自怜，世界对谁都一样，不喜不悲，不忧不惧。我们只要看一看杨绛先生的文字，立刻会明白应该过怎样的人生。

不自怨自艾，做一个乐观的、与人为善的人，才会获得快乐。快乐的人，看谁都好。感受到了别人的好，表达出来很重要。一个人开始做一件事，你只需要说三句话：我相信你能做好；你有能力做好；你一定能做好。第一句是信任，第二句是肯定，第三句是鼓励，是给人尊严，谁不是为了尊严而活着呢？一个人把事做完了，却做得不够好，甚至是做错了，你依然只需要说三句话：你已经尽力了；换个人不一定做得更好；吸取教训，你下次可以做好。第一句是信任，第二句是安慰，也算是肯定，第三句是鼓励，依然是给人尊严。批评是必要的，但别人已经把事做完了，虽做错了，但批评得再狠，也无济于事，还是换作鼓励更好一些。

表扬别人，其实是取悦自己。有些人，总觉得谁都和他过不去，谁都在为难他，他用心地善待每一个人，却得不到别人的善待，所以，他满心怨怼。其实，是他紧锁心门，和自己过不去。说到底，是他对自己没信心，对世界没信心，潜意识里不相信努力就有回报，善良会换来温暖。相信自己，表扬别人，从肯定自己开始。

表扬别人的习惯，是孔子所说"恕"道，是领导的艺术，也是做人的艺术。

10. 愿意吃亏是大智慧

　　时至今日，恐怕没有人会否认个人天资禀赋的差异，可即便是中等资质的人，也一定会认为自己是个聪明人。这是人之为人很有意思的地方，首先是一种自信。自信人人有，过了头，就成了执拗，反而很可笑。这样的人，我称之为聪明人。

　　聪明人不愿意吃亏，遇事先考虑自己的得失，心里那点小算盘打得叭叭响，心眼多，头脑活，总觉得他之外，别人都有点傻，可以用好听的话，或者以小恩小惠糊弄过去。与此相对的有一种人，看起来有些傻，不管在什么场合，他总是先别人后自己，活儿干得多，好话落得少，好处有没有也不计较，大家和谐团结才是最重要的。小到一个家庭和班组，大到一个集体和国家，这样的人哪儿都有。可就是这样明显"犯傻"的人，我们好像都离不了。这样的人，会有很多朋友。我把这样的人称为智者。最有意思的是，智者看透了聪明人的一举一动，却总是看破不说破，面对聪明人的狡诈，笑笑就过去了；聪明人自以为得计，其实他永远读不懂智者的内心。聪明人总是瞧不起智者，嘴上说着奉承的话，心里却暗自嘲笑智者的迂腐。实际上，智者可以离开聪明人，聪明人却离不开智者。

人性深处，贪婪是先天存在的，都想把好的东西据为己有，结果往往是贪小便宜吃大亏。一个人如果能修炼到克制内心的贪婪，总是冷静地做该做的事，就做得了大事。对于成就大事的人而言，服务远比控制更重要。有些人总是把自己摆在高高在上的位置，总想让别人感受到他的威严，所以动了很多小心思。事实上，这样做短期内会有效，但时间长了，就不一定管用了。好的领导，都不是聪明人，而是智者。

　　老一辈人说，吃亏是福，年轻人总是怀疑。吃亏是在舍，有舍才有得。人在缺衣少食的时候，为了生存，做些失德败行的事，也算是情有可原；吃饱了，穿暖了，想要以后一直都是好日子，也是常态；可过好日子已经不是问题了，却想好上再好，人心不足，得陇望蜀，那就是贪念了。愿意吃亏的人，其实就是主动割舍了这些贪念和欲望，获得了身心的平和与健康；愿意吃亏的人，表面上舍的是财，实际上得了人心。老子说："将欲夺之，必固予之。"（《道德经·三十六章》）这句话后来演变成了"将欲取之，必先与之"。这难道不是大智慧吗？一个家庭里，总是愿意吃亏做事的人，不是能力大，而是把亲情看得重；和朋友们一起吃饭，总是愿意主动掏钱的人，也不是他钱多，而是把友情看得重；在单位里不计较得失，不计较荣誉，默默无闻做事的人，不是太傻，而是把事业看得重。事实上，那些愿意付出的人，最终都会得到周围人的肯定。

11. 感恩是一种人生智慧

年轻的时候，喜欢看武侠小说，特别喜欢激烈的打斗与血腥的杀戮。年龄渐长，心性柔软，却越来越喜欢其中的爱恨情仇了。我最喜欢的武侠人物是令狐冲，他自由自在，至情至性。令狐冲受了师父那么多的误解与迫害，却依然记着他的养育之恩。大约，只有他这样的人，才配拥有那种与世无争的神仙眷侣吧。仇恨之于令狐冲，像是过眼的云烟，而别人对他的恩德，却是深埋心里的种子，一沾风雨阳光，就会茁壮成长。

人生也是江湖，恩与仇并不能截然分开，无恩生不成情分，无仇结不下缘分。执着于恩仇的人，才会有宁折不弯的意志与成就大事的动力。武侠里的结局，多半是报了仇的英雄表面上风光无限，其实却是穷途末路，剩下的只有无比的孤独。人的心眼里，可以有仇恨，但更应该有恩情。仇恨，会带来血雨腥风；而恩情，却会带来和风细雨。缘起的心性不同，结局也迥然不同。

心怀感恩的人，是善良的人。别人对他的好，他记得；对他的不好，却会看轻，甚至忘记。事有善恶，人分好坏，可善与恶、好与坏，很多时候并不能截然分清，它们是搅在一起的。

有时候，善念反而是作恶的源头，恶行也会成就大善。《法华经》记载，在释迦牟尼修行的过程中，他的一个叛逆弟子提婆达多，总是在不停地打击、阻挠、破坏。佛祖说这是对他逆向的帮助，是一种磨炼，也使他最终成佛，所以有大功德。提婆达多后来也成就了佛果。

佛祖有大慈悲，令狐冲也有大慈悲，但他却不是佛教徒。令狐冲是一个兼容了佛道儒思想的人物形象，参透了生死的彻悟、独孤求败的武功、养育之恩的亲情，最终与所爱的人归隐山林，这是他的全部人生。他的心里，仇恨只在一时，而爱，却持续一生。有爱就会有恨，有恨当然有爱，爱了就想占有，恨了只想毁灭，与其恨一生让自己不痛快，不如放下来。恨了别人，别人未必怎样，而你却伤痕累累了。人的一生，放不下的东西太多。所以总在纠结，执着是一种贪念，破了，境界会豁然开朗。

感恩是一种人生智慧。一般的人，感恩的对象，只是对自己提供正向帮助的人。父母给了生命，朋友资助事业，老师传道授业，这些人固然是我们生命里的恩人，可那些对你讽刺挖苦、打击报复的人，也未必就一定是你的敌人。从这个意义上，恩义有两个方面的内容：一是顺水推舟，助你前行；二是逆水荡舟，阻你前行。助推你的人，是事业的下限；阻挠你的人，是事业的上限。前者的恩义是明显的，而后者，已经超越了恩义。如果生命中只有顺境，事业难以长久；有了逆境的磨砺，才可以让生命更加顽强。助推是一种助力，而阻挡，却是一种成全。

感恩是强者的心态，不是一味地忍让，委屈自己，而是不断强大自己。内心足够强大，一切都是风轻云淡，谁也伤不了你，能伤你的，只有你自己。常怀感恩，就是要跳出既有的束缚，在一个更高的视阈看待过往。身处红尘，难免羁绊，心眼自然就小；站在山顶，云舒云卷，心胸当然开阔。有些人，总觉得他对所有人都好，别人对他好，那是应该，对他不好，就是欠着他的账了。这是心智蒙灰的错觉。世间的好与不好，对个人而言，既是必然，也是助缘，摆脱了自私与狭隘，才能成就生命的圆满。

12. 以势压人和以理服人

遇到冲突的时候，我们提倡讲理，可现实中，不总是讲理，更多的是以势压人。以理服人，难；以势压人，容易。有些领导干部，在与下属发生争执的时候，词穷之际，常常会说："听你的还是听我的？你是领导还是我是领导？"这固然是智慧不够，但以势压人，确实比以理服人来得更方便，也更直接一些。孟子说："虽有智慧，不如乘势；虽有镃基，不如待时。"（《孟子·公孙丑上》）

现实中，有些人势大，得了势的人，前呼后拥，别人都得顺着他，他就有了很多可以利用的资源；有些人却总也不得势，说话得看别人的脸色，赔尽小心，却常常被人瞧不起。可怎样才能得势，却是各有各的做法。总体而言，头顶上戴的帽子或者光环，屁股底下坐的板凳或者依靠的团队，都能直接产生巨大的势力。所以，当了官的人，或者万众瞩目的名人，不自觉地感到高人一等，说话做事盛气凌人，别人的"忤逆"哪怕再有道理，他也会感到不舒服。久而久之，就成了习惯，一旦失势，内心就会失落，反而会觉得别人势利，其实是他势利在先。

有势的想永远有势，没势的人想尽力借势，这是人之常情，也是文化的常态。其实，学会借势、用势，是一种生存的方法，只是，我们很多人不懂。我们每个人，因为机缘不同，会受到各种限制，想做事情，就要善于利用周围的各种因素，孔子当年推行德政，不也奔走高门吗？能借势、造势，也是一种本事。中国人的求官求名，也就是想得势。不能因为自己做不了官就瞧不起官，老百姓中有好人也有坏人，做官的自然是有好官也有坏官；所不同的是，坏官借势做坏事，好官借势做好事。势没错，错的是人。

　　有时候，单纯地讲理，讲不通。看起来，交锋的双方，都在讲理，却是各人讲各人的理，彼此都觉得对方不讲道理。不在同一个频道上的交流很难达成共识。我们的文化，融合了儒释道三家要义，不同的事情，立场不同，往往结论并不相同，细听起来，都有道理。比如朋友之间，逢年过节互相走动，彼此准备些礼物，那是再正常不过的事情，可在某些人眼里，却要视之为小人结党了。以儒家的立场，无论乱世治世，无论人心善恶，都要积极入世；而以道家的立场，不能因乱世而污了自己的品行，所以要隐逸山林。孔子是通达的人，他在推行德政的路上碰上了两个高人嘲笑他，却并不生气，只是感慨地叹了一口气说："鸟兽不可与同群""天下有道，丘不与易也"（《论语·微子》）。越是无道，才越要改变。面对不同世界的人，既然接受不了对方的道理，也就不要想着用自己的道理强求对方。"勿意，勿必，勿固，勿我"（《论语·子罕》）才是中庸之道。

对于有些人来说，讲出来的道理不是不懂，而是不愿意接受。不同信仰的人对于世界的认识不同，谁也说服不了谁，遇见了，能说到一起，就说几句；说不到一起，各走各的，彼此尊重最好。有一些人，硬是为了说服别人，把自己气得不行，完全犯不着。

现实中，总会有那么一些人，接受了不同于社会主流舆论的价值判断，无论我们做什么，他都能义正词严地批判。街道上倒了一个老人，有人因为扶了而被讹诈了，他会说法治不完善；而没人扶，他又会说人心坏了。社会需要批评，但无原则的批评多半都是居心叵测的。

八、亲仁

虽不能至，心向往之

原文：

同是人，类不齐。流俗众，仁者希。

果仁者，人多畏。言不讳，色不媚。

能亲仁，无限好。德日进，过日少。

不亲仁，无限害。小人进，百事坏。

1. 性善还是性恶？

人有自然感情，社会有道德规范，可在孟子看来，自然感情是道德规范的来源。孟子说："恻隐之心，仁之端也；羞恶之心，义之端也；辞让之心，礼之端也；是非之心，智之端也。"（《孟子·告子上》）意思是说，恻隐、羞恶、辞让、是非四种情感是仁义礼智四种规范的开端，故称"四端"。孔子说人有"四端"，主要是为了证明他的性善论。

《孟子》一书，共有两章谈到"四端"：一次在《孟子·公孙丑上》，为一般性的论述；另一次在《孟子·告子上》，说得十分具体。"四端"理论是孟子针对性善与性恶的争论而提出来的。性善论是孟子的著名论断。虽然后人对孟子的性善论多有误解，但并不妨碍孟子的伟大。孟子之后，性善与性恶的争论十分激烈，其间不乏名家高论，却是谁也说服不了谁。说的尽管说着，听的人却只是听听，直到今天，也依然如此。1993年，中国中央电视台和新加坡广播电视局联合举办了一次国际大专辩论赛，最后进入决赛的两支队伍——复旦大学与台湾大学，于8月29日下午展开激烈交锋，辩论的题目就是"人性的善与恶"。台湾大学持论"人性本善"，复旦大学持论"人性本恶"。辩论十分精彩，妙语纷呈，当代大学生视野开阔，思维活跃，辩论的是道理，逞强的却是机锋，结果是各有胜场，还是谁也说服不了谁。都说理越辩越明，可性善与性恶似乎永远也辩不明白。

孟子有一个好朋友叫告子，他说："性犹湍水也，决诸东方则东流，决诸西方则西流。人性之无分于善不善也，犹水之无分于东西也。"告子以流水作比，试图证明"性无善恶"。孟子特别会辩论，也以流水做比来反驳他："水信无分于东西，无分于上下乎？人性之善也，犹水之就下也。人无有不善，水无有不下。今夫水，搏而跃之，可使过颡；激而行之，可使在山。是岂水之性哉？其势则然也。人之可使为不善，其性亦犹是也。"（《孟子·告子上》）意思是水流虽不分东西，却因为环境不同而自有高下，往低处流就成了必然。告子说不过孟子，但并不相信孟子。

稍后于孟子的荀子，旗帜鲜明地主张性恶。他认为人性"生而有好利焉""生而有疾恶焉""生而有耳目之欲，有好色焉"，如果"从人之性，顺人之情，必出于争夺，合于犯纷乱理而归于暴"，"人之性恶明矣，其善其伪也"。（《荀子·性恶》）荀子是儒家学派独树一帜的人物，他的思想一变而出法家，韩非子就是他的学生。需要强调的是，荀子与孟子对于人性善恶的判断，其实只是理论构建的起源，孟子担心好人变坏，荀子希望坏人变好，他们在教化移人这一点上高度一致。

汉代的董仲舒比较狡猾，调和了善恶之争，主张"性三品"。他把人性分为"圣人之性""中民之性"和"斗筲之性"三品。圣人性善，一般人先天不能，后天不可及；中民"有善质而未能善"，通过教化才能成善；下民性恶，教化也没有用处。在董仲舒的观念里，人有天生的上中下等级之分，这是与孔孟完全不同的地方。但这个理论很显然更适合封建统治者的治国需要。唐代的大文人韩愈，出于中兴唐王朝的雄心壮志，自觉地维护封建道统，继承性地发展了人性三品论。在韩愈看来，帝王是天生治人的上等人，劳动人民则是活该治于人的下等人。如果帝王不能治人，臣子不按照帝王的意志去治人，就是失职违道，而人民"不出粟米麻丝，作器皿，通货财，以事其上"（《原道》），也是失职。

　　出发点不同，目的不同，社会环境不同，都会影响对于人性的基本判断。"孔孟之间的不同论调，反映了社会环境的变化。"（黄仁宇《万历十五年》）没有抽象的人性，自然也就没有放之四海皆准的定论。与其把这个问题当作一个学术问题来讨论，还不如把它当作一种信仰。信仰不需要争论。不管现实有多么不堪，只要心中有阳光，就坚定地相信人性本善，这至少是一种乐观的态度。正是从这个意义上，我更喜欢孔孟之道。

2.《论语》中的仁

　　总体而言，孔子的学问讲的是修身治国平天下的道理。单就修身层面而言，又在讲做人的道理，大致在讲"为什么做人""做怎样的人""如何做人"三个问题。如果用一个字来概括，那就是"仁"。仁是孔子思想的核心，所以孔孟之学也叫仁学。《论语》共计20章，492篇中，说到仁的，先后有32句。

　　仁者，人也。所以，仁学也可以叫人学。仁是人之为人，是人与动物相区别的根本。仁的核心，是孝悌。孝是孝敬父母，悌是尊敬兄长，合起来，就是在给年轻人立规矩，很有用。两千多年，经过了实践的充分检验，也有人反对，很激烈地反对，现在回过头来看，以孝悌立身，确实没有什么不对。甚至中国的历史，大多数朝代都是以孝悌立国的，有些朝代采用了其他手段，比如黄老之术，确实也维持过一段时间，有时候还盛极一时，但终究不能持久。权谋与诡诈是术，不是道。时至今日，孔孟的思想已经深入中国人的骨髓里了，成了中国之所以为中国的根本理由，可以质疑，却不能不坚持；可以革新，却依然要继承。

　　仁者爱人。孔子说："己欲立而立人，己欲达而达人。"

（《论语·雍也》）"己所不欲，勿施于人。"（《论语·卫灵公》）孔子在思考问题的时候，总是把别人放在前面。这是与很多人不同的根本的地方，也是他成为圣人的一个原因吧。孔子说："古之学者为己，今之学者为人。"（《论语·宪问》）为己，想的是提高自身道德修养；为人，想的就是以学问来炫耀。虽然都是治学，出发点不同，结果自然不同。宋程子说："古之学者为己，其终至于成物；今之学者为人，其终至于丧己。"（朱熹《论语集注》卷七）今天很多人讲换位思考，孔子根本就不用，因为他就是站在别人的角度上思考问题的。

孔子说："知者不惑，仁者不忧，勇者不惧。"（《论语·子罕》）聪明的人，不是没有疑惑，而是有坚定的主张；仁爱的人，不是没有忧虑，而是无视忧虑的存在；勇敢的人，不是不怕，而是因为道义而忘掉了害怕。人生在世，哪怕只做一种事，哪怕做不到，有些事也要意志坚定地尽力去做。这是一种乐观的胸怀，是明知不可为而为之的勇敢与果决。做事也是做人，有些人总在抱怨，能做成要抱怨，做不成也抱怨，实际上，未做之前就抱怨的人，事情一定做不好。做事的时候只问态度，不问结果；想着好结果，却并不过分关注结果，因为成事受制于更多的因素，所以孔子才说尽人事而安天命。

孔子有一段话说得特别好："知及之，仁不能守之；虽得之，必失之。知及之，仁能守之，不庄以莅之，则民不敬。知及之，仁能守之，庄以莅之，动之不以礼，未善也。"（《论语·卫灵公》）知，是聪明的智慧；仁，是宽厚的爱心；庄，是恭敬的态度；礼，是正确的方法。做任何一件事，光有聪明，肯定不够，还得有仁，还得有庄与礼，知、仁、庄、礼四者配合，才能取得最好的结果。

求仁得仁，几乎是不可能完成的重任。有人论述孔子的思想核心，总是纠结于仁与礼两个概念。仁与礼，是一内一外的两个概念，仁主内，是善心，是良心，是良知；礼主外，是善行，是方法，是规范。礼之外，还有一个方法，是乐。所以孔子还有一句话："人而不仁，如礼何？人而不仁，如乐何？"（《论语·八佾》）仁是根本，仁之后的义礼智信，都是在仁这块土壤上结出来的果儿。

3. 物性不齐是自然状态

　　《庄子·内篇》的第二篇文章是《齐物论》，讲了五个故事，大意是说事物之间，彼此并无差别，所谓的是非、美丑、善恶、贵贱，只是假象，本质上是一样的。《庄子》是一本很特别的书，文字美，又暗合音律，读起来朗朗上口，文学性极高。这本书，系统地传达了庄子的思想。庄子与老子并称"老庄"，其思想承袭老子，充满了辩证法，有大智慧，对后世的影响极大。实际上，老庄与孔孟是一表一里的存在，合流一处，共同地作用于中国人的思维。

　　因为这篇《齐物论》，很多人以为世事真的并无差别。这其实是一种误解。相对于孔孟关注社会的务实，老庄更注重哲学上的思辨。所谓的齐物，正是对现实中物性不齐的思考，是对世界的一种体悟，认识到了那个层次，也许会生活得更洒脱超俗。但对于普通人而言，最重要的，恐怕先得正视事物之间的差异，差异有大小，但一定是客观存在的。

　　承认差异，才能正确地认识自己。成长的每一个阶段，总会有人比我们强，也一定有人比我们差。比我们强的，不一定会一直强；不如我们的，也一定不会一直差。阶段性的强与弱并不重要，重要的，是最终能够成功。对于大多数人，阶段性的强或者弱，都可能成为一种负担。现在的孩子们，生活优越，以自我为中心的心态比较突出，本来就不太会处理成败得失。一次考试取得了好成绩，就容易翘尾巴，下次反而考不好了；而中学阶段特别优秀的，上了好大学，可能要更警惕，内心的自满与懈怠，很容易毁掉一个人。

　　承认了人与人之间的差异，就有了攀比。我们常常会听到这样一种说法：我们在生活上，要和不如自己的人比；在工作学习上，要和比自己强的人比。事实上，攀比确实能使人进步，但使人进步的，并不仅仅是攀比。攀比是外因，不懈的努力才是动力，离开了个人的奋斗与努力，任何攀比都毫无意义。我们见过太多的人总在攀比。谁家里有钱，谁的职位高，甚至是谁家娃聪明，都是攀比的对象。钱多钱少看际遇，职位高低靠机会，而大多数孩子们其实都是一样的聪明。总在攀比中生活，会滋生投机取巧的贪婪，会助长心存侥幸的杂念，甚至会燃烧猜忌嫉妒的不平衡，整天生活在不满与抱怨之中，反而要失了前进的动力。

　　人到了一定的年龄，对于世态人情自然会有更多的认识。人与人不同，物与物不同，所以要各安其位，各守本分。有些事可以攀比，有些事不能攀比，但最终都无须攀比。因为，做不做事，做到什么程度，都是自己的事，与别人无关；而事成之后内心的体验，或幸福，或沮丧，也是自己的事，依然与别人无关。人生在世，最聪明的，是只做自己，并且做好自己。

每个人都有弱点，每个人也都有长处，把长处做到最好，能成事；把弱点控制在最小，也能成事。人最大的问题，不在外部，不在别人，正在于自己的内心。每一步成长，就是一次小小的超越，每一次超越，都会让我们离自己认为的那种优秀，更近一步！

4. 直言正色是君子

我们的文化中，君子一直是被赞美的，可也一直被误解。

"君子"这个词最早在先秦经典中出现的时候，多是强调地位的高贵。后来才被赋予了道德含义。通常情况下，君子主要有两种含义。一是与小人相对，小人是指小民，君子当然就是官员了，这个意义上的君子也叫大人。孟子说："有大人之事，有小人之事。"（《孟子·滕文公上》）《诗经·魏风·伐檀》里有一句："彼君子兮，不素餐兮！"就是嘲讽当官的不劳而获。二是指道德品质高尚的人。《易经》里的君子一词，更注重于道德品质，《周易·乾》："九三，君子终日乾乾，夕惕若厉，无咎。"九是阳数之极，三是位置居中，得卦九三，自然是不错的卦象。大多数看到了君子好的结果，却看不到他们内在的努力与警惕。后世所用君子一词，多半是这个意义。《诗经》里的"君子"，还有另外一种意思，类似于丈夫或者心上人。如："未见君子，忧心忡忡。"（《诗·召南·草虫》）"既见君子，云胡不喜？"（《诗经·郑风·风雨》）。

孔子说："质胜文则野，文胜质则史，文质彬彬，然后君子。"（《论语·雍也》）这段话，通常被认为是对于君子最经典的解读。质，是朴素的本色；文，是文化的积累；彬彬，是相互融合得很好的样子。大体意思是说，一个人过于质朴，会略显粗鄙，而太过文雅，却会显得有些虚假，只有二者相互结合起来，才是一个君子。做文，内容与形式相统一，就是美文；做人，内容与形式相统一，就是美人。美人不是美女的专用名词，也可以指君子。这个头，是屈原开的，一篇《离骚》，以"香草美人"自喻，后世以"香草美人"指女人，开始是误解，后来就是故意了。

美人不好做，得有先天的基础，君子自然也不好做，却要靠后天的努力。想要验证一个人是不是君子，最管用的办法，就是看他在受到不公正待遇的时候，会采用什么样的应变。通常情况下，一个人受了委屈或者不公正待遇，一般会有"以德抱怨"和"以直抱怨"两种反应。"以德报怨"是不记仇，不报复，反而要更好地待他。《道德经·六十三章》："大小多少，报怨以德。"老子修的是清静无为，不是不报，是不屑报，是从一个更高层次上的蔑视。"以直报怨"是用公平的方式反击回去。孔子并不主张以德报怨，他旗帜鲜明地主张"以直报怨，以德报德"（《论语·宪问》）。可见，即便是君子，也并不是没有脾气、没有原则的人。

上大学时，读鲁迅杂文，知道先生特别讨厌两面讨好的骑墙派，对于来自敌对阵营的攻击，先生主张"以眼还眼，以牙还牙"。自然，先生的态度，并不是武侠小说里的快意恩仇，他的立场，并不囿于狭隘的个人私利，民族大义是出发点，也是落脚点。后来读《圣经》，才知道西方文化里也讲究对等的还击："以眼还眼，以牙还牙，以手还手，以脚还脚"（《旧约·申命记》）。再过了很多年，对中西方文化差异的领悟越来越多，但同时也发现，无论中西，差异之外，共同的东西也不少。

有些人从一些发达国家旅游回来后，总是要吹嘘人家物质文化比我们发达，所以人的综合素养也比我们高。这其实是一种错觉。一般人在观察陌生人的时候，要么总看长处，要么总看不足，客观公正的时候少。对于心里羡慕的对象，看什么都觉得好；而心里不喜欢了，也就什么都不对了。在一个国家或者地区，不待至少一年以上的时间，根本无法深入了解其中的好与坏。任何一个民族的好与坏、优与劣，表面上的浮光掠影，是花而非果，只有深入地了解其文化，才能做出客观公正的评价。

我在读《论语》的时候，经常会有这样的感慨，时间过去了两千多年，物质这么丰富了，按说人的综合素养也该进化到很高的水平，可实际上，有些不好的劣根依然在。如今是一个大时代，中西方文化又一次强烈碰撞，面对异域的气势汹汹，选择忍气吞声并不是君子行径。直言正色是君子，直言，不是实话实说，更不是什么话都说，而是以适当的方式说；正色也不是故意的刻板，而是严肃的态度。君子慎言慎行，一看对手，二看时机，轻易不说，说必中的；轻易不做，做必有效。

5. 由己与恕人

　　世间有两种人：一种人觉得，无论做什么事，成功了，功劳全在自己，失败了，责任全在别人；另一种人却恰好相反，成功的原因全在别人，而失败了，义无反顾地扛起来，然后重新来过。前一种人，总觉得自己了不起，谁都没他本事大，成功了容易自满；失败了，总觉得是别人坏了他的好事，容易愤怒，看谁都不顺眼，即便是有人来安慰，他也会觉得可能是要看他的笑话。后一种人，做事的时候，冲在前头；论功的时候，藏在后头。时间长了，谁都把他当朋友，他也把谁都当朋友。大家在一起，开心，快乐，再难的事，一起努力也就做了。前一种人看着聪明，却一辈子难成大事，后一种人看着愚笨，可世间几乎所有的大事，都是由这样的"笨蛋"完成的。

　　两种人完全是两种心态：一种以自己为中心，做事情先己后人；另一种以别人为中心，做事情先人后己。这两种心态，完全出于不同的视野与胸怀。读过《道德经》的人都知道，老子的智慧特别讲究欲先人先后人，欲高而先低，第二种人遵循的应该是老子的方法。其实，这个意思孔子也说过："为仁由己，而由人乎哉？"（《论语·颜渊》）意思是，欲仁而得仁，完全取决于自己。人的道德追求在自己，事功成就在自己，那些所有听着很大的事情，全在于自己日常的一言一行。

老子之道与孔子之道，虽然看起来大不相同，可在很多地方却是相通的。任何时候，孔子都是堂堂正正地做人，堂堂正正地做事，而老子虽然追求道法自然，可《道德经》里，讲技巧的时候还是很多，有人把这叫作"术"，也就是现在说的方法论。关于中国传统文化儒道合流的结果，有些学者认为是"外儒内道"，儒家只是面孔，道家才是根基。这话不全对，但也不无道理。

由己者，当然总在恕人。有一天，子贡问孔子："有一言而可以终身行之者乎？"孔子回答："其恕乎！己所不欲，勿施于人。"（《论语·卫灵公》）曾参也用一句话总结孔子之道："夫子之道，忠恕而已矣。"（《论语·里仁》）忠者，中心也，尽管人心长在胸口偏左，可心思，却能放在了中间，能做到不偏不倚就是儒家所说的中庸；恕者，如心也，如是到的意思，一个人都钻到别人心眼里去了，那得多体贴呢。汉许慎在《说文解字》里干脆把恕与仁画了等号："恕，仁也。"孟子也说："强恕而行，求仁莫近焉。"（《孟子·尽心上》）恕是离仁最近的路了。理解了忠恕，也就理解了孔孟之道。很多人容易把恕理解为宽恕，孔子的恕道确实有宽恕的意思，但核心的意思却是善解人意。

子贡名端木赐，列孔门十哲，以言语闻名，舌尖嘴利，擅长辩论，又长于经商，是孔子弟子中的首富，是民间信奉的财神爷，影响特别大。中国的神话故事丰富，财神爷很多，道教里有一个财神体系，叫作"四面八方一个中"。文财神是比干和范蠡，武财神是关公与赵公明，这四位财神，依次分列东南西北，中间还有一位王亥。此外，还有东南、西南、东北和西北四方财神，除了子贡和管仲，其余两人不太有名。据说比干有一颗"七窍玲珑心"，古人认为"心之官则思"，心眼多的人都聪明，比干自然是绝顶聪明之人。范蠡先辅佐勾践复国，后弃官经商，富可敌国，世称陶朱公，尊为商圣。关公与赵公明大家比较熟悉。中财神王亥，也是一个大名鼎鼎的人，王姓始祖，商族的第七任首领，其子孙建立了强大的商王朝。

6. 克己复礼就是克掉多余的欲望

有一次颜渊问孔子什么是仁，孔子说："克己复礼为仁。一日克己复礼，天下归仁焉！为仁由己，而由人乎哉？"（《论语·颜渊》）从个人修养的角度，能够做到克己复礼，就能做一个仁者。到底能不能做一个仁者，完全取决于自己，与别人无关。孔子的话说得很明白，只是，很多人不明白什么是克己复礼。

克，就是克服多余的欲望。每个人都有欲望，欲望本无过错，有欲望才有动力，想吃饭就得劳动，想开好车住豪宅就得好好挣钱，喜欢美女帅哥就得好好学习，好好工作，好好做人，做出了成绩，也许人家就真喜欢你了。这是一般人正常的思维，可有人却偏偏不这么想，总想走捷径，想法太多，得不到，不怨自家不努力，却将丑语毁他人。这样的欲望，就是魔鬼，还是消灭不了的魔鬼，只能控制，如果不加控制，任其自然，就会把一个好端端的人毁掉。克己，就是要用强大的意志力，拴住内心的这个魔鬼，拴住了，就能好好过日子。

复礼，就是把自己放在合适的位置。人刚生下来是不会走路的，大约要经过一年的时间，才能从翻、坐、爬进化到走路。这个过程，看起来只有一年，实际上把人类社会几万年漫长的进化史过了一遍，对每个人都很重要。能立起来了，才看起来像个人，爬着走的只能是动物。可像个人，离真正是人还差些意思，除了直立行走，与周围的人能和谐相处了，才算是真正成人了。礼者，立也。直立行走，是一个人自立于社会的生物基础，礼则是人自立于社会的文化基础。

直立行走的过程，应该激发内生动力。一个小孩子不摔跟头，总是被家长抱在怀里，是永远学不会走路的；而学习礼仪，却应该是强化外在动力，一个从小不守规矩、也没有人好好引导的孩子，只怕是一生也学不会与人相处的。通常情况下，所有的家长对于小孩子的学习走路，认识是一致的，可对于孩子的知书达礼，却在认识上大不相同，有些甚至根本意识不到教孩子学习规矩的重要性。直立行走大约需要一年，一旦学会了，终生不忘；学习礼仪，也应该在短短的几年内完成，这个时间段应该是在小孩子启蒙教育的前期，学会了，也终生不忘，而且要终身受益了。如果启蒙教育没有做好，后面再补，相对就困难些。

《弟子规》里的很多规矩，其实就是一种社会礼仪。孔子的思想体系中，礼在很显赫的位置。古时候，人们特别重视礼仪，儒家的"十三经"中，关于礼的著作就有《周礼》《仪礼》《礼记》三部，称之为"三礼"。社会和国家宏观层面的是制度，个人行为微观层面的是具体的规范。无论宏观微观，仪式感都特别重要。比如：小孩子刚出生，有满月礼、百日礼；成人结婚有纳采、问名、纳吉、纳征、请期、亲迎等六礼；衰老死亡，则有丧礼、葬礼和祭礼三礼。现在是互联网时代，人们的生活已经足够方便，可越是方便，人们就越贪图方便，在很多事情上，仪式感被日渐蚕食。比如，学生上课时候的师生问好，除了中小学生课堂，大学校园里几乎绝迹；青年人结婚，越来越简单；尤其是人死后，只举办一个告别仪式就火化了。有些地方倒是保留着三叩九拜的古礼，可越来越多的人觉得这是在折腾活人。

目前仪式感保存最好的地方，应该是在军队。军队上有一整套关于衣食住行的规范，有些近乎刻板，比如吃饭的时候要列队唱歌，正常走路要两人成列三人成行，即便是看电影，甚至是任何的集体活动，都要拉歌。对于如此种种，当代的孩子也许觉得可笑。可就是在军队里，责任与担当、荣誉与使命才是那么强烈地存在着，军人的学习与生活，也才是那么地让人感动。

我们每个人都处于一个群体之中，不可能做到比所有的人都强，也一定不会比所有的人都差，克服掉多余的欲望，摆正位置，做到了克己复礼，也就找到了幸福。

7. 老师不仁，学生当如何？

　　孔子的学生子贡说："君子之过也，如日月之食焉：过也，人皆见之；更也，人皆仰之。"（《论语·子张》）按理说，老师当然应该是君子，人们关注他们不对的地方，也没有什么不对。可不对的是，人们关注了他们的不对后，却并不关心他是否改正了这些不对。谁都知道，教师的一生，就是在教书育人，做好了那是应该，可做不好那就是罪过了。好事不出门，坏事传千里。信息越来越发达的当下，人们做了什么好事，藏不住；做的坏事，也藏不住，各行各业的不良现象被晒在光天化日之下，这是大好事！因此，教师的失德或者失范行为，越来越被关注。

　　实际上，教师的生活面窄，职业单纯，人也相对简单，他们做了很多事情，对或者不对，得看情况，有些是真做得不对，可有些，却是迫不得已的。比如，老师批评学生这件事，说得重了，学生不爱，家长不依，如果碰到不明事理的，还要找学校的麻烦。学生的错，社会可以宽容；家长的错，社会也可以宽容；唯独老师，就像是风箱里的老鼠，两头受气。细想起来，教育的问题，初看在教师层面，细想在学校层面，再往深里想，全社会都有责任。想要改变这种现状，一味地指责教师，解决不了问题。

孟子说："达则兼济天下，穷则独善其身。"（《孟子·尽心上》）独善其身最好的办法就是教书，或者隐居山林；实在不能，有一些闲钱，在家里过逍遥自在的日子，也是快乐的事情。孔子说："学而优则仕。"（《论语·子张》）鼓励有才能的人做管理，这没有什么不对。只要做了官，把人民放在心上，做些有利于人民的实事，人民是赞同的。所以，绝大多数的读书人，首选都是做官，而不是教书。有些人说，这十多年来，社会不断呼吁要保护教师的合法权利，工资一涨再涨，教师的社会地位应该不低了吧？可即便是传道授业解惑的大学里，还是有一大堆的硕士博士往管理岗位上挤。什么时候，社会上不喊保护教师的合法权利了，他们的地位就真正提高了。

8. 仁是调节人际关系的一种新思维

　　与人相处是一门大学问，却可以落脚在极小处。中国传统文化的妙处，在于以自我为中心，构建了一个天、地、人相统一的价值系统。天是自然，地是社会，人处其中，得适应自然，也得适应社会。"天何言哉？四时行焉，百物生焉，天何言哉？"（《论语·阳货》）自然的力量太过伟大，人的所作所为，可以改造自然，但不能破坏，只能顺应。社会的运转自有规律，人处其中，合规律了，那就如鱼得水；违背了，就要头破血流。人看起来处于最核心的位置，却是做什么事都要从自律开始，先要把自己做好，才能与人相处，与社会相融，才能天人合一。所以，责人始于律己，处世始于修身，修身始于慎独，成就一切伟大的事业，都要从自身做起。中国人，浸染于传统文化中，越活越如鱼得水，所受的束缚一点点减少，最终会"从心所欲不逾矩"（《论语·为政》）了。

　　孔子所说的仁，其实是调节人际关系的一种新思维。孔孟之道，已经流传了两千多年，见仁见智，无论怎么解释，好像都不新鲜，但把仁的原则，运用于指导人际关系，却会取得很好的效果。仁，从人从二，会意字，左边的"人"，不难理解；

右边的"二"，段玉裁《说文解字注》解释为："独则无耦，耦则相亲。"耦假借为偶，一个人，孤独自守，两个人面对面的时候，就会有语言或者情感上的交流，如果能够把对方当作平等之人礼敬有加，就会建立基本的、常态的人际关系。著名学者梁启超所说的"二人以上相互间之同类意识"，就是对段玉裁的注解做了准确的说明。如果把仁用来指导处理人际关系，显然也适用于两人以上的人群。

古文仁从千心，写作"忎"，千为众多，心是慈爱，仁就有了心怀众生、宽容博爱的意思。仁还有另外一种写法"｜二"，左边一竖右边二横，一为阳，二为阴。仁是一个阴阳和谐的字，不光是一个人的内在修养与社会行为和谐，也是一个人与其他人的和谐，更是个人与天地的和谐。一位仁者，会是心怀天地、天性善良、地德忠厚的人，待人亲近，包容泛爱，忠厚拙朴，无论和谁在一起，都会产生无法抗拒的亲和力。《说文解字》说："仁者，亲也。"真正的仁者，面对强者不畏惧，面对弱者不骄横，如明月清风，本身就是一种风景。

《大学》里有一段话特别有名："古之欲明明德于天下者，先治其国。欲治其国者，先齐其家。欲齐其家者，先修其身。欲修其身者，先正其心。欲正其心者，先诚其意。欲诚其意者，先致其知。致知在格物。物格而后知至，知至而后意诚，意诚而后心正，心正而后身修，身修而后家齐，家齐而后国治，国治而后天下平。自天子以至于庶人，一是皆以修身为本。"我们的传统文化，常会把治国之道与纯粹的个人修养相关联。治国如此，人际交往更是如此，固然要遵守社会规则，但首先要加强内在修养，那些无论与谁一起做事都要抱怨的人，注定成不了大事。

仁的基础是慎独。慎独，是儒家的一个重要概念，出于《大学》《中庸》，东汉郑玄注《中庸》"慎独"云："慎其家居之所为。"一般情况下，理解为独处无人时的谨慎不苟。《礼记·大学》："诚于中，形于外，故君子必慎其独也。"君子从来都是自己管自己，不靠别人监督，独处时也是谨慎行事，与人相处，表里如一。许多人在一起，彼此会收敛自己。

据说，到过欧美的人常常惊讶于他们的刻板：明明没人管，逛公园也要买票；哪怕是一个人过马路，红灯的时候也会停下来；答应别人的事情，不给报酬也会认真做完；正常的工作，所有的领导都不在，却还是做得一丝不苟。相比之下，我们还有很大的差距。国内很多企业制度不是没有，但执行的时候，往往会打些折扣。我们的文化，本身更强调人应该服从于内在的自生动力，而不是外在的制度压力。

9. 我们真能做到孔子的要求吗？

　　名利之于世人，具有永恒的诱惑：人在年轻的时候，初生牛犊，前面就是一座刀山，也眉头都不皱一下地往上冲了；到了中年，备尝艰辛，慢慢就知道了，有些事，无论费了多大的力，也还是完不成的，无奈与希望一样多；再到老年，该经历的都经过了，做成做不成的，已经没有关系，很多事放下了，无奈没有了，希望也淡了，特别容易接受看破名利的思想。可名利，哪有那么容易看破的呢？只是获得名利的机会越来越少罢了。

　　《左传·襄公二十四年》有言："太上有立德，其次有立功，其次有立言，虽久不废，此之谓三不朽。""三不朽"中，"立德"是追求大名，没有人愿意落一个千古的骂名；"立功"是追求大利，谁都想成就大事，为世人或者后人带来实际的好处；唯独"立言"，看起来不是求名利，其实只不过是换了一种方法。立言，不是人人所能，因而不是人人所想。按说，立言对人的诱惑应该最小，可偏偏有人把它的作用说得极大。曹丕贵为皇帝，他在《典论·论文》中说："盖文章经国之大业，不朽之盛事。年寿有时而尽，荣乐止乎其身，二者必至之常期，未若文章之无穷。"在曹丕的眼中，立言之后的名利，才是永恒的。

胡适先生写过一篇《论继承之不近人情》的文章。他在文章中说："一个人能做许多有利于大众、有功于大众的事业，便可以把全社会当成他的孝子贤孙。"胡先生把这个叫作"3W的不朽主义"，"3W"指英文"Worth""Work""Words"。胡适先生的"3W"，显然是在西方文化背景下对《左传》"三不朽"的进一步发挥。"三不朽"更侧重于个人层面的努力，而"3W"显然地注入了更多的社会因素。

胡先生在北京大学的时候，几乎每次毕业典礼上都要讲"功不唐捐"的道理。功不唐捐，佛家语，意思是世间所有的努力都不会白白付出，必有回报。佛家经典《法华经·观世音菩萨普门品》："若有众生恭敬礼拜观世音菩萨，福不唐捐，是故众生皆应受持观世音菩萨名号。"这里说"福不唐捐"，后人逐渐讹传成了"功不唐捐"，换了一个字，意思更丰富了。

中国的佛教认为：佛是觉悟了的人，人是没有觉悟的佛；佛是人生导师，不是神灵，虽然无所不知，却并非无所不能。只要有坚定的信念，按照正确的方法，朝着既定的目标，努力前行，人人皆可以成佛。儒道佛三家合流的文化背景里，道家讲看淡，佛家讲看破，只有儒家，讲看开。名利之于世人，和所有的事功是一样的，经过了，才有觉悟；机缘不到，大言看淡、看破或者看开，其实只是一种标榜的清高。我们的文化，从来都不鼓励年轻人消极淡泊。

九、余力学文

文质彬彬，然后君子

原文：

不力行，但学文。长浮华，成何人。

但力行，不学文。任己见，昧理真。

读书法，有三到。心眼口，信皆要。

方读此，勿慕彼。此未终，彼勿起。

宽为限，紧用功。工夫到，滞塞通。

心有疑，随札记。就人问，求确义。

房室清，墙壁净。几案洁，笔砚正。

墨磨偏，心不端。字不敬，心先病。

列典籍，有定处。读看毕，还原处。

虽有急，卷束齐。有缺坏，就补之。

非圣书，屏勿视。蔽聪明，坏心志。

勿自暴，勿自弃。圣与贤，可驯致。

1. 君子学的是什么文?

现今的家长,很多把孩子的学习当作头等大事,学什么?当然是学文化知识。孔子说:"行有余力,则以学文。"(《论语·学而》)这里的"文",却是大有玄机。文指文化知识,包括历史、哲学、文艺等各个方面;行,指社会实践。孔子显然更重视社会实践,行之余,才是学。

孔子一生,总想着要推行德政,不辞辛苦,奔走高门,终不为所用,"累累若丧家之狗"(《史记·孔子世家》)。孔子对"丧家之狗"这句话是认可的,并不以为是骂人的话,当然,可能多少有些无奈。直到老了,才退居乡里,安心地做了个教师。孔子的做教师,是有使命感的,一个人的力量终究有限,通过学生,可以延续他的政治抱负。所以,孔子一直特别重视教育,兴办私学,教了三千弟子。孔子安心教书后,编辑了六本书,即后世所谓的"六经":《诗》《书》《礼》《易》《乐》《春秋》。孔子是天下所有读书人的老师,这六本书,也就理所当然地成了读书人的必读之书。

实际上,孔子教学生的,远远不止这六本书。通常的说法是,孔子从四个方面来教学生,后世称为"孔门四科"。"孔门四科"有两种说法，一是"子以四教：文、行、忠、信"（《论语·述而》）。二是"德行、言语、政事、文学"（《论语·先进》）。无论是哪一种说法，"文"只是其中的一种门类。在孔子看来，文化知识只有落实于道德实践，才能真正起作用。一个善于学习的人，每天要从三个方面来反思自己："与人谋而不忠乎？与朋友交而不信乎？传不习乎？"（《论语·学而》）忠，就是指忠心待人，踏实做事；信，指言而有行，行而有果；传，指学业，也就是文化知识，还是排在最后面。学业知识，如果不能与道德品质相融合，后果是不堪设想的。

　　四科之外，还有六艺。孔子认为，想成就一番事业，就必须掌握六种基本技能：礼、乐、射、御、书、数。礼者，立也。礼是人之为人，安身立命的首要条件，不守礼法的人，是没有底线的人，做出什么来，都不奇怪。乐，药也，是移风易俗的良药，"三百五篇孔子皆弦歌之，以求合韶武雅颂之音"（《史记·孔子世家》）。射，指骑马射箭，君子不光能文，也要能武，上朝能理政，上马能杀贼，单单精通文或者武一门技能，都不是古之君子。御，本意是驾车，春秋战国时，战车是主要的战斗工具，不会驾车，怎么能保卫国家呢？后来，御就不光指驾驭交通工具，也有了领导与管理的意思，包括斗勇与斗智两种能力。书，即书法文艺。数，即自然数理。无论从哪一方面来看，想掌握这六艺之一种，都是挺难的一件事，何况六种？所以司马迁才说："夫儒者以六艺为法。六艺经传以千万数，累世不能通其学，当年不能究其礼，故曰'博而寡要，劳而少功。'"

（《史记·太史公自序》）

　　孔子兼长文武，身通六艺，不仅成了君子，也成了万世敬仰的"大成文宣至圣先师"。孔门十哲，七十二贤，多以一种技能见长。颜渊、闵子骞以德行名世，子贡、宰我以言语见长，冉有、子路能在政事，子游、子夏擅长文学。

2. 有才无德之人是浮华的人

上大学的时候，一位教我们先秦文学的老师正上课，忽然有了感慨："先人把话说完了，以至于我们现在无话可说，好容易有了一点儿见解，觉得新鲜，再一翻书，原来早就有人说了，还是自己读书不多。"这是多么深刻的感慨啊！

我们的历史文化资源太过丰富，有德无才、有才无德、无德无才的人，都曾经书写过历史。基于成王败寇的观念，王莽被后人误解为伪君子。其实，他是一个有坚定儒家信念的人，以学者身份建立了新朝，试图复古儒学，结果却是开了历史的倒车。做了皇帝，却没有政治家的才略，算是一个有德无才之人。而秦王朝的开国丞相李斯，才略过人，早年在被逐之列，写了一篇《谏逐客书》，成了秦朝唯一的文学家（鲁迅语），几乎参与了秦始皇统一六国的所有大事件，深受重用，却因了一点私心而变节，与指鹿为马的赵高合谋，成了秦国的罪人，后来被腰斩于咸阳闹市，也算是罪有应得吧。《史记·李斯列传》说："斯知《六艺》之归，不务明政以补主上之缺，持爵禄之重，阿顺苟合，严威酷刑，听高邪说，废适立庶。诸侯已畔，斯乃欲谏争，不亦末乎！人皆以斯极忠而被五刑死，察其本，乃与俗议之异。不然，斯之功且与周、召列矣。"李斯其人，是失德败身的典型。至于无德无才的人，那就太多了，因了某种机遇，做了大官，没有治国的大才，却有过人的心机，一心思谋着自己的那点儿私利，生前荣华富贵，死后只能是一场笑料。《水浒传》里的高俅，就是这样的一个典型。

世事的奇妙，正在于很多时候德才不能兼备。宋代的王安石与明代的张居正都是改革派，也都希望国家中兴。但两人的道德观念不同，立身处世，在朝为官，改革除弊，采取了不同的手段。王荆公从制度入手，虽然也打击政敌，却并不是全无原则；张居正从人事入手，几乎把所有反对者全拿掉了。有趣的是，王安石潜心经学，成就斐然，被誉为"通儒"，改革虽然失败了，本人却得到了应有的尊重，死后谥为"文"；张居正生前极尽荣华，是明代唯一生前就被授予太傅、太师的文官，死后马上就被明神宗抄了家，当然，后来到了熹宗，还是为他恢复了名誉。

事实上，成就高位的一定不会是一无是处的人。就说高俅吧，至少能踢得一脚好球儿。那些一心混世的人，道德上虽无底线，可察言观色的能力，顺势而为的谋略，平衡关系的格局，也是常人所不能及的。古往今来，我们在为人处世的时候，完全遵从道德自律，会被批评为不识时务，做起事来，往往处处掣肘；而动些小聪明，投机钻营，反而如鱼得水。这一点，确实值得深思。不是道德不值得提倡，而是投机缺乏约束，大倡德治的同时，恐怕更得先行法治。

历史的经验告诉我们，德与才的关系处理不好，所长者反而是一种负担：有才无德，危险；有德无才，空谈。当然，我们这里所说的，是两个极端，现实中，更多的人有些小才，却满腹牢骚，类似于墙上的芦苇，根基太浅；去掉了这些浮华气，才有可能成就一点儿事业。

3. 言之无文，行而不远

孔子说："《志》有之：'言以足志，文以足言。'不言，谁知其志？言之无文，行而不远。"(《左传·襄公二十五年》)说话是来充分表达内心的想法，文采充分地帮助表达。不说话，谁也不知道他心里想什么；说话没有文采，愿意听的人不多，也就无法流传。在孔子的逻辑里，志是本质，语言是工具，而文，只是一种辅助的手段。

自古以来，对于文学的认识，有诗"言志"与诗"言情"两种说法。其实，言志与言情，表面上不一样，对于写作的人，要求却是一样的，都是要表达内心最隐秘也最真实的想法。今天真正以文学为生的人，不多；以文学为手段谋生的，多。

孔子对于文学的理解着眼于表达。文学，用来帮闲，它永远只是个配角，说话才是正主儿，它只是烹调时的调料。没有调料，饭菜不香，提不起食客的兴趣，但毕竟饭菜才是最重要的，可偏偏就有人觉得调料好，把一盘大餐冷落在一旁。大千世界，买椟还珠的事情，不是只有一个人做过，也许我们每个人都做过，只是这样的事儿做了之后，我们往往死不认错儿，或者不愿意记得罢了。比如，跑步是为了减肥，减肥是为了健康，可自打有了微信，跑步或者走路，就成了表演。有人就专门坐在空调房间里，把手机摇啊摇，明明一步没走，朋友圈里的计步器，生生走了几万步！

文学，本来是说话的艺术，又有千百年的积淀，当然会形成无数的技巧与方法，可再好的技巧，也毕竟只是技巧，代替不了文学本身。从历史的角度看，文学从诞生，到成长，最终必然会分蘖出很多分支，就像一棵树上，主干只有一个，却会有无数的枝丫。我们都知道，树有多高，根就得有多深，想要树长得高，就得根扎得深。文学有很多的外在要素，彼此之间互为关联。白居易在论文学时说："诗者，根情，苗言，华声，实义。"（《与元九书》）白居易用植物的生长，把文学的几个要素之间的关系说得清清楚楚，文学的根是情，意义是果实，苗与花虽然好看，却只是手段。

现在很多学习文学的人，尤其是学习古典诗词的，为了声音（外在的音律）和表达的技巧（修辞手法），往往会忘掉想要表达的内容。我们处在一个高速发展的时代，信息爆炸，文化碰撞，节奏太快了，所有的人都有些面目全非。本来是为了一个目的而上路，走着走着，看见周围的人都在超车，就只想着要超过他，却忘掉了为什么上路。

我是研究文学并且实践文化的人，很多人总是嘲笑我：你们这些学中文的，空谈的时候多，实干的时候少。可文学不仅仅只有空谈，它已经独立成了一门学问，关乎性情，关乎国运，关乎一个民族的兴衰。在文学的世界里，个人的情怀与国家、民族高度关联着。带着梦想上路，文学如影随形，我们永远不能把灵魂落在路上。

4. 上口、顺眼、会心

上口、顺眼、会心，是我三十多年读书的经验。

书读到上口，需要一种境界。读书，尤其是读经典，是在与古之圣贤对话。他们的话与现在的语言表达差异很大，读起来困难，接受起来就困难。越读越顺，心里也就慢慢地接受了，真到了脱口而出，那就不是圣贤在说话，而是读书的人自己在说话了。古时候，读书人一定有早读，而且是大声地朗诵，内容可能是新的，但多半是旧的、已经背熟了的经典。早读的目的不是背诵，记诵之学，不出声音也许效果更好，出了声是为了警示，警示谁？当然是朗诵者自己。读书，不应是做给别人看，而是自己的内在需要，以圣贤的语言激励自己，以治用的精神鞭策自己；读书不再只是读书，更是修行，是治国平天下的必要准备。现在的孩子，也有早读，其目的却只是记诵，治用之学沦落为应试之举了。

喜欢，首先得顺眼；顺眼了，才能喜欢。都说是生人难看，其实不是难看，只是不顺眼，接受不了。不喜欢的书，缘于不顺眼。我读书有一个很不好的习惯，外国书一般不读，不是不想读，而是外文看不懂，翻译过来的又咋看都别扭，所以读得就少。不喜欢的人，首先是不顺眼。现在的年轻人谈恋爱，长相很重要，但比长相更重要的，是顺眼。长得再漂亮，像现在的很多偶像派明星，偏偏就有看不顺眼的。看书和看人一样，顺眼了，越看越爱，书中的观点也就容易接受。教师是教书的人，如果学生看老师不顺眼，顺带着就反感了书中的内容。其实，不光现在做老师要看眼缘，古时候也是，老师们大可不必生气。把不顺的事情看顺了，心胸就大了。心胸大了，牢骚就少了；牢骚少了，正念就多了。

上口与顺眼，是感性层面的事情。会心，却是高级的智慧，通常叫悟，佛教里叫"拈花"，刹那即是永恒。会心之后的体会，如春江水暖，不经历者无法得知。也许是忽然看见了内心直指事物本质，也许是几十年的苦修换来了一朝顿悟。宋代著名的和尚释普济整理过一本《五灯会元》，是研究禅宗的重要资料，书中有一段特别漂亮的文字："世尊在灵山会上，拈花示众，是时众皆默然，唯迦叶尊者破颜微笑。"这一笑，佛法就传下去了。以心传法，不仅是透彻地理解了所传的道理，也是传者与被传者实现了高度默契，心领神会，心意相通，心心相印。精神，或者思想，从来都不会有代沟；有了代沟，纵使对面应不识，自然没有交流的缘分。领悟了，千年前的风月，不过是今朝的杨柳；孔孟、老庄、屈原及其他战国诸子，虽是陈迹，依然有扑面的清香。

5. 这山望着那山高

我们在山里玩，站上一个山顶往远处看，群山层层叠叠，连绵不断，可我们总觉得前面的山，似乎更高一些。细细想起来，这是一种很有趣的心理。有一首陕北民歌《打酸枣》，里面有这么一句词儿："这一山山望见，那一山山高，那山上那个酸枣，长呀么长得好。"歌儿里面唱的，和我们平常的体会是一样的。民歌的魅力，就在于用了大家都喜欢的音调，唱出大家都熟悉的感觉，所以，民歌才是最朴素的音乐。

这山望着那山高，其实只是一种错觉。这种错觉的原因，如果用文学的语言表达，是大家都喜欢的诗和远方。身边的人和事太熟悉，熟悉的地方，没风景。远方的美丽在于看不清，越是看不清，就越想去看个究竟，真看清了反而无趣了。如果用通俗的话来说，那就是别人家的媳妇跟自己无关，反而啥都好；自家的媳妇呢，离得太近，却生出很多的嫌隙来。其实，错觉就是错觉，并不真实。有意思的是，很多人把错觉当成了真的，而世间的事，很多时候，你觉得错的对了，那就真对了！

媳妇是别人家的好，娃是自家的乖。中国的父母，没有谁觉得自家的娃不好。所有的小孩子，打小在家，都是娇生惯养的，做了坏事，家长反而觉得是一种本事。比如，小孩子刚学会骂人，父母往往不生气，反而要开心地说，看娃聪明的，都会骂人了！尤其是祖辈带孩子的时候，会不经意地惯出孩子很多毛病来，比如偷偷地让孩子抽一口烟，喝一口酒，虽然可能只是一种逗乐儿，却足以看出自家的娃在自家里，到底受着怎样的宠爱。如果是别人的娃呢？同样的骂人、抽烟、喝酒，一定会得到"没教养"的评价。任何文化里，人的心眼儿都是偏的，不可能公正。

别人家的媳妇，得不到，就觉得好；自家的娃，特别溺爱，也觉得好。看起来是两种心理，其实是一样的。如果我们把这两种心态调个个儿：用看自家娃的心态看自家的媳妇——那个跟自己要生活一辈子的人，就成了天下最好的人了；用看别人家媳妇的心态看自家的娃，对娃的要求也就会严格许多，孩子可能反而要出息不少呢。可人就是这么奇怪！细细想来，结婚前恋爱的时候，情人眼里出西施，彼此看对方，缺点都是看不见的；结了婚，日子现实成柴米油盐，浪漫就变成了索然无味。可是，我们为什么要把日子过得如此不堪呢？一个有趣的人，不光能在晚上看见星星，也能在与爱人的嬉闹中，体会到春暖花开。

看别人家的媳妇，心里可能会有些贪婪；看自家的娃，心里就只有满足。聪明的人永远分得清是非，说话看场合，做事有分寸，有时候贪得无厌，有时候知足常乐。我常常有一种很没出息的心理，总觉得自己所在的地方是最好的地方，自己所做的事情是最正确的事情，所以，快五十了，还是一事无成！

　　这山望着那山高，可从那山上看来，这山也高。远处的山，看看也就罢了，还是脚踏实地更好。如果是读书，不必羡慕别人的渊博，要紧的是一本一本先读起来，读着读着，人就变了；如果是做事，也不必妒忌别人的成功，各人自有缘法，世事自有安排，把该做的事一件件做完，别人就该羡慕你了！

6. 水到渠成

上小学的时候，老师为了让我们好好学习，给我们讲过铁棒磨成针的故事；上中学的时候，学过《列子·汤问》里《愚公移山》的寓言。这两个故事，说明了同一个道理：只要下功夫，就没有做不成的事。

下功夫是对的，可如果这功夫下错了地方，结果就未必好。

上大学的时候，有一段时间特别喜欢读禅宗公案，读到一个磨砖成佛的故事：马祖道一禅师在未开悟之前，一味地枯坐打禅。怀让禅师看见后，就在他的草堂前磨砖，声音特别刺耳，马祖无法静心，很不高兴地问他要干什么。怀让说："我磨砖是想做一面镜子。"马祖奇怪："磨砖哪能做成镜子呢？"怀让哈哈大笑："是呀，磨砖不能成镜，那么一味枯坐就能成佛吗？"马祖一听，豁然开悟，于是就投在怀让禅师的门下聆听教诲，终于成了禅宗的一代宗师。

类似的故事还有很多，大家比较熟悉的，有两个。一个是缘木求鱼。出处在《孟子·梁惠王上》："然则王之所大欲可知已：欲辟土地，朝秦楚，莅中国，而抚四夷也。以若所为，求若所欲，犹缘木而求鱼也。"一个是南辕北辙。出处在《战国策·魏策》:"今者臣来,见人于大行,方北面而持其驾,告臣曰:'吾欲之楚。'臣曰:'君之楚,将奚为北面?'曰:'吾马良。'臣曰:'马虽良,此非楚之路也。'曰:'吾用多。'臣曰:'用虽多,此非楚之路也。'曰:'吾御者善。'此数者愈善,而离楚愈远耳。"方向错了,自然得不到想要的结果。

当然,事情是复杂的,意外总会发生:如果别人打了鱼,挂在树上,缘木就能得到鱼;因为地球是个圆的,只要不怕麻烦,不计成本,也总会跑到楚国。可人的一生,就那么几十年,能把希望放在意外上,或者不计成本吗?

读书,和做事一样,先得确定一个方向:为什么而读?方向不同,效果迥异。周恩来"为中华之崛起而读书",学的全是经国治世的本事,个人的荣辱成了小事,一生都在为国家和民族而奋斗;鲁迅先生"为人生"而读书,观察人性之隐秘,批评世情之尖刻,写出了传世的文字;陈寅恪先生为学问而读书,慎思审问,博学笃行,高屋建瓴,博览群书,洞烛幽微,"近三百年来一人而已"(傅斯年语),所以可以不要学位,不计报酬。有些人,书只读了一点,看什么都不满,别人都是错;也有一些人,看了几本外国书,就觉得人家什么都好,自家什么都不对。这些人有一个共同特点,就是打着独立思考的幌子,除了批评(或者叫作攻击更恰当),什么也不干,其实是不知道该怎么办。批评容易,提出解决问题的方案才是最难,也是最重要的。

确定了方向,还是要下功夫。"宝剑锋从磨砺出,梅花香自苦寒来"，"不经一番寒彻骨，怎得梅花扑鼻香"。书要慢慢读，事要慢慢做，真正的读书人大都能耐得住性子，"板凳要坐十年冷，文章不写半句空"，所有的准备工作到位，事情自然成功。读书如贮水，水不足，纵然前途一片光明，终究后继乏力；做事如成渠，顺其自然最好，水到了，渠自然就成了。

7. 动手与动口

　　生而平等，指的是人格与尊严，个性天资的差异却是客观的。有些人记忆力特别好，过目不忘；可有些人，一篇文章，读一百遍，依然记不住。前者如钱钟书，家里的书越读越少；后者如我，从中学时就喜欢《长恨歌》，大学里又不知读过几百遍，却始终记不住。记不住的时候，就动手抄吧。

　　其实，抄书不只是为了背书，对于记忆力特别差的人，抄完了也不一定能背得过，但抄的过程，却一定会有更多的体会。旧式的读书人，有两个基本功，一是背书，一是抄书。背书是童子功，而抄书，却要持续一生。明人李日华的《紫桃轩杂缀》记载：苏东坡曾自抄《汉书》一部，抄完后高兴得手舞足蹈，说自己是贫儿暴富。苏轼是我国文学史上不可多得的通才，打小就经常抄书，常读的书都抄，有些不止抄过一遍，据说《汉书》至少抄过3遍。他给朋友李常的藏书房写过一篇《李氏山房藏书记》，其中有这么一段话："自秦汉以来，作者益众，纸与字画日趋于简便，而书益多，士莫不有，然学者益以苟简，何哉？余犹及见老儒先生，自言其少时，欲求《史记》《汉书》而不可得，幸而得之，皆手自书，日夜诵读，惟恐不及。近岁市人转相摹刻，诸子百家之书，日传万纸，学者之于书，多且易致如此，其文词学术，当倍蓰于昔人，而后生科举之士，皆束书不观，游谈无根，此又何也？"（《苏轼文集校注》）当然，后人的不读书，不是因为印刷术发达，而是因为生活优越，人变懒了！现在的学生更懒了，读都不读，何况是抄！抄书，其实是一种精读。

古时候的知识分子，都有特别丰富的抄书经历。南宋大学者洪迈，将长篇历史巨著《资治通鉴》连抄了三遍；鲁迅先生更是喜欢抄书，中年之后，抄过《后汉书》《晋书》《台州丛书》和《易林》，《嵇康集》抄了三遍；毛泽东主席"不动笔墨不看书"，曾经完整地手抄过《曾国藩日记》《西洋伦理学史》和《离骚》；叶圣陶从中学起，就养成了抄书习惯，遇到重要或喜欢的文章，则抄写一遍；孙犁先生说："读书读到自己特别喜爱的地方，就把它抄录下来。抄一次，比读十次都有效。"抄书的好处，一在记诵，一在磨砺意志，一在静思凝虑。现在的社会，信息太多，诱惑太多，能在几千年流传下来的经典中找出一本，静静地诵读，静静地抄写，该是多么大的幸福啊！

南宋罗大经的《鹤林玉露》里记载了两个"手写九经"的故事：一个是唐朝的张参经常手抄九经，还对人讲，读书不如抄书；另一个是宋高宗忙里偷闲，遍写九经。九经在各朝各代并不固定，宋代以《诗》《书》《礼记》《周礼》《易经》《左传》《孝经》《论语》《孟子》为九经。相对于十三经，九经体量略小，但要抄上一遍，也是一件挺大的工程。抄书，不是只在抄写，是更细致的思考，书抄完了，思考没完，会进入一个新境界。

有人说背书太累，抄书太笨，笔记太麻烦。可最累的，往往是最省力的；最笨的，往往是最好的；而最麻烦的，往往也是最直接的。国学大师梁启超说："若问读书方法，我想向诸君上一条陈，这方法是极旧的极笨的极麻烦的，然而实在是极必要的。什么方法呢？是抄书或笔记。……这种工作，笨是笨极了，苦是苦极了，但真正做学问的人，总离不了这条路。"(《治国学杂谈》)

8. 焚香净手是心存敬意

毋庸赘言，当下最有影响力的文化产品是电影与电视。影视作为一种新的艺术形式，高度依赖于科技发展，科技越先进，影视效果就越好，影响力也就越大。曾有一段时间，影视作品过于注重娱乐性：历史本来严肃，却硬是拍成了戏说；皇宫里的争斗，表现的不是残忍，反而变成了一种智慧；权贵与宫女的感情也并非文明的进步，却倒退回了男尊女卑。假的可能成真，而真的很少有人相信。明星们的风流韵事引领着市场，上流社会的日常生活不断刷屏，朝三暮四的情变，奢侈豪华的糜烂，越来越多地成为年轻人津津乐道的话题，事业与理想、担当与使命，却渐渐被忽视了。

书籍，作为影响了我们数千年的精神产品，越来越不受重视，写书的文化人也越来越边缘化，有些是被动地边缘，更多的则是主动放弃。古人写书，是为了传承学术，是为了抒发性情，形式层面的考虑，也有，但内容为王，文字之外的功利基本上是不考虑的，所以才能流传下来。如今有些人写书，心里先有一个钱，再有一个名，市场需要什么写什么，读者爱看什么写什么，人们的饱暖思淫欲与文字上的媚俗，一拍即合。

客观地讲，自古以来，通俗或者庸俗的文艺一直都有，但从来都是遮遮掩掩，犹抱琵琶半遮面，不可能堂而皇之地大行其道。任何文艺的背后，都隐藏着一种价值判断。当好莱坞的电影或者欧美的娱乐节目想进来，而我们也主动与国际接轨的时候，内容的审定、规范的管理比什么都重要。年轻人明辨是非的能力不足，对他们来说，引导比批评更重要。

现在流行一个词：娱乐至死。仔细揣摩，这四个字里，有两层意思。一是生命追求娱乐，人从生下来，来到这个世界，无非是声色犬马，感官刺激；活着的目的，就是享受，享乐是全部的内容。一是娱乐会导致死亡，如果只有娱乐，人将不人，国将不国，民族的前途与未来岌岌可危，所有的精神文化都会沦为废墟。智者的手指向天空，是希望世人仰望日月星辰，体察宇宙真相，可一般的人却只看见了手指。

我本是一个从不烧香磕头的人，进了庙宇，一般只是看看。中国的庙宇太多，什么地方都有，有孔子的文庙，也有关公的武庙，有佛祖的大雄宝殿，也有一气三清的修真道观。这么多的神佛，头怎么磕得过来呢？2008 年，四川汶川发生了大地震，很多人死于非命，自然强大到恐怖，人是那么地微不足道，可灾难之后的万众一心、同舟共济，分明昭示了渺小中的伟大。那一年，我第一次带儿子到山东曲阜，参观孔庙，游览孔林，面对先哲，我由衷地和儿子为孔子燃了一炷高香，毕恭毕敬地磕了三个头。

后来我读到一段话，终于明白，执念原来是如此的根深蒂固。大致是这样说的：叩拜，不是弯下身体，而是放下傲慢；念佛，不是声音数目，而是清净心地；合掌，不是并拢双手，而是恭敬万有；禅定，不是长坐不起，而是心外无物；欢喜，不是颜面和乐，而是心境舒展；清净，不是摒弃欲望，而是心地无私；布施，不是毫无保留，而是爱心分享；信佛，不是学习知识，而是践行无我。在我们的文化中，宗教信仰是自由的，可以不信，却不能因此而漠视宗教带给我们的种种敬畏之心。如此，读书的时候，虽然想的是成就自我，心里却要有百姓苍生。

古时候的读书人，读书前必先焚香净手，圣人无处不在，善念即是天良。人与人之间，并不是只是苟且，还有友谊与亲情；天地之大，"四海之内皆兄弟也"（《论语·颜渊》）。

9. 爱书是君子之风

明朝张岱说："人无癖不可与交，以其无深情也。人无疵不可与交，以其无真气也。"（《陶庵梦忆》卷四）目好美色，口嗜美味，人之常情，所以男人多爱美女，女人多爱美食；一般人的爱，也就是口腹之欲，到不了癖好的程度。无论男人多么爱女人，女人之外，还有事业与功名；无论女人多么好美味，美味之外，还有家庭与儿女。唯独书，男人女人不爱则已，真要爱起来，可以爱到永恒。爱书成癖者，是古之君子。

我有一位美女朋友，喜欢文字，买书、读书、写书、书法，与书有关的事儿，她都喜欢。清代的袁枚在《黄生借书说》中说："书非借不能读也。"可她偏偏不借别人的书，想读的书一定要买回来，自己的书也从不外借。书之于她，略近于癖。当然，她还没有到爱书不要命的程度。对于读书人来说，书是一种生命的寄托，因书而生出的一些意外，无论多么窘迫，都是一件雅致的事情。清代海盐人王沂阳，是著名的藏书家，有一次，家中不幸失火，他在抢书的同时，告诉仆人："其他东西可以不要，谁要是能抢出书房内的书，必有重赏"。终因火势太猛，很多书没能抢得出来，他忍不住悲伤，捶胸顿足，号啕大哭。苏联大文豪高尔基也有因救书险些命丧火海的故事。

《海盐嬴政二十五年》是北京大学出版社 2010 年出版的一本历史文化著作，作者朱岩是文化学者，对佛学有一定的研究，书中收集了很多海盐学者的旧事。特别有趣的是朱同生要书不要命的故事。朱同生是明代藏书大家朱祚的孙子。他继承了爷爷的部分传世藏书，其中有一本《杜注左氏春秋》，是茧纸宋版，上有宋人朱晦翁亲笔朱批的旁注，精装为八册，裹以宋锦，方四尺许。晦翁是了不得的人物，这本书自然就成了稀世珍品。一般的人有个毛病，越好的东西，越想据为己有，哪怕是别人的东西，也要想办法弄过来。普通人有了太好的宝贝，往往会惹来麻烦。找朱同生要书的人很多，他都断然拒绝。有一位就耍了点手段，先是说借抄，后来不还，再后来要买其余的七册。朱同生当然不同意，赶紧上门索要借出去的那一本，对方耍赖不给，他就一根绳子当场在人家家门口上吊，差一点把自己吊死。好在，书是要回来了。这是典型的要书不要命。

明代的大文人胡应麟，是著名的学者、诗人和文艺批评家，写过一本《诗薮》特别有名，也是一个爱书成癖的人。与朱同生不同的是，命还是要的，却可以不要功名，为了书，一生淡泊名利，以布衣终老。胡应麟给自己的书屋命名为"二酉山房"，取典于周穆王藏异书于大酉、小酉二山（在今湖南沅陵西北）的传说。大名鼎鼎的王世贞专门给他写过一篇《二酉山房记》，记录了胡氏好书的理由："饥以当食，渴以当饮，诵之可以当韶濩，览之可以当夷施，忧藉以释，忿藉以平，病藉以起色。"书简直成了一种药，不仅可以医愚，也可以治病。有意思的是，胡氏为了买书，把自己的钱花光了，还偷着把老婆的首饰换成钱买书。胡氏一生，钱财散尽，官也辞了，伴其终老的，只有藏书四万二千三百八十四卷。

陈寅恪先生是著名的学者，一生传奇无数，也是出了名的书虫。当年在美国哈佛大学求学时，每月100美元的生活费，他只拿出30元吃饭，其余的70元，大部分用来买书了。陈先生是清华园里的国学导师，对自己的要求极高："讲课的时候，前人讲过的，我不讲；近人讲过的，我不讲；外国人讲过的，我不讲；我自己过去讲过的，也不讲。"不是所有的人都有资格听他的课，所以他被誉为"教授中的教授"。

胡适是大人物，26岁就做了北大教授，提倡白话文，名满天下，算是个有钱人了。他经常借钱给别人，无偿资助过很多人，比如大名鼎鼎的李敖，大学毕业生活潦倒时，就得到过他1000元的资助。面对需要资助的青年才俊，胡适从不吝啬，他说："我借出去的钱，从来不盼望收回，因为我知道我借出的钱总是'一本万利'，永远有利息在人间。"（1955年胡适给青年学者陈之藩的回信）他在1921年6月9日的日记里有这样一段话："这两天共还书店债一百二十元（镜古40，文套40，带经20，松筠20），现在只欠一百块钱的中国书债了。"据石原皋《闲话胡适》说，胡先生有40架书。

现代文学史上，小说家郁达夫是一个有个性的人。有一次郁达夫请朋友吃饭，饭后付账，钱是从鞋底下抽出来的，朋友很奇怪，他大笑着说："这东西过去一直压迫我，现在我也要压迫它。"先生一生困窘，写书换来的一点儿稿费，没有改善生活，却基本用来买书了。"绝交流俗因耽懒，出卖文章为买书。"这是他在1932年4月为自己写的一首诗中的两句，算是比较客观的自画像吧。

相较而言，著名文学家朱自清对于书的痴情，多少有点凄凉。我们都读过先生的文章，也知道他1946年坚决不吃美国救济粮的故事。先生出身于士大夫家庭，养成了"整饬而温和、庄重而矜持"的文人气质。先生在贫病交加、身心交瘁时，仍然搜寻所需之书。1948年8月2日，朱自清进城去琉璃厂买书，回来后记下了这一天的日记，这是他人生中的最后一篇日记。8月3日，他给雷梦水写了一封求书信，信中写道："请代找《古文关键》一书，谢枋得著，费神为感。"四天后，朱自清就住进了医院，12日，与世长辞。这封求书信是先生一生中最后的一封信。

10. 非礼勿视，非礼勿听，非礼勿言，非礼勿动

颜回在孔子的所有学生中，品德第一，话不多，人又勤勉，悟性极好，老师教了个一，他能学会个三。有一次，他问老师什么是仁，孔子说："克己复礼为仁。一日克己复礼，天下归仁焉。"颜渊曰："请问其目。"子曰："非礼勿视，非礼勿听，非礼勿言，非礼勿动。"颜渊曰："回虽不敏，请事斯语矣。"（《论语·颜渊》）四个"非礼"，十分具体地规定了我们的言行举止。

有人平时和你交情不算亲密，忽然有一天跑过来说，某某人说你的坏话，这就不该听；一个单位里共事，谁的好与坏，自己可以看，偏偏有人多嘴，要人前人后地说张三长李四短，这就不该听。虽然我们不必刻意怀疑别人的用意，但谁知道他说的这些话是因什么而起呢？

人来到这个世界上，只用一年就学会了说话，可要用一生来学会闭嘴。老子为什么最聪明？就是因为一生无话，因别人请求，才留了五千言的《道德经》；孔子"讷于言而敏于行"（《论语·里仁》），所以是圣人；孟子话稍多，只好做亚圣；而庙宇里的佛菩萨，就是因为什么也不说，才受万人敬仰和朝拜。平常人的错误，总是因为话多，自己的长处，别人的缺点，就

不该说，别人说了，那是他的错。

　　该做的做，不该做的不做，这话说起来容易，真做起来，无比艰难。孝敬父母，色难；给父母个好脸色，本来是应该的事情，可世上能做到的，真不多。父母养孩子的时候，也曾经严厉到过分，但孩子还小，心智未开，骂了也就骂了，打了也就打了，根本不会计较；可父母年迈，自尊心又强，身体一天天地衰老，眼看着去日不多，本来就担心成了孩子的累赘，如果孩子再没个好脸色，内心的苦楚，恐怕真要难以言说了。

　　有些人，一生都在讲仁义道德，路上见了乞者，却总是觉得他们是在骗人。如若乞丐真在骗人，那是他们不对，可是自己无端起了猜疑，也是不该的事情。面对乞者，可以不给钱，却不可以恶言相向。骗人是在作恶，行善却是积德，都需要自觉。当然，一个人的内心足够坚定，自然就百毒不侵，可即便贤如孔子，也是到了七十岁才"从心所欲不逾矩"（《论语·为政》）。我们千万不要太高估自己的自控能力，当下这个时代，外在的诱惑越来越多，能远离，还是远离的好！

11. 自己不争气，神仙也救不了你

    人的思维，从来都是一分为二，又合二为一的。世上的事，从来都不是孤立存在，单独看是独立的个体，却必须有与之相合的对应，才能发挥完全的作用。这个道理，《易经》里讲得最透。比如：有一个乾卦，"天行健，君子以自强不息"；就一定有一个坤卦，"地势坤，君子以厚德载物"。有天，就有地：天是天，地是地，离了天，就没有地，离了地，也就没有天，合在一起，才有天地。有男，就有女：男是男，女是女，离了男，就没有女，离了女，也就没有男，合在一起，才有男女。

    一个人想成就一点事业，很难。年轻的时候，可能想得很多，总以为自己能成很大的事儿。不知从哪一天起，很多大学激励毕业生的话都是"今日你以学校为荣，明日学校以你为荣"，可年龄渐长，光华慢慢散去，才知道可以做的事情越来越少。这个过程就如同本以为前行的路上会遇到一位美女，现实却是去了皮相的骷髅，直戳戳地站在面前，惊出你一身冷汗。可谁让你想那么多呢？人的成功与否，取决于个人的努力，但努力只是前提，能力、经历、社会关系完全地融合了才能成事，单有一项，什么也做不了。

其实，真想成事，也不难。细细想来，我们从小到大，做成了多少事呢？只要想做，自己努力之外，一定会有很多的外力来帮忙。小时候学走路，刚会站了，父母就领着你上路，小心翼翼地呵护着；等到上学了，你的成绩好，同学们羡慕你，给你在虚荣中增加了动力，老师表扬你，给你在自得中增加了鼓励；考了一个好大学，父母到处夸，又是精神奖励，又是物质刺激；找了一个好工作，收入高，氛围好，朋友多，想干什么不成呢？基本上，平凡人能做到的我们都能做到，谁敢说把平凡的日子过得幸福美满不是一种成功？

孔子是踏踏实实做事情的圣人，知其不可为而为之，真做不成了，也能安之若命，只管付出，从不抱怨。很多人面临选择，十分无助的时候，总喜欢求神打卦。如果得了一个好签，必定是信心百倍；如果得一个坏签，就要事先想好了退路。有人说《易经》是算命的书，包罗万象，通过六十四个卦象，可以推演万事万物的一切变化。孔子说："加我数年，五十以学易，可以无大过矣。"（《论语•述而》）加，通假，孔子说这话的时候，不到五十岁。不是说不到五十岁不可以学《易经》，而是五十岁以后学，才不会走偏；年轻人学《易经》，社会阅历与人生经验都不足，容易走向神秘，就失了平和的主旨。学《易经》为的是掌握吉凶消长之理、进退存亡之道，真学懂了，可以少犯甚至不犯错儿，但能不能成事，《易经》算不出来；真算出一个结果，也可能因为一个偶然的因素，转眼就变了，不准。通《易经》的人，从来不问结局，只问过程；而解卦的高手，无论什么样的卦，都会给出一个很好的希望。

任何一件事，这面儿是事，对面儿一定是人。想做事，先做人，做人靠自己，做事也只能靠自己。把人和事合起来理解，一生可以无过了。求签打卦得来的种种暗示，不过是在刺激内在的强大动力。自弃者扶不起，真的不想做，神仙也帮不了；自强者打不倒，真想做了，天大的困难也能克服。外在种种因，心里一种果，只要审时度势，趋吉避凶，在合适的时间，用恰当的方式，小心谨慎地做，能不能成不好说，但一定不会出错。

12. 人皆可以成尧舜

　　孟子提出了一个特别有意义的见解：人皆可以为尧舜。理由是："夫人岂以不胜为患哉？弗为耳。徐行后长者谓之弟，疾行先长者谓之不弟。夫徐行者，岂人所不能哉？所不为也。尧舜之道，孝弟而已矣。子服尧之服，诵尧之言，行尧之行，是尧而已矣。子服桀之服，诵桀之言，行桀之行，是桀而已矣。"（《孟子·告子下》）任何事情，做不到不可怕，可怕的是不做，不做和不能是两回事，做而后知不足，不足才有进步。把尧舜当作人生导师，存善念，行善事，孝悌安身，忠厚立命，就能成为尧舜一样的人。照着桀纣的样子，为所欲为，无所禁忌，善恶不分，甚至是知善行恶，就会成为桀纣一样的人。每个人都是自足的个体，我成不了你，你也成不了我。我们当然成不了尧舜，却可以拥有尧舜一样的人生。

　　佛教里也有类似的观点，似乎还更为彻底。需要说明的是，唐宋之后的佛教，合流了儒道两家思想，已具中国面目。唐朝有两个了不起的和尚。一个是大家都熟悉的唐僧玄奘，本名叫陈祎，河南人，法相宗创始人，与鸠摩罗什、真谛、不空并称为中国佛教四大翻译家。另一个是慧能，俗姓卢，广东人，最大的贡献在于开创了一条通俗简易的修持之路，明心见性，直指人心，一举实现了佛教的完全中国化。

说起慧能，很多人都知道他与神秀的悟禅偈。《坛经》记载，五祖弘忍传承衣钵之前，让门徒各作一偈，首座神秀偈："身似菩提树，心如明镜台。时时勤拂拭，勿使惹尘埃。"慧能听到后，也作了一偈："菩提本无树，明镜亦非台。本来无一物，何处惹尘埃？"慧能不识字，反而更少束缚。他创立的南宗禅，后来成了主流，而神秀的北宗禅，传了几代就慢慢衰落了。慧能与神秀的主要区别是，一者主张明心顿悟，一者主张勤修渐悟。徒弟们互争正统，但两人却是互相敬仰，法门不一，对于世界的认识却是相通的。

禅宗强调"于念而不念"（"无念"），"于相而离相"（"无相"），"念念而不住"（"无住"），认为众生皆有佛性，人人皆可成佛。这样的句子，《坛经》中随处可见："一念若悟，即众生是佛"，"前念迷则众生，后念悟则佛"，"不修即凡，一念修行，自身等佛"。禅宗认为，佛不是神灵，只是一位觉者，觉悟了世界的真相，止息了一切烦恼，到达了至善圆满的涅槃境界，其间的种种法门，就是佛法。佛与常人无异，认清了自性，就能成佛。体认佛性的过程，就是修行，修行是修内心，不是修外境。外境，不过是诱发内心的引子，比如一张照片，如果有自己的亲人，看到了，内心就会生出亲切温暖的感觉。照片不是关键，关键在自己的内心，生命的主动性永远都在自己手里。

很早的时候，我就读过《坛经》，知道见性成佛的道理，却一直不理解，总觉得如果想成佛，就得把世间的一切都放下。直到四十岁过后，读到了印心宗二祖王骧陆居士解读《心经》的文字，看到了"离世法，便没有佛法"一句，豁然开朗，心生欢愉。世法跟佛法是一法不是二法，在家与出家，一样地修行，看清了世态人心，就体证了宇宙真相。真正的大德高僧，不离佛法而行世法，不废世法而证佛法。

天下的学问，道理本来就是相通的。有人学佛法，觉得世界空漠，就躲进寺庙；佛法不在寺庙，在俗世。有人学道术，追求长生不老，就隐逸山林；道场不在山林，在人间。宋以后，儒道释合流，文化冲突没有了，中国人的人生一直稳定和谐。直到20世纪的"五四"运动，西学东渐，再次打破了固有的平静，文化交流、碰撞、再融合的重任，又一次摆在了我们面前。

读什么样的书，做什么样的人，成就什么样的人生，全在自己。

后 记

　　写这本书，用了一年多时间，却耗尽我了二十多年的积累。书写完了，人重生了一次。

　　这本《小规矩与大智慧：遇见〈弟子规〉》，是我所在的学校深入推进"四位一体"人才培养方案，深入改革通识课教育的背景下，我为旅游与管理学院讲授《弟子规》课程的教学成果。十多年来，我一直讲授传统文化类课程，《弟子规》已经讲了两个轮回，体会越来越多。我看过很多讲《弟子规》的资料，也听过不少的讲座。一般的讲解，多是从道德说教入手，容易引起年轻人的反感。本书虽然也是站位于传统的伦理道德，却更愿意阐释既成的规则之内，已有的社会现象之外的文化内涵。

　　《弟子规》是启蒙读本，字面意思并不复杂。一篇小小的千字文，却包含着最接地气的情怀与智慧，不仅适合孩子们阅读，也适合成年人好好琢磨。而这本关于《弟子规》的书，我同样希望能够得到孩子与家长的喜欢，作为一本说理的书，它包含了我很多人生感悟，在文字上也尽量精练，多用短句子，并且适当保留讲课时的一些口语，这样读者读起来省力，回味起来也愉快些。

　　需要特别说明的是，在本书的写作过程中，承蒙领导、同行好友与同事们多方厚爱，特别是陕西省教育厅 2017 年教育教学改革重点项目"高职通识教育课程知识体系构建研究与实践项目（编号：17GZ002）"研究团队给予了特别的关照与帮助，笔者所在单位对于本书也给予了大力支持，在此一并感谢！

2019 年 7 月 28 日

创业团队组建与发展研究

赵景会 著

哈尔滨工程大学出版社

Harbin Engineering University Press

内容简介

当前,我国正处于经济转型的关键时期,经济面临着产业升级、人口红利递减、出口竞争力下降等一系列问题。想要摆脱中等收入陷阱主要依靠两方面:一方面是靠劳动力资源的开发、运用;另一方面是靠技术进步。本书完全站在创业组织的角度,从实际操作层面出发,以轻松活泼的笔调为大众全面阐述了目前适合创业组织的具体发展策略,手把手的教您选择最快速有效的团队发展之道。本书对各类创业组织成员尤其是创业组织管理人员具有很高的参考价值。

图书在版编目(CIP)数据

创业团队组建与发展研究 / 赵景会著. — 哈尔滨:
哈尔滨工程大学出版社,2018.7
ISBN 978 - 7 - 5661 - 2068 - 7

Ⅰ. ①创… Ⅱ. ①赵… Ⅲ. ①企业管理 - 组织管理 -
研究 Ⅳ. ①F272.9

中国版本图书馆 CIP 数据核字(2018)第 175263 号

选题策划 刘凯元
责任编辑 张忠远 周一瞳
封面设计 李海波

出版发行 哈尔滨工程大学出版社
社　　址 哈尔滨市南岗区南通大街 145 号
邮政编码 150001
发行电话 0451 - 82519328
传　　真 0451 - 82519699
经　　销 新华书店
印　　刷 北京中石油彩色印刷有限责任公司
开　　本 787 mm×960 mm 1/16
印　　张 10
字　　数 208 千字
版　　次 2018 年 7 月第 1 版
印　　次 2018 年 7 月第 1 次印刷
定　　价 48.00 元
http://www.hrbeupress.com
E-mail:heupress@ hrbeu.edu.cn

前　　言

　　当前,我国正处于经济转型的关键时期,经济面临着产业升级、人口红利递减、出口竞争力下降等一系列问题。我国摆脱中等收入陷阱主要依靠两方面:一方面是靠劳动力资源的开发、运用;另一方面是靠技术进步。劳动力资源的开发利用主要依赖于创业组织的迅速发展,创业组织如何构建才能达到完全合理,激发出百分百的战斗力,摸清楚组织建设的模式对于其自身发展至关重要,对于建设一个和谐、高效、公平公正的创业组织更具有重要的战略意义。

　　这本书完全站在创业组织的角度,从实际操作层面出发,以轻松活泼的笔调为大众全面阐述了目前适合创业组织的具体发展策略,手把手地教您选择最快速有效的团队发展之道。对急于摆脱发展困境的创业组织来说,本书一定会令人豁然开朗,在今后的创业活动中游刃有余。本书对各类创业组织尤其是创业组织管理人员具有很高的参考价值,况且如今创业浪潮正处于最旺之势,创业组织遍地开花,市场化程度越高、经济越富裕的地区,创业者越活跃。道理很简单:一方面,这些地方的个人资金雄厚,这些富余资金会被用于回报率高的投资渠道;另一方面,这些地方的经济活跃,经济活动需要有更多资金参与,可是正规融资渠道又无法满足需要。因此,在有资金和人力的情况下,如何快速打造出高效的创业团队是重中之重。

　　本书针对我国目前创业组织比较松散的具体情况,借鉴国外成功经验,研究了创业组织的运作方式、在人才管理方面的优化与选择方法。本书选题是国内外当代创业组织理论中的前沿性选题,极具时代感和挑战性,具有相当大的难度。在新的时代背景下,勇于挑战难题,期望通过对创业组织问题的研究对我国创业组织的发展作出贡献,这是值得肯定的。通过本书的学习,可以掌握更快捷的吸收知识的方式和更容易满足团队的需求管理方式。

　　希望本书能够为有组织管理需求的创业组织和个人提供重要的帮助,能够为中国广大创业组织和个人提供普惠的团体知识方面的支持。因此,十分期待每一位创业者能够对正确管理组织人员和发展组织方面的科学方法有更加清晰的认识和了解。

著　者

2018 年 4 月

目　　录

第一章 创 业 者

　　小邱是一个农村长大的孩子,本来不会有太多见识的他,在一次偶然的机会中认识到农村落后的教育无法改变自己的命运,这让他对无知愚昧和随之而来的贫穷的认识比同村的孩子更加深刻,他明白通过努力学习走出村落是改变命运的唯一机会。对他来说,贫困并不是无法改变的,他不会将贫困作为自己懒惰和消极的借口。他最终考进自己理想的大学,但是这对于一个具有远大目标的人来说仅仅是一个开始,他想得更多的是自己创业,用自己的光和热成就自己未来的道路。有着跟平凡的上班族相反的人生觉悟的小邱在毕业之后便开始了自己创业的生活。在公司成立之初,他经历了很多艰难困苦,但是对于小邱来说,精神上的富裕比物质上的富裕更为重要,这种对别人来说很苦很累的生活对他来说却是处处精彩。

　　在创业之初,小邱与别人一起合作做生意。当时两个人的接触并不多,但都知道对方是讲义气的人,但那时他为人比较浮躁,认为只要不违法,供应商进货能赚到钱,把公司持续下去就可以了。有一次他打算在"五一"前推出自己的产品,时间比较紧,因此,他在选择货品的时候就乱了手脚,看到价格便宜、质量不太差的原料便定了下来。这件事让两个人大吵了一架,也许是两人的性格差距太大,一个性格火暴,一个稳如泰山,一个人看着另一个人生闷气,一个人看着另一个人急匆匆的心里发慌。这样的结果是谁看谁都不顺眼,做起事情来很不开心,最后,两个人因为积蓄已久的矛盾爆发出来而结束了合作关系。

　　结果,等到把原材料加工成商品才发现残次品非常多,而且产品外形远比理想中的差,小邱才追悔莫及。这样的商品如果卖给消费者,消费者根本就不买账,这将严重影响公司产品的推广。就这样,经过一次又一次的碰壁和摸索,小邱的公司终于稳步发展起来了,他也过上了自己想要的生活。

【案例分析】

　　通过努力克服自我的一些缺点和消极因素而踏上寻求未来成功道路的行为不仅是一个创业者的基础,也是一个创业者能够立足于社会的生存本能。

俗话说"人无远虑，必有近忧"，一个聪明的创业者一定要想清楚一个项目甚至接下来的几个项目在短期、中期和长期所带来的利弊以及承担这个项目对个人、组织和公司未来的发展所产生的影响。因此，作为一个创业者，在自己没理解清楚之前，不要轻易做任何不成熟、不理智的决定。而且，如果创业团队的领袖做事草率并且待人不真诚，基本上就是判了创业团队死刑。假如说创业团队的规模不大，仅有三四个人，那么，我们就要看自己与合作伙伴或者说是自己朋友的性格是不是合得来，因为一个初期的创业团队最重要的一点就是能团结在一起做事。如果几个人的脾气差异非常大，世界观也有很大不同，那么，就要谨慎处理，最好不要一起创业。如果在一起，就一定要在达成一致意见、形成统一的规章制度后再合作。因此，作为创业者想得一定要多，做得要更多。无论创业、就业，还是自由职业，一个灵活的头脑再加上勤劳能干的品质是实现梦想的必要基础。

【基本概念】

一、什么是创业者

可以这样宽泛地对创业者下定义：无论是多小的创业项目和创业活动；无论是活跃在荧屏中，还是能跟你面对面，只要他们所做的事具有一定的组织建设过程，并且他们的组织具有营利性质，那么他们就可以自豪地称自己为创业者。

每个创业者在创业过程中都会受到不同因素的制约，比如资金、技术等各种各样的因素，包括不是每个人生来就有的对创业的洞察力、敏锐度等。正因如此，每个创业者只有通过提高个人素质引导未来的成功才算得上一个真正的创业者。

二、创业者需要哪些基本素质

（一）跟上时代的文化知识

在竞争日益激烈的今天，仅仅依靠热情、勇气、经验或只拥有单一的专业知识很难成为成功创业的"地基"，就好比去人才市场一样，如果没有特别突出的技能，就只能看着别人找工作。要知道，创业可是比就业的难度还要大，一个创业者可以是初中生、高中生、大学生，也可以是已经工作的青年、已有资本的中年、已经退休的中老年，但是必须要有一个创造性思维作为支撑，通过自己的能力作出正确决策，必须掌握广泛的知识，掌握许多技能和专业知识。另外，创业者们更应充分了解和掌握国家有关政策和法规，并且更应该知道怎样运用这些知识。创业者要用政策和法律维护自己的合法权益，通过科学知识和方法提高管理水平，通过对自己创业项目相关的行业的了解提高自己的知识水平,依靠科技进步增强竞争能力。除了这些,对于创业者来说,还需要了解市场经济的知识,如会计、市场营销、国际贸易、国际金融方面的知识,当然还需要了解一些关于世界地理、社会生活以及文学艺术等方面的知识。

(二)健康的心理素质

这里的心理素质是指创业者的心理状态,包括自我意识、性格、气质、情感等心理因素。作为一个创业者,应该保持自信,并且拥有独立的自我意识;作为一个创业者,应该坚强、坚定、果敢、开朗,还要有其他一些理性的心理成分。成功的创业者大多不是很轻巧松自在的,这是因为越来越成功的背后,创业者会背负着越来越大的压力。成功了也不要沾沾自喜、得意忘形;在遇到困难、挫折和失败时更不要灰心,负面的情绪只会有负面的影响。

(三)每天都能工作的身体

创业是一个繁复的工作,创业者最需要一个健康的体魄。创业者如果身体不好就难以忍受在疲惫的精神状态下马不停蹄地工作。无论在什么情况下,创业者必须培养积极、乐观的心态和宽广的胸怀,而且要努力保持健康与活力,只有精力充沛才会有敏捷的思维。

(四)能坚持工作的毅力

"只有坚持不懈才会成功。"很多伟大的创业者都把这句话作为座右铭。爱迪生强调成功是基于99%的勤奋和1%的灵感,一系列的失败都是在不断探索,对成功都有着至关重要的作用。因此,一般情况下,一次又一次地失败却永不放弃是每个成功创业者都具备的主要行为特征。

创业没有捷径,在遇到了危机时,只有通过热情和毅力才能克服障碍,行走在通畅的创业之路上。

(五)敢于承担风险

在市场经济的浪潮中,机会和风险并存。只要从事经营活动,就不可避免地伴随着各种各样的风险,业务范围和业务规模越大需要承担的风险越大,心理负担就越大。成功的创业者总是提前将成功和失败的风险进行分析和比较,通过选择损失更小的方案减少风险。创业者也可以通过评估风险的程度有效地控制风险。

（六）擅长有效的沟通

在创业的道路上，必须摒弃"同行即冤家"这种狭隘的想法，必须要学会合作与交流。创业者通过语言或其他形式与周围的人进行有效沟通，提高自己的效率，能够增加成功的概率。在创业过程中，需要与客户打交道，处理对外介绍和新闻发布，处理与供应商的关系，处理与内部员工的交流与沟通。这些途径可以消除障碍，也能解决冲突。这样不仅降低了工作难度，也增加了员工之间与合作伙伴之间的信任，为创业的成功作出应有的贡献。

（七）克服不良欲望

在创业过程中，创业者要学会克制，避免冲动。克制自己的不良情绪和欲望可以使人积极、有效地控制和调节自己的情绪，使自己的决策在正确的轨道上前行，不会因为暂时的冲动做出缺乏理性的行为和决策，让创业团队受损。创业者在创业过程中应自觉遵守法律，做合法的生意和合法的业务，让自己依法行事，自觉接受社会道德和职业道德的约束。当个人利益与法律道德冲突时，可以控制自己的欲望，约束自己的行为。如今，文明和诚实的经营会让各个创业项目互惠互利。

（八）培养一种危机感

如果一个国家没有危机感，迟早会出现各种各样的问题；如果一个企业没有危机感，迟早会被其他企业吞并；如果一个人没有危机感，迟早有一天会遭受挫折。未来是不可预测的，人也不会天天都有好运气，因此，创业者应该有危机意识，能够应对突然的变化。在创业实践中，要有为所有的事情打好提前量的危机意识，在和平时期为"战争"做好准备，未雨绸缪，提前准备好冲锋的号角。创业者的经验、知识、能力，尤其是他们的行业，会对商业上的成功起着重要的作用。创业者应在熟悉的行业、市场、产品、关系之间搭起相互作用的桥梁。因此，创业者应该学会运用自己的知识积累提高自己的创业能力。

第一节　创业精神与创业者特质

本节要点：

1. 创业精神。

2. 创业精神的相关观点。

3. 创业精神的剖析。

4. 创业者的五大特质。

5. 创业者应具备的成功特质。

能力目标：通过本节学习，了解什么是创业精神与创业者特质；掌握创业精神的概念；了解并能学习较好的创业者特质。

关键概念：创业精神　创业者特质　优秀创业者特质

一、创业精神

什么是创业精神？

创业精神是指在每个创业者的意识当中的具有创新性的心理活动。当然，这里的创新不一定是指与之前不同的事物，也可能会是对之前的事物进行改良或者是几样事物的综合运用。

创业精神有着由浅到深的层次分析：表浅之下主要是创业者的行为模式，而这正是创业者在自己的性格和知识支配的行为习惯之下的创业方式和创业实践；再深一层就是创业者的心理活动，也就是创业者在创业过程中表现的心理现象和心理特征；更深层次的便是创业者对于创业的深刻认识和总结归纳，也就是创业之中积累的思想和理论。

二、创业精神的相关观点

创业精神的概念最早出现在 18 世纪，如今，它的意义已经在不停磨炼之中不断深化和进化了，但是，许多人仍然只是把它等同于创立公司时所运用的内涵与品质，而大多数专家认为创业精神应有更广泛的含义。一些经济学家和企业家认为是在获利机会下自愿承担风险的人，需要具备创业精神；另外一些经济学家则强调创业者是一个创新者，他们将新产品进行更新、推广与销售；还有一些经济学家认为创业者是把市场需求与没有供应的新产品相联系从而进行新技术开发的人。

20 世纪经济学家约瑟夫·熊彼特（Joseph Schumpeter，1883—1950）专门从事创新创业方面的研究。熊彼特将创业视为"创造性破坏"的力量。创业者采取"新型组合"的方式,取缔旧有行业,让原来的操作模式和方法被更新、更好的方式取代。

今天,大多数经济学家都认为创业者精神是在各种刺激经济增长和创造就业机会的社会中一个必要的因素。在很多发展中国家,中小企业的成功是创造就业机会、增加收入和减少贫困的主要因素。因此,政府对创业的支持是促进经济发展的重要策略。

三、创业精神的剖析

创业精神的本质集中在创业者的行为过程中,而不是创业者的个性上。也就是说,创业精神的意义主要是创新,创业者通过这种创新会更有效地利用资源,为市场创造新的价值。虽然创业通常只是创建一个相似或者再度创新的生产方式或商业模式,但创业精神并不只存在于新企业。一些成熟的组织,只要创新依然强劲,就有群体的创业精神。

创业精神总的来说也可以分为个人创业精神和团体创业精神。所谓个人创业,是指在创业者的个人能力下,在实现创业者的个人愿景的假设指导下,创业者自己的创新活动,然后创建一个新的组织或企业,在现有的一个组织中追求共同愿景,组织创新活动,并创建新的未来蓝图。而团体创业则会按照创业者们的想法努力创建一个新的企业,包括成立新公司,组织、建立新的单位,并提供新产品或服务,实现创业理想。如果从变化和发展的角度来看,这种创业也是通过创造新的价值实现利润,而这个过程也正是团体创业精神的体现。

创业精神可以说是"创造新价值"的精神体现,关键在于"把新的东西投入到现有的市场的活动"这样的创业行为,这里的创业行为可以是一种新产品或服务、一个新的管理系统或一个新流程等一些创业活动。创业精神在另一种层面也可以指一种追求财富机会的心理活动,通过在未来创造新价值的资源的行为获得创业者自己的满足感。所以我们可以说,创业精神就是新企业形成、发展以及经济增长的驱动力。

四、创业者的五大特质

创业者的五大特质就是创业者在创业过程产生的主要特质。正是因为创业者们能够自信积极地面对挫折,实现自己的目标,我们才可以从这些创业者身上找到对创业精神最好的定义。

(一)激情

没有人能比维珍集团(Virgin Group)创始人理查德·布兰森(Richard Branson)

更理解"激情"这个词的含意。布兰森的激情主要是由他创建公司的强烈愿望产生的。维珍集团成立于1970年,目前拥有200多家公司,业务范围涵盖音乐、出版、手机以及太空旅行。

(二)积极性

亚马逊(Amazon.com)的创始人杰夫·贝佐斯(Jeff Bezos)非常清楚积极性的定义,他把"每一次挑战都是机遇"作为自己终生的座右铭。

1995年7月,亚马逊达到了在两个月时间内每周20 000美元的销售额。在20世纪90年代末,互联网公司纷纷倒闭,亚马逊的股价也从100美元下降到6美元。更糟的是,一些批评人士预测,如果美国最大的书店Barnes开展网上业务,将会彻底击垮亚马逊。但是贝佐斯却向外界展示了自己的乐观和信心,如今可以看到的是亚马逊作为一个全球性网络书店的逐渐扩大。

(三)适应性

适应能力是创业者应具备的一个最重要的特征。每一个成功的创业者都有改善、升级或根据客户想法定制服务的意愿,以继续满足客户的需求。

谷歌联合创始人谢尔盖·布林(Sergey Brin)和拉里·佩奇(Larry Page)不仅对变化及时作出了反应,还引领着互联网的发展方向,有许多新的想法。谷歌已经将互联网发展提升到了一个前所未有的新高度。通过这种开拓精神,谷歌成为了最强大的互联网公司之一。

(四)领导力

一个好的领导者可能是一个有着强大个人魅力的人;也可能是一个热心的具有团队合作精神的人。而在玫琳凯身上,我们可以找到所有这些元素,玫琳凯创造了玫琳凯这个化妆品品牌,帮助五十多万名妇女开始自己的事业。在这之前,她只将这个公司作为一个家庭产品公司进行销售活动,尽管她有25年的顶级销售业绩,但由于性别歧视,她却不能像男同事一样得到升职和加薪。她终于受够了这种待遇,1963年,她以5 000美元的投资创办了玫琳凯公司。

(五)雄心

二十岁的时候,来自美国的黛比作为一个年轻的家庭主妇,没有什么商业经验,但是她有一个很棒的巧克力饼干配方,她和世界各地的人们分享自己的梦想,最终让自己的梦想成为了现实。

1977年,黛比夫人开了她的第一家店,尽管很多人认为她只会卖饼干,但是她的雄心壮志让她的小甜饼店发展成为一家大公司,现如今已有600多家门店,分布在欧美的十多个国家中。

第二节　创业者的自我认知与角色定位

本节要点:

1.自我认知的概念。

2.角色定位的概念。

3.创业前的自我认知。

4.创业者素质的角色定位。

5.创业者的自我认知与角色定位的方法与方案。

能力目标:通过本节学习,让创业者认清自我,并能够清楚自己的角色定位。

关键概念:自我认知　角色定位　创业者素质

一、自我认知的概念

在心理学范畴当中,自我认知也叫作自我分析,是指一个人能够察觉自己的存在,并且还能够分析自己当前的行为和心理活动,比如能够通过自省知道自己的生存价值、社会价值和精神价值,从而作出充满智慧的理性认知。对于一个创业者来说,自我认知非常重要,因为智商和情商并不是阻碍创业的绊脚石,更重要的是在处理各项事务时能否自觉自知。如何抑制自己的一些行为和情绪,能否知道自己应该做什么并且行动起来,对未来是否有准确的打算,在现有情况下自己现在能做什么等,这些都是需要自己领悟、把握和付诸行动的重要技能。

二、角色定位的概念

按照字面理解,角色定位可以理解为认识到自己在某种社会环境下充当了某种或某几种角色。打个比方,正在表演的演员都会有下意识的角色定位,当演一个在为孩子苦恼的青年母亲时,可能演员就需要对青年母亲的这个角色进行理解和再现,但是由于自己原本的现实身份与表演角色不同,因此,演员内心都有一个限制自己行为和心理活动的角色定位,以免表演时的表演角色与现实当中的真实身份有所冲突。

在企业管理和团体管理中,角色定位与我们生活当中经常理解的"角色定位"有所不同。在企业管理和团体管理中,角色定位指的是在现有的体制与环境下,在一个团体或者一个组合当中对这个团体或组合当中的权利相对其他人来说拥有不可替代的定位,这就是管理对角色定位的概念。所以在一个团体当中,"一个角色"不一定是一个人,也可以是一个具有相同职责和能力的群体。现在有着各种各样的优秀团体,也有各种各样的优秀企业,它们中的所有人并非都是按照老板和领导者拟定的定位规划和发展规划限定的。但是,这些团体和企业之所以会在激烈角逐的市场竞争当中努力生存,就说明即使它们不清楚团队当中的角色定位的重要性,但它们也是足够重视每一位团队成员的作用和能力,也就是说已经做到了在团队和组合当中保持着角色定位的主要原则。

三、创业者的自我认知与角色定位的方法与方案

作为创业者,如果没有比上班族和自由职业者有着更多的对自己的理解和认知,就难以在创业过程中收获更多领导、管理、专业知识和其他方面的经验。可以这样说,在创业过程中,如果创业者能够对自己进行自我认知与角色定位,将会让创业者有一个更高层次的提升。那么怎样对自己进行自我认知与角色定位呢?在这里提供五种自知和自觉的方法。

(一)思考创业的三层价值

思考题1:我为什么要创业?

这个问题主要是能够让创业者在创业过程中逐渐领悟对社会的理解。

思考题2:我创业的理由从哪里来?

这个问题主要是在上一问题的基础上的再次深化,通过这个问题,可以让创业者对自己创业的信念有一个更深的认识。

思考题3:创业对我有什么样的意义?

这个问题主要是在上一问题的基础上更深层次地反映自己创业过程中的思考。

(二)规划个人创业各种技能的发展

对于大多数创业者来说,这句"理想很丰满,现实却很骨感"会让大家感到现实的人生很难,现实的创业更难。而且在独处的时候,经常会有如下一些想法:

(1)看不到自己未来的样子,面对未来,迷茫而不知所措;

(2)常常在回忆里挣扎,有很多事情无法释怀;

(3)很想规划自己的人生,但又不知从何着手;

(4)受制于人性的弱点,迷恋某一嗜好不能自拔;

(5)突然很想逃离现在的生活,想不顾一切收拾好简单的行李独自去流浪。

以上五点如果经常困扰你,那么你非常需要对自己有一个准确的自我认知和

角色定位。此时可以通过规划个人创业各种技能的发展来实现很多自己无法实现的想法。还有多问问你为自己做了什么,要知道没有目的性地做事就是给自己挖一个能埋上自己的深坑。

①S——优势。通过知道自己掌握哪些专业技能和生活技能,了解自己的性格优势和能力优势,简单评估自己现在能做什么,未来还能学习什么。

②W——劣势。没有对比就没有优劣,而且没有绝对的优势和劣势,只有相对的优势和劣势。选定一个自己认为比自己优秀的人物作为参考对象,与其进行对比,自然就能区分出优劣。

③O——机会。可以从自身与社会两方面考虑:一方面是由自己自觉而产生的学习能力和寻找机会的能力;另一方面是从自己的社会层面考虑,无论是自己的父母、认识的长辈、熟悉的同辈,还是逐渐变强的后辈,能与他们之间建立良好的关系都可能成为以后帮助自己成功的机会。

④T——威胁。可以从个人与社会两方面考虑:一方面是通过自我认知意识到自己的不足,从而感觉到自己的威胁;另一方面是在社会家庭方面有着各种各样比自己出色的人,这是来自外界对自己的威胁。

(三)准确定位自己的创业者角色

给自己设定目标是一件十分重要的事情。

李开复有句话说得好:"目标设定过高固然不切实际,但是目标千万不能定得太低。"在 21 世纪,竞争已经没有疆界,应该放开思维,站在一个更高的起点,给自己设定一个更具挑战性的目标,才会有准确的努力方向和广阔的前景,切不可做"井底之蛙"。在很多情况下,选择比能力重要,机遇比选择重要,因为机遇是可以"创造"的。现在有很多人都说书中什么也没有,只有一些空泛的大道理,其实一本书需要读者自己从中挑选自己认为有帮助、能够吸收的知识。多思考,才会有一个准确的职业定位。

(四)把特长发挥到极致

一个创业者需要把团队领导好、管理好,而这仅仅只是自己的软技能。那么何为软技能呢?软技能就是指与技术无关的能力,比如倾听能力、说服能力、影响力、团队建设的能力等。软技能可以是从幼年时期就开始练习的技能,既是各种行为的综合能力,也是人与人之间建立关系的必需能力。这里可以举个例子,这个例子的前提是剔除靠软技能吃饭的人。一个大学毕业生只需经过一段时间的锻炼,便可以融入其他公司企业当中,但是已有工作经验的职工跳槽到别的公司企业也得花跟普通大学毕业生相同的时间才能融入其中。所以软技能更是一种天生的本领,后天的培养只是一种自己在成长学习当中的积累,即使自己没能意识到软技能的存在,便可以正常地生活学习。与之相对的硬技能培养也是极其重要的,是物质享受和精神享受的保障。赚得最多,就是首富;跑得最快,就是冠军;业务最精,就是专家;在学习工作中把自己的特长发挥到极致,就是成功!

（五）适应人生中各种角色的转变

如何适应人生中各种角色的转变,这一点更需要自己去琢磨和思考。

要知道在不同时间,自己扮演的角色不同;在不同地点,自己扮演的角色不同;在不同空间,自己扮演的角色也不同;即使在同一时间、地点、空间,表现出来的角色和内心与你认为这与现在扮演的真实角色也不同。

四、对创业者素质的自我认知

每个人都有自己的优点和缺点。有些人不懂琴棋书画,却有很高的语言天赋;有些人不懂诗,但长于数学推理。同理,并不是每个大学生都懂得创业,虽然在创业的时代,每个大学生都会有些许创业的理想,应该有敢做敢干的勇气和气魄,但更应该客观地分析自己的条件和优势,以务实和理性的态度作出自己的选择。如果一腔激情随波逐流,或者只是盲目经营,很容易在创业方面遇到想不到的"滑铁卢",即使勉强成功,也很难保证以后是什么样子。因此,一个客观又准确的自我评估是创业者的第一步。

创业者的自我评价主要是对自己身体状况、开拓意识、心理素质、创业能力等内部因素的综合分析,以确定是否适合创业。

（一）身体状况

创业者的身体条件主要是指健康和能力两个方面的内容。几乎所有创业者都认为身体健康、精力充沛是成功创业的前提。健康不仅仅是指身体没有疾病,体力能够支持工作很长一段时间;也指心理能承受压力,能适应环境的变化,能以一个良好的心态面对工作和生活中的问题。心理健康对成功的创业者来说尤其重要,它往往是一个人可以承受巨大压力的前提。此外,创业者应该是一个精力充沛的人,他们通常比员工工作更长时间,许多人一天工作 12 个小时,尤其是在创业阶段,一天工作时间甚至可达 16 小时,工作时间长,风险和压力巨大,没有超出自身极限的努力很难有效地完成工作。因此,大学生在创业前第一件应该准备的事情就是确认自己的身体状况是否适合高强度的业务需求。

（二）开拓意识

开拓意识主要是由需求、创业动机以及个人利益和理想构成的。创业是一个商业实践活动的原始致因和初始动机，开拓意识是主观意识影响创业活动的因素，缺乏强烈的创业精神的人不适合创业。准备创业的大学生要能够通过"为什么我选择自主创业？""我是选择自己喜欢的，还是未来发展最好的行业？""我是否必须找到一份稳定的工作？""如果我的家人不支持，我是否会因此动摇自己的想法？"等问题进行自我评估。

（三）心理素质

创业心理素质是创业活动中精神上的支持和动力，它包括个人信心、冒险精神、坚韧、克制、适应性、合作和其他因素。"如果市场竞争非常激烈，我会是最后的赢家吗？""如果有机会，我能够大胆去创业吗？""三番五次失败后，我是否可以继续支持自己的梦想？"这些问题体现的都是创业心理素质。

通过评估自己，也就是考验自己和叩问自己，可以让自己了解自己的专业知识、专业技术、管理能力和综合能力（包括理性认识、感知机遇、捕捉机遇、公关、应变等能力）。大学生也可以通过自我评估来回答下面的问题：我是否有足够的判断行业相关技术和产品开发的专业能力？我是否有足够的管理新业务开发经验和能力？我是否有足够的能力领导带领团队？如果我找到一个商业创新模式，是否可以创造利润，包括能够在客户面前描述业务模式、核心战略等客户感兴趣的内容来创造利润？我是否能找到一个有前途的市场机会？

（四）创业能力

以上这些就是创业者的自我评估。但是在实际的测试评估中，也需要与他人对自己的评价做一个横向对比，这样才能够找到不同进行分析。而有些人不能对自己作出正确的自我评价的原因可能是过于相信自己，那么不妨直接让他人比较客观地给予自己评价。

五、创业前的自我定位

知道自己的喜好并不困难，但有些人很难知道自己真正的能力。知道自己的性格缺点，就像画自己的自画像一样，自我定位是很困难的。只有当我们知道自己的劣势时，自己的优势才会自然出现。因为劣势与优势是相辅相成的，没有任何一种性格与能力是绝对的。

个性是自我定位当中最基本也是最重要的原则，因为有很多人实际上是不适合创业的,如果选择了不适合的创业方式,就很难预测结果了。只有通过看破切身利益进行自我定位,才能坚定地踏上坎坷的成长之旅。如果能在创业之前就认清自己究竟适合干什么,就可以充分保证即使本次的创业失败了,也不会承受很大的损失。

第三节 大学生创业者特征与定位

本节要点:

1.大学生创业者的特征。

2.大学生创业者的分类。

3.大学生创业方向分析。

4.大学生创业者的能力特征分析。

5.大学生创业者在现实中的自我定位。

6.大学生创业者的定位分析。

7.大学生创业者的定位误区。

能力目标:通过本节学习,大学生创业者能够了解自己的特征与定位。

关键概念:创业者特征　创业者定位

一、大学生创业者的特征

大学生创业者在一定程度上可以称为自由职业者,因为他们追求增加个人财富、实现自己的价值、创造社会财富和吸收劳动力,为经济发展和社会进步作出积极贡献。

大学生创业者的内涵可以包括以下三个方面。

(一)大学生创业者既是创新者又是继任者

大学生创业者创建新的团体,在不同方式的创新活动中采取新策略,开发新产品,开拓新市场,引进新技术或使用新资源。同时,任何创新活动都不能脱离实际。因此,在业务连续性当中,大学生创业者也是一个继任者。

(二)大学生创业者既是实践者又是传播者

创业是把很强的实用性投放在创建和操作经济实体中,其产品可以是有形的物质产品,也可以是无形的精神产品,但应该满足社会的需要和大众的某些需求。否则,创业便是无用和毫无意义的。在"创业过程是统一的生产实践和宣传活动"

这一概念下,大学生创业者也变成了实践者和传播者的统一。

(三)大学生创业者既是管理者又是参与者

大学生创业者既从事业务的日常管理,又参与战略决策。但与此同时,创业者和其他的团队成员也希望通过诚实的劳动收入改善他们的生活质量,在相应的社会地位上得到社会的认可和尊重。

二、大学生创业者的分类

美国心理学家约翰·麦纳通过分析一百年内成功的创业者的经历和 7 年的跟踪调查,根据不同的性格特征,将创业者分为以下四种类型。

(一)成就上瘾型创业者

这种创业者的人格特征主要是开始做了某个事情就得有所成就,简单来说就是渴望回报,喜欢制定计划和设计目标,有强烈的进取精神。他们对组织具有忠诚度,相信自己的力量可以改变生活,认为自己的工作应该是自己设定的目标,认可自己的持久性和决心,绝对不放弃自己的目标。

(二)促优型创业者

这种创业者的人格特征主要是善于观察和同情他人的感情,喜欢帮助别人,相信社会互动是很重要的,需要与他人建立良好的关系,有良好的沟通能力,有强烈的合作欲望,相信通过买卖和交易来实现公司战略是非常重要的。

(三)工作狂型创业者

这样的创业者的人格特征主要是很负责任,他们的权力、力量来自实现目标的决心,希望成为企业领袖。这种类型的人享受与他人竞争的过程,希望拥有权力,渴望出类拔萃。

(四)创造型创业者

这种创业者的人格特征主要是喜爱创新、富有创意,在创业战略当中坚信新产品的研究和开发是非常重要的。这样的人也很聪明,希望规避风险,创造性地提出一些别人绝对想不到的意见,他们都会有一种强烈的风险意识和好奇心。

三、大学生创业方向分析

（一）生产创业者

生产创业者是指一个团体或企业的盈利模式主要是以生产技术为主体，通常这类产品科技含量高。例如，在 20 世纪 90 年代，有人就想通过生产 VCD 产品打开电器市场。

（二）管理创业者

管理创业者是指管理综合能力强大的创业者，他们精通专业知识，而且对企业管理操作和金融市场也非常熟悉，可以通过各种有效的企业管理手段推动企业向前发展。

（三）市场导向创业者

以市场为导向的创业者会关注市场，抓住市场机会。在计划经济向市场经济过渡期间，会出现大量的以市场为导向的创业者。海尔集团首席执行官张瑞敏说过一句名言："三眼看世界。"意思是企业在计划经济时期，普通的销售方法是可以的；在市场经济条件下的企业需要有两只眼睛，一只放在市场上，另一只放在员工身上；而转型的企业需要有第三只眼，也就是需要政府的支持。

（四）科技创业者

科技创业者更多是在相关大学的科研机构依靠高科技进行创业。为了鼓励科技成果转化为生产力，国家推出了一系列让高等学校和科学研究机构创业的鼓励措施。现在许多著名的科技企业都是在最初的校办企业和研究机构的基础上建立的。

（五）金融创业者

金融创业者也可以说是风险资本家，他们提供的不仅仅是钱，更重要的是专业知识和管理经验。他们不仅参与企业管理的发展政策和规划，也参与营销策略、资本运营和人力资源管理。

四、大学生创业者的能力特征分析

创新推动人类社会快速发展，是人才的摇篮。大学生创新人才的所有才能可分为 6 种：

（1）拥有广泛的多学科交叉知识；

（2）拥有好奇心和兴趣；

（3）拥有直觉和洞察力；

（4）勤奋；

（5）激情；

（6）积极心态(包括诚实,责任心和信心)。

创新的本质是通过科学研究生产和管理实践,创造新概念、新产品或服务成果,转化为生产力,促进社会经济的发展。而知识创新、技术创新和管理创新的主体是人,因为创新成就需要依靠人来完成,创新能力是企业的核心。创业的过程就是捕捉新的机会、寻找新的市场,或者写一个商业计划来"捕捉"潜在的创业资金,成立公司和企业经营管理等一系列活动。因此,一个创业者或创业团队必须能够控制市场管理能力和创新能力。创业是指影响创业实践效率、鼓励创业实践活动顺利进行的主体心理条件,主要包括专业能力、管理能力和综合能力。创业是直接影响商务活动效率的主要的操作系统,是创业的基本素质的重要组成部分。

（一）规划能力

在人的潜意识里,智者会高于愚者,不是胜在他的智慧,而是胜在他的规划。对市场竞争的熟知和科学的思维方法是企业竞争中最强大的新武器。计划对于每个创业者来说都是非常重要的,所以外部环境、创业机会以及创意策划都是成功创建企业的至关重要的因素。因此,创业者制订计划必须注意几个问题:首先,创业者必须明确范围计划价值的项目涉及和相关的约束,创建企业服务市场定位;其次,确定谁负责项目规划,规划团队;最后,创业者必须考虑时间规划。创业者应该充分了解自己、认识自己、提高自己、发展自己,知道自己有多大的竞争力,衡量自己完全领会新"武器"的真正力量,在市场竞争中,不断补充和完善自己,能规划方案,对其他公司根据实际情况采取行动,主要反映在策略、确定目标、计划、组织、指挥和部署人员的科学决策的决心上。领导决策的大小直接决定了领导活动的表现,这是衡量领导水平的一个重要标志。

（二）组织能力

组织能力在创业过程中是不可或缺的重要能力之一,组织创建一个新的企业组织是创造价值非常重要的源泉。组织能力是指领导者为组织的利益和实现组织目标,使用特定的方法和技术,与来自不同的地区、不同的系统,从事不同的职业,拥有不同的文化背景,种族、性别、年龄等均不同的人组成一个集体,团结向上,使大家朝着一个方向和目标去奋斗。组织能力包括对下属的合理选择、黏附能力、架构能力、沟通能力、协调能力、激励下属的能力、授权、应变能力和合理分配资源(人力、财力、物力)等。组织能力包括三个层次:个人能力、项目/团队的能力和组织能力。组织能力综合体现为公司的竞争力,其中,包括核心流程、战略管理能力、组织文化的能力。任何组织必须建立基于能力的管理,不断提高个人的能力,团队和组织通过实现组织目标管理的能力,使公司形成一个独特的核心竞争优势,从许多竞争对手中脱颖而出。

(三)领导能力

"领导力"在字典里的意思是"指导和指挥能力",在创业的过程中,企业领导能力通常反映在以下几个方面:

(1)能量,指的是巨大的个人能量,有强烈偏好行为和能量,意味着不屈服于逆境,不害怕改变,积极学习,充满活力地接受新事物的挑战;

(2)权力,指的是激励其他员工的能力,积极,善于表达和沟通他们的想法、主意;

(3)竞争力和竞争精神,有信心和勇气,能够消除妨碍;

(4)执行力,提交结果,能够组织思路和结果,能够把想法变成实际行动计划,实现直接参与和领导项目。

(四)管理能力

管理能力是最重要的能力之一,每一位创业者都必须在工作中不断培养和积累自己的组织和管理能力。管理能力和组织能力有不可分割的联系,管理能力主要包括激励能力、控制情绪的能力、幽默的能力、演讲能力、听的能力等。创业者不仅要善于激励团队,还要善于自我激励,让团队成员充分发挥自己的才能努力工作,让员工从"要我做"到"我要做",实现这一转变的最好方法就是员工激励。优秀的创业者,特别是那些著名的创业者,无一例外都是演讲的高手,演讲的作用是让别人理解他的观点,并引导其他人同意这些观点。从这开始,任何一个创业者都应该学会使用语言表达自己的想法。管理不仅是管理自己,更是管理创业团队,管理能力对于形成一个良好的创业团队来说是非常重要的。

(五)公关能力

创业面临竞争压力,成功的条件之一在于具有处理公共关系的能力。也就是说,知识结构和公共关系能力满足社会的需求,找到自己的优势、能力和社会需求的结合点的知识结构是关键因素。因为没有优势的积累,如何获得广泛的社会支持,充分利用有利于企业发展的各种因素已经成为获得成功的重要能力。从这个意义上说,个人公关沟通技巧是非常重要的。这种能力实际上是一个很好的获取和利用社会支持的能力,有时甚至比金融支持这种支持还要重要,这就是为什么许多招聘人员申请特殊的社会活动能力。善于与他人合作、互利互惠,事实上也是公共关系的表达和沟通能力,创业者有意识地培养这种能力是非常重要的。

五、大学生创业者在现实中的自我定位

大学生创业仿佛一股热潮,他们渴望成功,希望通过创业实现自己的人生理想和价值,但现实和理想还是存在差距的。事实表明,大学生创业成功率不高。

大学生满怀激情和热血,看着周围的人上演逆袭,也按捺不住想要闯天下的心。可是,成功并不是那么容易,或许会在付出很多代价后得到惨痛的教训,尤其是对于那些把全部家当押在上面的人来说,更是得不偿失。

知识就是生产力,大学生具有专业知识和技术特长。资本是指投资者的风险投资,以资本助成功,将自己的专业或技术发明转化为直接的生产力,也将获益匪浅,不过,要达到这种专家级别的水准,必须千锤百炼、精益求精。

那么,大学生创业该如何在现实中定位呢?

大学生往往对未来充满希望,他们年轻、自信,充满创业激情,想法总是美好的。有创业想法的大学生,应该如何对自己的创业进行定位呢?

(一)记录创业计划

创业计划是整个创业过程所要遵循的路线图。首先,你必须明确一系列问题,例如:要提供什么样的服务或产品? 生产的成本是多少? 为了获取利润,产品的定价是多少? 加工时间有多长?

就算要开创的事业并不大,或者仅限于校园范围内,你也必须要算清楚如何支付启动成本,其中,包括广告、市场推广和基本的生产原料采购成本等。

(二)寻求他人意见

许多大学目前都会举办一些有关创业的竞赛,学校教员或者当地的企业会在竞赛中对学生的创业计划进行评价。这样的竞赛通常会要求参赛者向评委和观众展示其创业计划,为学生在筹集启动资金前修整自己的计划提供了一个很好的平台。

(三)充分开发校园资源

想办法利用学校里一切可以利用的资源帮助自己获得成功,比如利用学校的工作室,或与校友联系寻求指导和资金帮助等。

（四）运用科技降低成本

利用那些已经发展成熟的甚至还没有使用过的高科技手段减少成本可能会是一个好办法。

对于创业者来说，没有资金不可怕，没有经验也不可怕，只要处处用心、事事留意、虚心学习、敢于拼搏，也许三五年，也许三五万元，万事虽难终有起点，亿万家财虽多终有开端，只要坚定不移地走下去，定会有成功的一天。

（五）寻找适合自己的企业孵化器

孵化器提供的服务大多有以下几类。

第一类：创业前期服务，包括帮助组建团队、对接指导老师、申请办公场地、帮助工商注册等。

第二类：专注于做创业者和投资人的对接平台，定期向投资人推荐或举办见面交流活动，招募团队进行展示，孵化器专业团队筛选项目，将有投资潜力的项目发给投资人。

第三类：提供依托大学强大的专业资源，建设科技条件平台，为企业提供技术服务支持，帮助企业更好地进入市场，获得融资。

六、大学生创业者如何对整体市场进行定位分析

据相关数据显示，2001年全国高校毕业人数达114万人，截至2015年，毕业人数高达749万人，短短十几年就翻了六番。2016年就业形势更复杂艰巨，高校毕业生是765万人，比去年增加了16万人。

我国就业形势十分严峻，高校毕业生就业压力加大。各地区、各有关部门积极采取切实有效措施，拓宽就业门路，鼓励高校毕业生到城乡基层、中西部地区和中小企业就业，鼓励自主创业，鼓励骨干企业和科研项目单位吸纳和稳定高校毕业生就业。

中国共产党第十七次全国代表大会明确提出："要完善支持自主创业自谋职业的政策，使更多的劳动者成为创业者。"为支持大学生创业，国家和各级政府出台了许多优惠政策，涉及融资、开业、税收、创业培训、创业指导等诸多方面。

尽管如此，大学生经验毕竟有限，有关资金、市场、管理等问题很难考虑周到，仅凭一腔激情是远远不够的。那么，如何能够成功创业呢？大学生对于创业如何能做到有备无患、防患于未然呢？

(一)不要盲目从众,目光要长远

很多大学生刚开始创业都是没有经验的,大部分人为了保险起见一般不会选择较冷门的方向,而更多的是跟随大众,选择比较符合大众口味的内容。这种想法没有错,但值得一提的是,一旦走上创业这条路,就注定要一直保持强烈的竞争意识,目光要长远。

创业者们应该跳出局部,纵观全局,别人做得好的项目你不一定能够上手,你选择的方向也可能会成为热门趋势,这就需要深入地观察和考虑,同时,要对自己的项目有信心。

(二)调查市场,有备而战

人们在做事的时候开头都是充满激情、斗志昂扬的,后来在实施的过程中遇到越来越多的问题和困难,于是士气大减,主要原因在于没有全面了解事件的环境,没有做好全面的准备。

创业也是一样,虽说机会无处不在,但还有一句话也说:"机遇是留给有准备的人的。"不打无准备的仗,成功总是更愿意选择有准备的人。当你想要进入某个领域开展自己的创业计划的时候,最好事先对该市场进行一个全面深入的调查了解。

(三)时刻保持风险意识

"天有不测风云,人有旦夕祸福。"创业也有风险,即便是很成功的创业者,也不能保证有百分之百成功创业的把握。

在创业过程中,应时刻保持安全风险意识,尽量保证各种措施的完善,防患于未然,即使"风暴"真的来了,也应该把损失降低到最小,这才是合格的创业者应具备的素养。

(四)看清楚未来趋势

据有关部门粗略统计,现在每年有 700 万左右的高校毕业生,其中,自主创业人员占总量的 2% 左右。再加上往届毕业生创业者,每年大学生创业群体约 20 万人。数量不小的"创客"们热情高涨,需要为实现自己的人生梦想勇敢迈出第一步。

1. 移动互联网领域(互联网科技)

随着智能手机和网络的普及以及移动基础设施的日渐完善,互联网用户开始大规模地向移动端迁徙。据了解,截至 2015 年 12 月,我国手机网民规模已达 6.79 亿,而这个庞大用户群体的存在也让移动互联网创业成为近几年最火爆的话题之一。在这种环境下,利用互联网赚钱致富的案例也如雨后春笋般破土而出,比如 E

轮融资获 3.5 亿美元的饿了么、B 轮融资获 2 000 万美金的爱鲜蜂等。但随着这类企业越来越多,行业优胜劣汰的法则使得某些只想靠项目圈钱的企业陆续死去,那些真正能通过技术来优化用户体验的项目将成为这波淘汰浪潮的幸存者。圈钱已逐渐被淘汰,能赚钱才是王道。

2. 文化影视

自 2003 年深入市场化改革以来,国内的电影业就如鱼得水,十几年来电影市场年均增幅超过 30%,在 2015 年,票房总额更是达到了 440.69 亿元,银幕数量超过了 31 000 块,两个数据均位列全球第二位。

3. 电子商务领域

随着移动互联网的发展,人们的购物习惯渐渐从 PC 端转移到移动端,电子商务的商机也更多。而且,人们的物质生活需求逐渐提升,海外代购成为电商新形势,人们对于闲置物品处理的需求也日益提升,所以二手交易市场的发展空间也十分可观。

很多"B2B 类"电商平台正在快速成长起来,比如找钢网、一亩田等,它们因为拥有巨大的交易额,逐渐开始吸引投资人、创业者对于这类项目的广泛关注。

4. 在线教育

从古至今,教育都是立国之本,而如今再提到教育,不会只是传统意义上的书本教育,更多的是在线教育。据数据显示,2015 年中国在线教育用户规模达到 2.49 亿人,而且,近年来我国还出台了很多政策助推了在线教育的发展。在线教育中,语言学习类占比达 30.1%;学习工具 + 职业培训类占比达 35.3%。

5. 旅游

记得去年很热的一封辞职信说:"世界那么大,我想去看看。"说走就走或许就是现在旅游的新形态。

据相关数据显示,2015 年,我国国内旅游突破 40 亿人次,旅游收入超过 4 万亿元人民币,出境旅游达 1.2 亿人次。而且随着 80 后、90 后消费能力的逐渐提升,他们日益成长为旅游大军的中坚力量,这使得游客群体年龄呈现年轻化的特点,也让新形势的旅行越来越普及。《2015 中国自由行市场研究报告》显示,截止到 2015 年,中国在线旅游交易市场规模已达 4 237.2 亿元人民币,其中,全球自由行市场规模为 42.5 万亿元人民币,同比增长 5.6%,中国自由行市场的增速为 16.7%,是全球增速的 3 倍。因此,这是"互联网 + 旅游"的时代。

面对这样庞大的市场需求,除了我们熟知的携程、去哪儿、阿里这些平台为我们提供酒店、门票等旅游产品预订,让用户对旅游方式、时间、地点、空间等内容有把握以外,旅游市场还有很多新业态崛起。例如,旅游区的民宿、拼车服务、当地游等从衣食住行等各方面打造用户的个性化体验,这些都是旅游发展的新方向。

面对层出不穷的旅游创业公司,谁能更好地满足用户碎片化的需求,谁就将在"互联网＋旅游"市场中脱颖而出。

6.医疗健康

据世界卫生组织统计,中国每年有 300 万人死于慢性非传染性疾病(也就是平常所说的慢性病,如肺癌、中风、心脏病和糖尿病等),而 80% 以上的 60 岁老年人都因慢性病而死。在中国逐步进入老龄化社会的时候,医疗健康问题就变得越来越突出了。据观察,我国的医疗健康产业已经发展成为一个近 4 万亿元人民币的市场,并且在过去的五年中保持着超过 20% 的年复合增长率,预计在未来五年,它的规模还将翻一番,达到 8 万亿元人民币,这相当于中国 GDP 的 10%。

在去年,和移动互联网一起发展起来的医疗类 App 层出不穷,有针对医生的知识类 App,也有针对患者的服务类 App(比如挂号、预约、支付等),还有上门送药、在线诊断等类型的 App,类型多样。

如今,我国的医疗健康产业正处于历史上变革最为剧烈的阶段,在如此背景下,相信医疗健康产业将大有可为。在将来医疗服务、医疗技术与医疗器械、医药与生物科技、互联网医疗、精准医疗这五大市场将是医疗健康产业的重中之重。

近几年,大学生创业潮以不争的事实点亮高校。这既是缓解就业压力的有效途径,也是对国家"大众创业、万众创新"政策的积极呼应。

七、大学生创业者的定位误区

(一)追求不切实际的高创业率

其实,只有少数人适合领军创业,大学生更不例外。他们缺经验、缺能力、缺资源,即使政策再好、扶持再多,很多大学生在还不具备内在条件的情况下,贸然出征的阵亡率会太高,在期望错误的情况下,阵亡就是真的阵亡了,反而毁了好苗子。大学生原本可以积蓄力量,时机合适才创业的,原本可以历经挫折失败连续创业而成功的。

每个大学生都应该有创业精神,却不见得都要马上创办企业,通过舆论倡导、教育培训、模拟实践,可以在大学生心灵中、头脑里埋下创业的种子,大部分人带着创业的心态去就业,少数人勇敢地去创业,才是正途。

(二)为融资而创业的投机风潮

创业热潮中的各种财富神话令人热血澎湃,"创业"概念被扭曲了。移动互联网的发展创造了巨大的财富和创业机会,不断会有新的公司诞生,但"钱多人傻",资本过热形势下催生的泡沫使大学生创业心态无形中受到影响,很多人好高骛远、不接地气,只醉心于为融资而创业,这样的创业必然失败。大学生创客应该放飞梦想,但更应该脚踏实地。

(三)大赛路演成灾做表面文章

我们看到各种创业大赛、项目路演此起彼伏,有项目的大学生创客往往被拉扯得很疲倦,甚至有些浮躁起来,顾不上修炼内功和专心公司业务。大家都出钱出力帮助大学生创业是好事,可是过犹不及,推动大学生创业有许多需要扎扎实实做的事。

操作训练 1

训练名称:创业认知与能力加强训练。

训练分组:3~5 人/组。

训练器材:投影设备、白纸、白板笔。

训练方法:训练导师先放一段中国手工业生产与商业买卖的短片,要求大家在播放的过程中分别记录自己看到的和听到的内容,播放结束后让大家将其中发现的创意点子记录下来作为创业项目,请大家以组为单位在白纸上写出一份简化的创业计划书,然后让每组派一个代表上台向大家汇报本组记录的结果。

点评:

1.创业者通过在创业项目中的努力会慢慢成长,产生从量变到质变的飞跃,创业者和普通人之间的距离会越来越大。

2.创业者必须有激情。一方面是一般人对自己没有信心;另一方面是没有深入地了解这个项目,不知道想做什么生意。创业是一种爱,要充满热情地走在创业的路上。

3.创业者需要正能量的朋友圈,人与人之间的距离是一个缓慢变化的过程,有激情的商业创业者可以用创业激情感染周围的人。

4.一个合格的创业者也需要锻炼口才。创业者不仅需要一定的语言表达能力,还需要情绪感染能力。这样,员工可以保证和创业者在同一频率、同一状态,业务流程将更加和谐。

5.创业者需要勇气,创业不等于真实地采取现金业务,这个过程非常锻炼人。俗话说得好:"宝剑锋从磨砺出,梅花香自苦寒来。"创业者必须经历一些挫折和磨难,才有可能获得成功。

6.创业者需要有百折不挠的精神,面对一次次失败不放弃,同时,可以认真对待因为自己的错误而造成的损失。

操作训练 2

训练名称：自我认知与角色定位加强训练。

训练分组：2~3 人/组。

训练器材：纸箱、纸条、白板笔、笔。

训练方法：训练导师将全体成员分好组,在纸条上写下自己未来想要从事的职业和未来最有可能从事的职业,让每位学生再记录自己思考所用的时间,全部放到纸箱当中。纸条放完后让大家抽签,然后让每组成员挑选出一个最不可能实现的职业和一个最有可能实现的职业。选出两个职业之后,写清楚以下两个问题的答案。

1.为什么最不可能实现的职业难以实现?

2.如何在最有可能实现的职业中谋求生存和发展?

每组派一个代表上台向大家汇报回答的结果。

点评：

对于大多数年轻人来说,现实与理想总是差距很大,因为小学、初中、高中学的都是二元论,任何事物都要分出好坏,这种付出就能有所回报的成绩体系让自己在大学之后感觉三观都需要有新的认知,再加上父母的管教少了,方方面面都需要自己管理,就会感到生活艰辛,对未来的构想更难,因为看不到自己未来的样子,面对未来,迷茫得不知所措,常常在回忆里挣扎,对过去无法释怀。很想计划自己,但又不知从何着手,最后受制于人性的弱点,迷恋某一嗜好不能自拔,结果是很想逃离现在的生活,想不顾一切逃避自己现在的人生,但是还是无法做到。这就是每一代和平年代出生的年轻人的苦恼,需要青年人靠自己的方法解决问题。

首先需要知道自己掌握哪些能够拿出手的技能和证书,比如可能你打篮球比较好,但是不能成为自己在创业中的力量,这种技能就在创业中派不上用场。其次还要了解自己的性格和能力,假如你发现自己不怎么爱在很多人面前说话,那么就多找原因并加强锻炼,或者发挥这种长处,体现扬长避短的优势,所以一定要简单评估一下自己现在能做什么,未来还能学习什么,才能清楚自己人生的走向,避免迷茫。还有就是要自觉产生学习的力量和寻找机会的能力。无论是自己的父母、长时间认识的长辈、十分熟悉的同辈,还是被你激励的后辈,能与他们之间建立良好的关系都可能会成为以后助你成功的力量。

第二章　创业团队认知

【案例导入】

　　小李刚刚开办公司的时候只有四个人,随着业务量的逐渐扩大,公司打算招进几个不同方面的人才,扩充创业团队各方面的能力,但是最紧要的就是招聘一个替自己处理琐碎杂事的秘书。于是,他到人才市场招聘,结果收到了一大堆简历,小李用了几个简单的指标筛选了简历,最后剩下十多个本科生和一个研究生。在进行面试时,他又以在校成绩为标准选人,结果研究生成绩最好,于是按照成绩最优者优先录取的原则,留下了她。没想到的是,研究生竟然嫌工作太累,认为自己在这里是不明智的选择。于是,这个研究生做了不到三天就辞职了,小李只好又到人才市场另找新人。

　　后来,小李又招聘了几个年轻的高学历设计师。这几个设计师都比老职员时尚,都很有个性,而且竟然都有想在家里办公的想法。起初,小李以为自己是老板,就可以让这些设计师按时上下班,但没想到的是没有人听他的,该请假的还是请假。小李对于怎么让心高气傲的员工听从安排很是苦恼,于是心生一计,第二天就规定,只要在规定的时间内交上自己的作品,就可以不来上班,如果爽约就立刻离职。这个规定实行后,几个年轻人有的来,有的不来,每到交作品的时候大家都会来瞅一瞅,可能下班之后还会吃一顿,日子也快活而充实。让小李不解的是,这个政策也就执行了三个月,基本上全公司员工就全出席了。后来问了秘书才知道,可能是因为在家里工作虽然自由,但是没有一个适合工作的氛围,当然也没有可商量的人和有趣的话题,还是觉得时不时地在一起工作比较好,于是公司里就又开始正常地上下班了。虽然小李之后没有强迫员工们加班工作,但每个人都竭尽全力保证在规定时间以及规定标准内完成自己的工作,让员工感到公司的亲切感也是一件十分寻常的事。

　　后来过了几个月,小李感觉公司里的员工工作积极性不高,行为懒散的情况时有发生,上班迟到、下班早退的现象更是常见。到底是什么原因让大家提不起精神来呢?小李最后决定给他们的团队设定一个共同的目标,然后通过各部门的总管把这些目标分派到各部门、各成员身上,同时,也建立奖惩制度,大家知道自己的任务和团队的目标后开始行动起来。渐渐地,公司的运行就顺畅起来了。

【案例分析】

设定一个团队目标对团队来说具有很好的激励作用,给团队建立一个共同目标,大家就会有方向、有压力,也就有了奋斗的激情。只有拥有创业激情,才能避免团队之间的一些小矛盾和小摩擦发生,再加上奖惩制度的建立,会让团队成员知道自己应该做什么,怎样做会让自己和团队同时获利,会更大程度地发挥激励作用。还有一点就是要清楚自己的团队是否有能足够让别人发挥的空间,要请什么样的人才,或者到底需要什么资格的人、要招聘什么样的人。不能因为对方条件好、学历高就急于聘用,条件好的人往往期望值也高,小组织和小企业一般情况下根本留不住这样的人。因此,根据自己的实际情况用人是比较明智的选择。还有就是相对宽松的工作环境会给员工舒适的感觉,压力也不会太大。当然,这要和一定的绩效挂钩,不然将很难管理好自制能力差的员工。

【基本概念】

一、团队的含义

关于团队,可以有各种各样的解读方式,但是本书从客观角度来说,团队可以理解为一种有共同信仰的合作群体。这里的信仰主要指的是能够让青年人热血沸腾的远大的理想和长远的目标。但是这样还是不能够完全表达团队的作用,所以对一个团队来说,更为准确的描述是群体成员之间能通过相互沟通、信任和责任承担而产生的群体协作效应,从而获得比个体绩效总和更大的团队绩效。

一个完美的团队是由为数不多、相互之间技能互补、具有共同信念和价值观、愿意为组织共同的目的和业绩目标而坚毅奋斗到底的人们组成的正式群体。

二、创业团队的含义

在一个正规的创业企业当中,团队就是让员工适当打破原有的部门界限,直接针对顾客和创业团队总体目标负责,以群体和协作优势赢得竞争主导地位的企业组织形式。团队是由可相互补充知识和技能的人组成的,以团队任务为导向,为实现共同的绩效目标,具有相对独立的决策权和执行权的联合体或工作单元。团队是由一些具有共同信念的人为达到共同目的而组织起来的,各成员通过沟通与交流,保持目标、方法、手段的高度一致,从而充分发挥各成员的主观能动性,运用集体智慧将整个团队的人力、物力、财力集中于某一方向,创造出惊人的业绩。本书认为,创业团队是指员工为实现共同的目标,通过沟通协调、共享资源、共担风险,形成的比原有群体具有更强战斗力的工作群体。

第一节　团队与创业团队

本节要点:

1.什么是团队。

2.团队构成的关键。

3.有效的创业团队管理方式。

4.如何做好创业团队。

能力目标:通过本节学习,了解什么是团队与团队的构成,掌握创业团队的概念,了解并能熟练掌握创业团队的实质含义。

关键概念:团队　团队构成　创业团队实质含义

一、什么是团队

团队是由基础人员和管理人员构成的一个集合体,它合理利用每一个成员的知识和技能协同工作,解决问题,达到共同的目标。

团队的方方面面可概括为五点,分别为目标、人、定位、权力、计划。根据团队目的和大小,一般可分为五种类型:问题解决团队、自我管理团队、多功能团队、共同目标团队和积极默契团队。

本书这样定义团队:团队是由员工和管理层组成的一个集合体,通过合理利用每个成员的知识和技能协同工作,解决问题,达到共同的目标。

管理学家斯蒂芬·罗宾斯认为:团队就是由两个或两个以上相互作用、相互依赖的个体,根据一定的规则组合在一起,成为一个特定的目标群体。

二、团队的组成

(一)目标

团队应该有一个既定目标为团队成员的共同目标,知道要去哪里,没有这个团队目标,那么这个团队就没有存在的价值。

如果在团队中失去目标,团队成员什么也不知道,最后的结果可能就是团队的解散,这个团队的价值可能会打折扣。团队的目标必须符合组织的目标,也可以把大的目标分成更小的目标分配给每个团队成员,但是每个人都必须知道到底要实现什么样的共同目标。与此同时,我们的目标也应该向公众有效地传播,内部和外部的团队成员都应该知道这些目标,有时甚至可以把目标标示在团队成员的办公桌上、会议室里,鼓励人们为目标而工作。

(二)人

人是构成团队的核心力量,两人及以上就可以构成一个团队。目标是通过人员具体实现的,所以人员的选择是组建团队的重要环节。在一个团队中,一些计划需要有人协调团队成员共同完成,还要有人监督团队工作的进展,评价团队最终的贡献。不同的人通过分工可以共同完成团队的目标,在选择人员时,需要考虑能力和技能互补。

(三)团队定位

团队定位,就是在企业或团队中的位置,是通过选择决定团队成员、团队负责人、激励团队的方式。

(四)权力

一般来说,越成熟的团队,领导人的权力越小;而在早期的开发团队中,领导人的权力相对集中。团队权力分配的关系主要有下两个方面:

(1)整个团队在组织中有什么样的决定,例如说财务决策信息、人事决策等;

(2)组织的基本特征,例如组织的规模、团队的数量是否足够,组织团队的授权、业务的类型等。

(五)计划

计划有两个方面的定义:

(1)目标最终的实现,需要一系列具体的行动计划,可以理解为计划目标具体工作程序;

(2)提前按计划进行可以保证团队工作的顺利进行,使团队一步一步接近目标,最终实现目标。

三、创业团队的管理方式

很多有效的管理方式都有一些共同点。

其一,管理团队必须存在且唯一存在一个核心领导。很多成功的创业团体用时间证明了"独裁"比"民主"更有效,特别是在创业阶段,不需要如此多的"老板",

一旦团队中的领导者拍板,团队中的其他人就不能有异议。领导者的决定,就是板上钉钉,否则还需要领导者做什么!

其二,是一种归属感。小公司最害怕人员的损失,一些活动可以让员工之间更好互动。

最后,是技术人员培训、个人培训要尽可能多。一些专业人士可以传授设计模式,然后让他们看到自己在观察他们。

对员工进行评估得出评估指数可以反映员工的学习能力和接受新事物的能力。要知道,不学习新东西迟早会被淘汰。在这里,对员工的评估可以总结为三个因素:人才、团队和每周报告。

1. 人才

给每个成员一个清晰的愿景,并努力建立一个更好的氛围,使成员能做自己喜欢的工作,营造出平等的气氛。

2. 团队

保持一个小而有能力的团队,每个成员都可以沟通得很好。如果没有必要,不要添加更多的工作。在大多数情况下,成员们都能做到面对面沟通,因为在最短的时间内,这样可以达到最好的沟通效果。

3. 每周报告

这个需要每周坚持做。每个成员每周都要了解其他成员上周所做、计划要做和计划的进展。明确成员遇到的问题,确定问题的解决方案并执行。每个成员拟订下周的工作计划,明确下周要做什么。

四、如何做好创业团队

在一个真正的创业团队中,所有成员都应致力于共同的目标,在没有监督的情况下也能积极工作、认真负责,并且每个人都有着激情和探索欲望。面对困难和挫折,没有退却,通过努力寻求解决方案,专注于共享、协作、相互尊重、相互理解。真正的团队要有一些特殊的气质,这些气质反映在每一个团队成员身上。团队的作用是最大限度地发挥所有员工的力量,并形成一种强大的凝聚力。其次,发挥团队的作用时,要避免个人主义过多影响到其他成员。

创业团队的建设能提高部门的凝聚力和综合实力,并决定团队工作能否顺利进行、全面平衡并且可持续发展。本书认为,想要建立一个团队,就必须做好沟通、关心、鼓励、信任、服务、协调和组织工作这几方面工作。

1. 沟通和理解

沟通是一个很好的方式,只有真诚的沟通才能相互理解。某部门共有23人,很多时候除了日常工作,每个人都有自己的学习时间以及任务,当有新的成员加入部门后,需要对接的工作可能很多,需要占用大量的时间,此时,良好的沟通就显得尤为重要,只有进行良好的沟通才能及时发现问题、解决问题。人们平时通过聊天交流,利用工作之后或者是周末的休息时间讨论工作的目的就是:拉近各自的距离,让气氛和谐,了解彼此的情况等。找一些娱乐的话题进行交流可能效果会更好,特别是一些话题游戏,还能增加愉悦气氛,使同事之间不存在尴尬的情绪。一起旅行也是很好的选择,这种活动可以充分反映人的个性,让团队中所有的人都展现出自己的性格特点;最重要的是让不同性格的人相互补充、充分熟悉,通过合理的组合,减少冲突,提高综合实力。还有就是书面记录也很重要,要让部门成员,尤其是关键成员习惯做一些文字记录,加强写作和语言组织能力,这在团队建设中是十分必要的。

2. 相互关爱

每个人在生活中都会遇到各种各样的困难,同一部门的成员之间更要互相帮助,而且为了避免因互相猜忌而产生不信任的感觉,必须要真诚地互相帮助,这是一个将所有人感情联系起来的最佳方式,让部门成员组织内部构建的"温暖"家庭有越来越强烈的情感,同时,给成员创造一个展示和锻炼自己的平台和机会。因此,团队的关爱建设是重要的一环。

3. 激励和信任

成员之间的激励和信任可以有效地增强个人的使命感和责任感,提高成员的信心,让成员有更多的机会锻炼和证明自己,促进工作顺利完成,保证工作质量,并使成员之间相亲相爱、互相信赖。真正关注成员的意见并给予适当的权利,当完成任务时及时给予肯定,当未能完成任务时给予真诚的帮助和鼓励以及必要的纠正,这比物质激励更坚固耐用。

4. 为团队服务

每个成员都应该为团队服务,而负责人应承担更多的责任,统筹好日常工作和活动。工作的圆满完成最终要靠的是整个团队的共同努力,而不是一个人就能完成的。为了让团队成员更好地为团队服务,负责人应创造一个良好的工作环境。换句话说,负责人的任务就是为团队成员搭好发挥自己能力的舞台。

5. 协调和组织

若想把正确的人放在正确的位置,那么服务和沟通要同时做好。有两个方面需要注意:第一,注重实际情况,因人而异;第二,注意尽可能合理地分配任务。

简而言之,团队的建设不仅需要负责人的指导,还需要每个团队成员的努力,需要每个团队成员都能热情、负责、真诚地与其他团队成员沟通,充分发挥每个团队成员的积极性,参与团队的建设和发展,大胆创新,持续改进。在不久的将来,在团队成员的共同努力下,创建和谐、高效的团队。

五、团队建设的注意事项

1. 不要说"集体利益高于一切"

团队首先是一个集体,"集体利益高于一切"的价值取向得到广泛认可,自然可以得出"集体利益高于一切"的论证。然而,在一个团队中,过于强调"集体利益高于一切"可能会导致两方面的缺陷。

（1）极易滋生小团体

团队利益是团队成员的整体利益。过于强调团队的利益可能会打破部门内部固有的利益平衡,引起不必要的误解。

（2）过分强调团队的利益容易导致个人利益被忽视和践踏

如果只强调团队的利益,就会出现幌子下的利益团队。目前不能否认,在团队中,荣誉和利益是一个重要的机制,能够促进团队协作。作为团队的一部分,如果个人的利益被忽视,他们的热情和创造力无疑将遭受打击,影响整个团队竞争力和战斗力的发挥,团队的整体利益也将受到损害。团队的价值是由团队的所有成员创造的,个人也必须维护团队应得的利益,否则原来的团队凝聚力将受到损害。过于强调团队利益是不当的,它会导致个人的利益丢失。

2. 切忌团队内讧

团队精神在很大程度上是为了满足竞争的需要而出现并不断提高的。通常所说的竞争,很多人会理解为与外部竞争,事实上,在团队中也需要竞争。

在团队中引入竞争机制有利于打破"大锅饭"形式。如果团队中没有竞争,团队成员可能起初会努力工作,但随着时间的推移,就会发现做得好坏多少结果都是一样的,每个成员都享有平等待遇,他的热情就会下降,进而失望,最终会选择"当一天和尚撞一天钟"的方式。通过引入竞争机制,实施奖惩制度,奖励优秀的,惩罚消极的,打破看似平等的利益模式,团队成员的积极性和创造性才会充分发挥出来。

在团队中引入竞争机制有利于进一步优化团队结构。每个团队成员的特殊优势不可能被领导者完全了解,所以会出现分配的任务不能完成的情况。引入竞争机制,一方面可以在内部形成积极学习的氛围,促进持续改进;另一方面,通过筛选可以找到更适合的工作,保留最好的,剔除最弱的,以实现团队结构的优化配置,激发团队的最大潜能。

3. 不要过于强调"四海之内皆兄弟"

很多团队在建设的过程中,追求团队的亲和力和人情味,过于强调团队中所有人都是兄弟姐妹,团队拥有严格的纪律。这将直接导致不完美的管理,造成团队的某些规范无法运作。

纪律是胜利的保证,只有将每个人该干的事、该执行的规则都按照章程制订好,团队才能长胜。

早期的南宋岳家军在当时是主要的军事力量,而这和总是执行严格的军事纪律是分不开的。另一个经典的例子是三国时期的诸葛亮挥泪斩马谡。马谡和诸葛亮一直关系很好,但马谡做错了事,依照军令状诸葛亮不得不将其斩首才得以维持士气。纪律不仅是维护整个团队利益的需要,在保护团队成员的根本利益方面也有积极的意义。

通用电气前首席执行官杰克·韦尔奇(Jack Welch)有这样一个观点:指出谁是最差的团队成员并不残忍,真正的残忍是团队盲目粉饰成员存在的问题。宽是害,严是爱,为此,面对纪律,团队应该有足够的认识。

4.牺牲"小我",换取"大我"

很多团队组织思想和团队精神都要求每个成员必须有勇气牺牲小我。团队精神的核心是合作,强调团队整体实力,注重整体优势,远离个人主义,但追求趋同必然导致团队成员的个性创造和个性发挥被扭曲和被湮没。没有个性,就意味着没有创造,这样的团队只有简单的复制能力,而缺少持续的创新能力。事实上团队不仅仅是人的集合,也是能量的结合。团队精神的实质不只是要团队成员牺牲个人利益来完成工作,而是要充分利用所有团队成员的个人能力做这项工作。因此,应该从团队的综合实力来合理配置团队成员的专业知识和专业能力。团队应不断地鼓励和激发团队成员充分展示自我,最大限度地发挥个人潜能,团队的潜能终将像原子裂变能量一样,不鸣则已,一鸣惊人。

第二节　创业团队的类型与特征

本节要点:

1.创业团队类型。

2.创业团队的互补互助。

3.成功的创业团队的六大特征。

能力目标:通过本节学习能够了解什么是创业团队主要的类型与特征,掌握创业团队的精髓,了解并能学习创业团队的主要特征。

关键概念:创业团队类型　创业团队特征

一、创业团队类型

1.明星创业团队

明星创业团队中的核心是团队领导者。通常在团队中,团队领导者已经能够仔细思考,根据自己的想法选择相应的人员加入团队,创业团队的核心成员可以是熟悉的人,也可以是不熟悉的人,团队成员在企业中更扮演着支持者的角色。

明星创业团队的特点如下:

(1)组织结构紧密,向心力强,显性性状,其他个体的行为都会对团队产生巨大的影响;

(2)决策过程相对简单,组织效率较高;

(3)容易形成权力过度集中的情况;

(4)对核心成员的特殊授权,使团队成员处在一个被动的位置,易产生严重冲突。

2. 网状创业团队

网状创业团队成员之间有着密切的关系,可能是同学、朋友、同事,在互动的过程中,会相互交流创业想法,达成共识后,则会形成一个创业团队。在创业团队中,没有明确的核心,每个人都根据自己的特点扮演一个角色,创业期的企业,成员主要是合作者或合作伙伴。

网状创业团队的特点如下:

(1)没有明确的核心团队,整体结构松散;

(2)决策通常需要采取大量的沟通和讨论,决策效率相对较低;

(3)团队成员的地位等级不清晰,容易形成多头领导的情况;

(4)一般采取平等协商的方式消除冲突,团队成员不轻易离开。

3. 虚拟明星创业团队

虚拟明星创业团队是由网状创业团队发展而来的另一种形式。在团队中有一个核心成员,但这个核心成员的意见对于整个团队在某种意义上讲并不是最主要的,必须充分考虑其他团队成员的意见,才能决定团队采取的下一步动作,这样的创业团队形成之前需要进行一个自我评估。

二、创业团队的互补互助

团队成员之间要能控制并改善环境的不确定性,降低失败的风险;创业团队要具有较强的资源整合能力,同时从多个融资渠道获得风险资本和其他资源,确保初创企业能够成功。

"杰出的领袖应该像一个教练,培养自己的员工,领导他的团队,为他们提供机会实现他们的梦想。"(杰克·韦尔奇,Jack Welch)。创业能否有所进展取决于创业者和创业团队的质量,一个好的团队,企业家的角色非常重要,这个角色甚至可以决定企业的成功或失败。创业成功率只有20%,这也就意味着只有20%的新建立企业能生存5年或更长时间,实际上35%的新企业刚开始就已经失败了,生存了

5 年的只有30%,生存了10年的仅为10%。所以必须高度重视组织设计的创业团队,因为形成一个互补优势和高效的团队是非常重要的,这是企业成功的基础。

在一个团队中,需要让成员们能够彼此包容并能愉快地工作,一起努力从而获得高质量的结果。团队每个成员要运用他们的知识和技能,一起工作,解决问题,达到共同的目标。团队以达到既定的结果作为最终目标,共同的目标是团队和团队之间区别的重要特征。创业团队是由两个或两个以上的成员通过一定的利益关系分享彼此之间的认知和合作在一起共同创建一个新企业的各项事物,建立形成的高效率工作团队。

狭义的创业团队是指共享一个共同的目标和共同的业务收入,分享同一组业务风险的团队;广义的创业团队包括特殊的创业团队,创业过程还包括相关的各种利益相关者,如风险资本家、专家顾问团队等。

团队创业能否成功不等于团队成员能否共同完成团队目标,与此同理,小组成员个人的失败并不能代表整体都失败。但团队绩效评价和组织绩效的评估是基于个人表现的,当然也需要团队目标的成员之间的相互协调和相互依存。与那种不需要团队成员之间的相互依存的关系相比,组织信息共享和参与决策会是创业团队迈出的最好一步。

三、成功的创业团队的六大特征

创业的成功应该归功于团队的创业精神。

为什么团队创业的成功率显著高于个人创业成功率呢?原因很简单,因为没有人能够拥有创建和经营业务时的全部元素,如技能、经验、人际关系或声誉。从概念上讲,如果想要创业成功,就必须形成一个核心团队,团队成员们会扮演不同的角色,如伙伴、关键员工等,他们是必不可少的,可以解决创业过程中可能发生的许多问题。

一个好汉三个帮,红花需要绿叶配。无论多么优秀的企业家,在一个行业中也并不能具备所有的操作和管理经验,在团队的帮助下,他们就可以分析出其他可以开拓的新业务,如客户体验、产品经验和创业经历等。业务和人际关系的比例在一个重要位置,人际网络或多或少是帮助企业家成功的因素之一。团队可以提高业务的成功率。

有关创业家能力的研究报告还指出,团队和管理团队是成功的企业家需要的主要力量。企业愿景、共同信仰是创业团队的基石,因此,企业家需要构建出团结的愿景和经营理念,形成一个拥有共同的目标、语言、文化,能够相互信任的基础,利益共享。

1. 创业的激情

建立一个互补的团队是创建企业的关键。团队是人力资源的核心,拥有不同才能和耐心的"经理"和具有战略眼光的"领袖"以及人才、技术和市场不容忽视。从创业团队组织关注个人个性的角度来看,如果一个团队一直提出建设性建议,每个关键的成员都可以不断地发现问题,那么创业还有很长一段路要走。

作为一个企业家,需要特别注意的就是必须选择有热情的人加入团队,并使团队成员们每天按时工作。任何人,不管专业水平有多高,如果缺乏信心,就无法满足业务的需要,这种负面因素也会影响到创业团队的其他成员,可以说是致命的。在最初的日子里,整个团队可能经常需要一天工作 16 个小时,这时就需要团队成员们在高负荷的压力下仍能保持创业激情。

2. 凝聚力

团队是一个整体,无论成功还是失败,团队成员都可以共同前进,在利益合理地开放和分享的情况下,团队就可以形成一个强烈的凝聚力。

每个成员都应该明白团队利益高于个人利益,但也应充分认识到,个人利益是基于团队利益的,所以没有个人英雄主义的团队。成员应愿意牺牲短期利益以换取长期的成功果实,学会分享成功后的喜悦。

3. 相互信任

怀疑会让企业倒闭。近年来中关村企业的年倒闭率约为 25%,其中一个重要原因就是创业团队内部不团结。

创业团队成员应建立和维持信任,简而言之:一是加强信任;二是防止不信任。信任是一个非常脆弱的心理状态,一旦产生裂痕,就很难缝合,消除不信任的影响往往需要付出巨大的代价,所以防止不信任比增强信任更重要。

一般来说,企业家需要调查商业伙伴的性格和能力。相对于能力而言,人格更重要,它是人们交流与合作的基础,也是决定一个人是否值得信任的前提。创业团队中的人需要注意的是成员组成是否完整、成员的行为和动机是否正确。此外,团队成员要诚实、公平地彼此相处,应该及时化解误解和不信任,避免问题堆积以至难以梳理。

创业团队没有万能公式形式,它类似于一块拼图,可以设置,但关键是要合适。

4. 搭配好成员

企业家寻找团队成员,应该基于这样的考虑:考虑到业务目标和当前的能力之间的差距,找到所需的辅助人员。在良好的创业团队中,成员通常可以形成良好的互补,互补的能力也将有助于加强彼此之间的合作。

5. 利润分配公平

最开始的股权分配和贡献在创业的过程中往往不一致,因此,会有一些对团队做出了重大贡献的成员手中只有低数量的股票,存在贡献和回报不公平的现象。好的创业团队需要有一个公平的利益分配机制,尽量消除不公平现象。例如,新的企业可以保留盈余或股本10%,奖励创业团队在未来做出的重要贡献。

6.合理股权分配

团队成员权益分配不一定是相等的,但需要合理、透明和公平。通常,创始人和主要贡献者将有更多的股权,但只要你创造出价值和贡献,就应该得到合理的股权。

第三节　创业团队凝聚力

本节要点:

1.什么是团队凝聚力。

2.团队凝聚力影响因素有哪些。

3.如何提高创业团队凝聚力。

能力目标:通过本节学习能够了解什么是创业团队凝聚力,掌握创业团队凝聚力的概念,了解并能学习创业团队凝聚力的作用和特点。

关键概念:创业团队凝聚力

一、什么是团队凝聚力

在这里要分清楚团队凝聚力的内外因素。内部因素主要来自成员和团队本身;而外在因素主要来自环境的压力。团队凝聚力可以融合团队成员关于形势的理解和反应过程,可以是成员的行为,也可以是成员共同拥有的特定价值观。价值观的主要内涵遵循以下四个基本原则。

1.识别共同利益的原则

面对社会现实的收入对比,人们倾向于形成共同利益,考虑到税务人员的固有性质,这个身份会自动转化为维护大局的有意识的行动。暂时的个人利益和根本利益的集体并不完全是巧合。

2.贡献补偿理论的公平标准

每个人都可以接受不同的收入,只要差异总体上是合理的就可以。畸形的奖励/贡献曲线难以产生团队的凝聚力,要注意预防和及时修正。

3.杜绝损害整体利益的正义原则

不拉帮结派,劳动纪律面前人人平等,不允许利用公共资源和工作时间做个人业务。这种现象尤其影响同事的工作热情,会打消团队的形象和威望,特别是会影响集体的形象。

4.强调发展目标的激励原则

一个团队有一个共同的发展目标,共同的目标好不好,直接影响到团队精神和凝聚力,通过实现个人目标,也能影响个人的发展。要与你的团队成员经常争论、讨论团队的未来发展方向,让他们在潜意识里自我设计控制。追求这种状态,鼓励、尊重和珍惜自己的创业激情。

二、团队凝聚力影响因素

1.团队的大小

团队的规模越大,团队凝聚力可能就越差,因为随着团队规模增加,团队成员之间的互动机会就会降低,难以形成凝聚力。相反,团队越小(一般认为 5~12 人更合适),就越会增加团队成员之间互动的机会,团队成员就越容易融为一体,形成更强大的凝聚力。

2.相似的成员

成员相似指得是根据个人记录归纳的个人特征明显,也包括那些难以观察、更果断地对人们的行为模式产生影响的深层因素,比如性格、态度、价值观和其他心理因素等,也包括个人内在特征的一般特征生成的动态集合。

3.成员的吸引力

纽科姆指出,如果 B 发现自己喜欢 A 的某种品质特性,如声誉、社会地位、快乐、支持和其他令人愉快的性格特征,那么 A 对 B 提出表扬和赞赏,这种成员之间的相互吸引会使他们愿意一起完成一项任务。

4.团队任务的重要性

(1)任务目标的一致性

目标让各个成员间形成凝聚力。首先,如果团队目标和个人目标是一致的,那么个人将被团队所吸引;其次,团队建立共同目标的过程往往意味着建立竞争对手或"共同敌人"的过程,研究表明,"共同敌人"的出现将强化内部团队,也会使团队的成员变得更团结。

(2)目标任务的过程中实现相互依赖

团队目标需要每个团队成员的共同努力和密切合作才能完成,团队成员的行为、情绪和心理将会结合其他成员进行混合,所以团队实现目标的过程也就是凝聚力形成的过程。相反,如果目标实现过程中相互信任程度降低,就不容易形成团队凝聚力。

(3)吸引成员的团队任务

一方面,团队任务的内容、形式、频率应适用于成员,吸引力大;另一方面,成员如果对活动不感兴趣,将会减少吸引力,甚至厌恶。

(4)任务更加困难

重复和烦冗的常规任务会影响团队凝聚力。以团队为单位,具有一定挑战性并可以通过团队成员的共同努力实现的任务,会使整个团队获得共同面对压力的经验。这类任务必须保持高度一致,团队成员在一起才能促进高凝聚力的形成。

5.管理团队内部的方法

(1)领导风格

卢因的经典实验比较了"民主""专制""自由放任"三种类型下的每个实验团队凝聚力和团队气氛。结果表明,民主领导小组其他小组相比,成员彼此之间的感情更加积极,思想更活跃,具有更强大的凝聚力。

(2)激励

不同的激励因素和激励水平的吸引力是不同的,可以促进团队凝聚力的激励因素主要是加强情感因素的归属感。每个团队成员都有自己的心理需求,每个人的心理需求各不相同。团队可持续为其成员提供所需的激励机制,可以对团队凝聚力产生重要影响,团队领导可以在很大程度上影响和控制这些因素,进而影响团队成员的需要。

(3)沟通

成员之间的良好沟通有利于理解团队的任务,并同步见证彼此的进步,从而调整自己的工作,更好地完成团队任务。在有效沟通的基础上,个人和团队能够保持互信,加强团队的归属感。

(4)规范

团队有一定的规范,也可以影响团队凝聚力的形成和发展,如果有效地拟合团队规范,在一定程度上克制成员的行为,就能最大限度地指向任务团队成员的行为。高凝聚力的团队更容易产生共识规范;相反,低凝聚力的团队标准通常难以形成共识。

此外,团队的外部因素也会影响团队的凝聚力。团队总是不断改变与环境的互动。积极的外部环境必然会增强团队凝聚力,起着积极的促进作用;相反,消极的外部环境将对团队凝聚力产生负面影响。例如,团队之间合理的竞争将提高团队凝聚力,当团队间开展竞争时,各自组内将产生压力和威胁,迫使所有成员自觉地团结起来减少内部分歧,忠于他们的团队,维护团队的利益。这样,团队成员之间的关系变得密切起来,每个人都在同一条船上,团队凝聚力才能得到改善和加强。

三、如何提高创业团队凝聚力

创业团队最需要避免的是内部分歧,一个团结的团队可以有很强的力量,与此同时,如果出现问题,团队成员之间的关系将大大削弱战斗力。如何让一个创业团队更有凝聚力呢? 创业者一般都会尝试以下方法。

1. 正确的想法

相信组织能健康地发展下去,从一开始就不认为会失败,尤其是不要用经典理论。

2. 继续沟通

学会交流,遇到问题要及时沟通,通过沟通解决问题,沟通有矛盾时,更需要良好的组织发展。有不同的意见时不要公开辩论,不可显示出下属的矛盾。

3. 发现小漏洞,坚决驳回

领导之间的矛盾,不要让下属解决。

4. 实用主义

当双方发生冲突,产生矛盾,外部力量不能解决时,应该停止争吵,停止人事变动,解决问题,不要让一个人讨论。

5. 改变环境改变的心理状态

每个人除了工作和事业的矛盾,在生活中还会有很多的话题,不能只看到利益。

6. 给员工讲实话

最基本的问题要说得彻底明确,特别是股权和利益分配必须清楚,包括资本、分享、融资、撤资、人员安排、解散等。

7. 及时协调矛盾

计划不可能保持不变,而是随时可能改变的,在合作中,新问题新矛盾必须先明确后再行动,不要先做再说。

8. 不要太计较小事

"难得糊涂"对创业合作的各方来说都是滋养自己心灵的鸡汤和企业组织运转的润滑剂,这与前面讲的看似矛盾,其实不矛盾。前者讲的是在没有形成事实的情况下的做法;后者是说事实已经形成了就不要太计较了,计较了也于事无补。

9. 不要轻易地考验对方

创业团队的合作不是一件容易的事情,即使不考验都可能会出状况,更何况有意地考验,对方肯定经不住考验,因为当你考验对方时,对方不知道,只能是顺着你设定的情景运行,结果肯定是和你设想的一样。如果对方知道你在考验他,那你也肯定考验不出来什么,因为他在心理上和行为上都进行了设防。这不仅是白费心思,而且还会伤了和气,在心理上出现了裂痕。所以既然是合作,就不要动辄考验对方,考验是以不信任为前提的。

10. 没有后退的前进

在业务合作流程中,遇到问题矛盾应该往前看,往前看时利益是一致的,因为成功将带给你更慷慨的收获。只有向前看,才能激发成功的机会;只有合作双方握手言和,才能前进,最终达到成功。

创业团队成员之间的关系需要小心维护,这样也可以发挥整个团队的最大力量。

操作训练 1

训练名称:团队认知训练。

训练分组:8~10 人/组。

训练器材:白纸、白板笔。

训练方法:训练导师要求大家分别记录自己喜欢做的事,再告诉大家将要随机打乱学生的顺序,然后请大家接着讨论以组为单位的"喜欢做的事",在白纸上写出一份每个组的最终结果,最后让每组派一个代表上台向大家汇报每组记录的结果。

点评:

没有完美的个人,只有完美的团队,团队的力量远远高于个人。高绩效的团队需要一个统一的团队文化,良好的团队沟通是统一的团队文化建设的需要。但是由于生活不同,每个人的性格、价值观、理想的生活也是不一样的。因此需要建立一个统一的团队文化,执行统一的文化模式,使团队成员的思想和意识形态达到统一。

1. 良好的沟通是处理人际关系的基础和前提

社会心理学认为,人际关系是人与人之间的心理距离。沟通可以缩短人与人之间的距离,是处理人际关系的基础和前提,是人际关系中最重要的部分,人们通过沟通传达情感、态度、事实、信念和想法。

2. 良好的团队沟通是事业成功的关键要素

新员工快速发展,必须从零开始,虚心向老员工学习。老员工工作得比较久,寻找自己与老员工的差距,是提高工作能力的快捷方式。

从理论上讲,每一个同事都有义务在工作中帮助新员工,但是如果新员工缺乏温和的态度,他们不需要任何借口就可以拒绝帮助。新员工在工作中难免出现错误,会受到老员工的批评,而这种批评是因为你的工作错误影响了他的工作,出于关心才会如此。

　　新员工如果能经常得到同事的建议甚至批评,是一件非常幸运的事情。许多日常工作技能,如果靠自己摸索,可能很难在短时间内明白,如果有经验的同事给你一点灵感,就可能在非常短的时间内得到改善。

　　新员工刚刚进入公司,工作量不是很大,这是一个有利时机,在完成领导交办的各种"家务"的同时,不懂就要问,频繁地沟通,积累经验。在不久的将来,可以脱颖而出,发挥重要作用。

　　3. 良好的团队沟通是促进团队和谐发展的一个重要手段

　　团队成员合理利用现有资源,个人或团队间进行沟通与协调,处理各种各样的事情,激发调动团队成员的积极性,以达到实现团队的共同目标,促进团队的和谐发展的目的。

操作训练 2

　　训练名称:团队成员角色分配训练。

　　训练分组:8～10人/组。

　　训练器材:投影设备、白纸、白板笔。

　　训练方法:训练导师先通过投影设备讲解团队成员角色分配对团队的重要性,主要是把实干类型、协调类型、推进类型、创新类型、信息类型、主管类型、凝聚类型和完美类型这八种类型介绍一遍。训练导师要求大家分别记录自己现在的个性和兴趣,再告诉大家将要随机打乱学生的顺序,按照编号直接分组,然后请大家接着在组内讨论自己应该在团队充当什么样的角色,每个小组的所有人都需要进行自我角色定位的讲解,之后在白纸上写出每个组的成员和所分配的任务,然后让每组派一个代表上台向大家汇报每组记录的结果。

点评:

　　从团队成员的个性和行为角度可将团队成员分为八种类型。以下分别从角色描述功能和几种典型的优缺点,简单分析八种类型的团队成员。

　　(1) 实干型

　　角色描述:实干型的人是非常现实的,甚至有点保守、传统。他们提倡努力,会设定强大的计划,喜欢用系统方法解决问题。在职场中有很好的自我控制能力,对团队的忠诚度高,会为了整个团队的利益而不考虑个人的利益。

　　特点:有责任感、效率高、遵守纪律,但保守。

　　作用:这种类型可靠、效率高、处理具体工作能力强,实干型的人不是根据个人兴趣而是根据团队需要完成工作的。

　　优点:组织、实用,可以把想法付诸行动,工作努力且自律。

缺点:缺乏灵活性,可能会阻碍变化。

(2)协调型

角色描述:协调型的人将能够带领团队中有不同的技能和个性的人向一个共同的目标努力,他们代表成熟、自信和信任,没有偏见,具有更强的人格魅力,可以很快发现团队中每个成员的优点,在实现目标的过程中,可以适当使用。

特点:冷静、自信和易于控制。

作用:领导一群具有各种技能和性格特点的成员,善于协调各种复杂的人际关系,喜欢平静地解决问题。

优点:针对性强,公平待人。

缺点:个人能力可能不是太大。

(3)推进型

角色描述:高效、自发性强、目的明确,具有较高的工作热情和成就感,当陷入困境时,总是可以找到一个解决方案。就像一个船里的推进器一样,具有外向的性格和十足的活力,喜欢挑战别人,好争端,并决心要赢,有时会缺乏对他人的相互理解,能够起到竞争的作用。

特点:挑战,善于交际,热情。

作用:是行动的发起者,敢于面对困难,并努力到最后,敢独自做出决定,不介意别人的反对。拥有一个推进类型的人是维持团队成员关系的一个最有效的方式。

优点:准备好挑战传统。

缺点:容易被挑衅,缺乏耐心。

(4)创新型

角色描述:创新型的人有高度创造性的、开放的新思路和丰富的想象力。他们的想法往往更激进和缺乏实际意义。创新者不拘小节,很难遵守规则。

特点:创造性,个人主义,有悖于传统。

作用:提出新的想法和开发新的想法,通常在项目刚刚开始或陷入困境时起重要作用。

优点:才华横溢,富有想象力、智慧和知识。

缺点:比较高傲,不太关注工作细节和计划,但是与他人合作可以有一个更好的结果。

(5)信息型

角色描述:信息型的人经常具有很高的热情和快速而又外向的精神力量。他们通过和人打交道,在信息交流的过程会得到更多的信息,因为他们对外部环境信息敏感,所以一般最早感觉信息的变化。

特点:外向、热情、好奇心强、善于沟通。

作用:具有发现新事物的能力,能够迎接挑战。

优点:才华横溢,富有想象力、智慧和知识。

缺点:在最初可能十分兴奋,但是容易失去对工作的兴趣。

(6)主管型

角色描述:严肃、谨慎和理性,属于"冷血动物",并不过分热情,也不容易情绪化。他们与组织保持一定距离,在团队中不是很受欢迎。能力强,擅长综合思维,谨慎决策。

特点:冷静,不容易兴奋,小心、准确判断。

作用:管理者善于分析和评价,权衡利弊,选择。

优点:冷静和判别能力。

缺点:缺乏优秀的能力。

(7)凝聚型

角色描述:他们是最活跃的成员,擅长和人打交道,理解、关心别人,灵活,容易吸收自己的团队。凝聚力不威胁任何人,在团队中很受欢迎。

特点:高度合作,温柔,敏感。

作用:凝聚类型的人会协调各种关系,即使在冲突环境中,也能得到其社会资本和理解。这类人相信"和谐"会让人们可以更好地合作,团队士气更高。

优点:随机应变,善于解决矛盾,促进团队合作。

缺点:在危机时期可能会优柔寡断,不太愿意承担压力。

(8)完美型

角色描述:有坚持不懈的毅力,工作注重细节、追求完美。他们不太可能去做一些不确定的事,喜欢动手,不愿授权。他们受不了随便做事的人。

特点:努力工作,维持秩序,认真,容易焦虑。

作用:重要的任务和要求精度高时,完美的人发挥不可估量的作用,提倡严格的标准,注意准确性,对细节具有关注性和持久性。

优点:坚持不懈,精益求精。

缺点:容易担心琐事,对至关重要的问题不愿放手。

团队中每种类型的人都不可缺少:实干类型的人善于行动,团队中如果缺少实干类型的人,则会太乱;协调类型的人善于寻找到合适的人,团队中如果缺少协调类型的人,则领导力不强;推进类型的人善于让想法立即变成行动,团队中如果缺少推进类型的人,则工作效率将会不高;创新类型的人善于出主意,团队中如果缺少创新类型的人,则思维会受到局限;信息类型的人善于发掘最新"情报",团队中如果缺少信息类型的人,则会比较封闭;监督类型的人善于发现问题,团队中如果缺少监督类型的人,则工作绩效不稳定甚至可能大起大落;凝聚类型的人善于化解矛盾,团队中如果缺少凝聚类型的人,则人际关系将会变得紧张;完美类型的人强调细节,团队中如果缺少完美类型的人,则工作会比较粗糙。

第三章 创业团队形成

【案例导入】

张哥是一个特别讲义气的人,最初和他共同创业的人至今仍然跟随在他左右,原因很简单:他对下属十分好。张哥从来都不会独吞公司的利润,公司有多少利润,他都会按照员工的贡献程度分钱。因此,张哥的员工始终坚定地跟随着他,他们的创业团队也十分团结。并且,员工知道张哥不会亏待他们,只要他们愿意努力工作,就一定会得到很好的报酬,所以员工的工作热情非常高。但是由于张哥是一个沉默寡言的人,他的员工很少被他称赞,即使做得很好,他也是以金钱奖励为主,很少在口头、书面和其他形式上提出赞美和认可,所以他的员工在收到钱的时候并不满意。张哥也觉得奇怪,为什么这些人拿到钱之后也没法获得快乐呢?某次他跟朋友谈论此事时,朋友建议他不仅要给能干的人发奖金,还要当面表扬员工,这样员工获得了荣誉感,也就得到满足,才会更快乐。他按照朋友的方法去做,果然员工比以前更加努力工作了。

后来,张哥想寻找一位有经验的会计帮助企业做账。于是他在网络上发布了招聘信息,收到各种各样的求职申请,其中有很多张哥感觉很好的应聘者。张哥认为资历越老越好,所以他雇了一个拥有几年会计工作经验的"老人"。但他忽略了一点:那个人曾经跳槽过好几家公司。结果就是由于会计人员的粗心错误,让公司损失了数万元。张哥十分失落,因为公司也是刚成立不久,用来资金周转的钱不多,自己公司又遭受了这种损失。所以张哥经过一系列的思想斗争后决定裁员,当员工知道这个消息后,都来张哥的办公室对他说:"我们愿意减薪,请不要辞退我们,我们这些同事都是认真的!"听他们这么说,张哥很感动,没有削减员工的工资,也没有解雇员工。在艰难跋涉一段时间之后,张哥的公司最终克服了困难,员工们对张哥也越来越信任了。

【案例分析】

职位不同时,需要人才的质量也不同,一些不需要专业人才的职位只需要一些普通员工,但是企业会计人员最忌讳的就是草率,所以不能轻易决定雇佣。其他工作中也是如此,每个角色要求的职责不同,专业能力也不同,所以我们不能只看一面,应该全面了解员工的大事小情。作为一个企业家,需要多多表扬员工,让员工获得荣誉感,这可以让员工更快乐、更有激情参与各项工作;不要因为一些不顺就想放弃创业团队,这是不明智的举动,会造成更多不必要的损失。创业者需要用长远的眼光去看待自己的员工。

【基本概念】

一、创业团队形成的含义

有人说:"如果你有一个苹果,我有另一个苹果,我们交换后每个人仍然只有一个苹果;但是,如果你有一种能力,我有另一种能力,当我们交换后每个人就有两种能力。"因此,一个团队的效能不仅取决于每个成员的水平,还取决于成员和成员之间的协作与紧密合作,这就要求企业将促进团队建设作为队伍建设的重点,构建团队氛围,倡导和鼓励每个团队成员,加强团队合作精神,达到良好的团队分工,将正确的人放在正确的位置上,并且要加强团队向心力控制,建设优秀团队协作机制,加强团队合作,相互支持,防止竞争以及个人英雄主义思想蔓延。与此同时,企业必须授予团队成员的能力——让团队成员建立收集人才的支持系统,为团队成员提供一个良好的平台。没有一个好的平台,团队成员能力就无法发挥,团队的战斗力就会大大减少。因此,在企业团队建设中,不仅需要很多种因素,还需要有协调和解决问题的能力,也需要有一个不能被取代的领导者。团队是由个人不同的素质和技能组成的,而团队成员热情的心态、团队的整体本质在团队建设的所有因素中起着重要的作用。良好的团队架构要求企业团队能有效地处理各种矛盾和不平衡;发现和整合现有资源;跳出现有的企业团队的分工结构和功能系统;还应及时、合理调整团队结构和系统内的因素,总结团队智慧,激发团队活力,最终实现团队真正的提升。企业团队协作的价值是企业团队建设的关键,打个比方,8个氨基酸组成的人体蛋白质,只要有一种含量不足,其他7个就不能使蛋白质合成,这称为氨基酸的组成效果。比尔·盖茨曾说过:"团队合作是企业成功的保证,不重视团队合作的企业是无法取得成功的。"在目标一致的团队里,团队成员既愿意接受别人的帮助,也愿意帮助别人。

一个成功的团队应该有以下特点:一是明确的目标;二是优秀的相关技能;三是互信;四是共同承诺;五是良好的沟通;六是谈判技巧;七是适当的领导;八是内部和外部的支持。罗宾斯认为,管理团队建设是由两个或两个以上的相互作用和相互依赖的个体,为了特定的目标和组织根据一定的规则而组成的。相关教材指出团队建设是一种为了达到一个目标和相互合作的个体组成的正式群体,是由员工和管理层组成的一个共同体,它合理利用每一个成员的知识和技能协同工作,解决问题,达到共同的目标。团队主要有目标、人、定位、权限、计划五个元素,其实质是朝着一个共同的目标,沟通、分工和合作,共同进步,形成一个明确目标、有战斗力的组织。

二、创业团队的形成和发展

1. 建立团队目标

心理学家马斯洛说:"优秀的团队的特点是一种常见的愿景和目标。"因此,建立团队的核心是建立团队的愿景和目标。有人说:"没有行动就仅仅是一个梦,没有远见的行动就只是一种奴役,视觉和动作才是世界的希望"。因此,可以从以下几个方面建立一个团队的目标。

(1)团队的部分

一方面,允许团队成员参与,让他们觉得这是大家共同的目标,而不是别人的目标,成员可以通过达到目标获取更多的的知识;另一方面,组织团队成员对目标进行长远分析等,通过这些方法获得团队目标的相关信息。

(2)信息进一步处理

团队收集信息之后,不应立即确定团队目标,成员应当提出自己的观点想法,再共同决定团队目标,消除匆忙决定的负面影响。

(3)确定团队目标

通过团队讨论,团队目标表达的变化反映了团队目标。尽管如此,也很难使所有团队成员都同意目标的内容,但成员们可以寻求共同点、撇开差异形成一个公认的、可接受的目标,这样,就可以得到真正的团队目标。

2. 发现团队的薄弱环节

第一,对企业团队来说,团队的成功不决定于最突出、最强大的人,而决定于最弱的成员。与此同时,我们也要清楚,团队的短板指的不仅仅是人,也可能是团队缺乏的核心竞争力。首先,要寻找阻碍团队强大的"短板",每个成员在学习和工作阶段所培养出的知识、技术、能力等是不一样的,这就决定了团队中每个成员的能力并不是完全相同的。团队不能依靠一个人的力量组成,所以团队建设工作必须注意团队的薄弱环节,我们应该尽可能发现并解决团队的"短板"现象。

第二,提高团队的核心能力。团队的薄弱环节不仅指的是人,也是一个团队缺乏核心竞争力,所谓的核心竞争力,是指团队先进的管理理念和技术创新能力。作为团队的管理者,必须让企业竞争时需要的全部能力共同均衡发展,当某种能力阻碍企业的发展,面临竞争时,我们必须及时放弃,因为在一定的时间内缺乏的能力对企业可能会产生致命的打击。

因此,一个团队能否成功建设,不仅在于其成员波动,也在于其能否保持领先的核心竞争力。针对薄弱环节使用相应的治疗方法才能成功建设团队。

3. 构建团队精神与合作,培养团队精神

团队作为一个整体,却能发挥 $1+1>2$ 的效果,这是团队合作的结果,没有团队精神便会影响整体的效率。所谓团队精神,就是大局意识和服务意识。团队精神需要一个统一的目标或价值观,而且需要信赖,需要适当的指导和协调,需要正确而统一的企业文化理念。团队精神的形成是基于尊重个人的兴趣和成就的。设置不同的工作,选择不同的人才,给予不同的待遇、培训和肯定,让每个成员都有特殊的能力。团队成员的人才是互补的。完成共同目标的基础是发挥每个人的特殊能力,并注意过程,产生协同效应。团队精神的最高境界是凝聚力,所有成员的向心力、凝聚力是团队最重要的标志。有一个共同的目标,并鼓励所有成员争取很重要,然而,向心力和凝聚力来自于意识的内在动力和团队成员共识的价值观。很难想象没有机会展现自我的团队可以形成真正的向心力。团队精神是组织内部成员间的合作态度,为了一个统一的目标,成员自觉地认同肩负的责任并愿意共同致力于一个目标。团队精神的基础是尊重个人的兴趣和成就,核心是协作,最高境界是全体成员的向心力、凝聚力,并反映了个体利益和整体利益的统一,确保组织的有效运行。

第一,作为一个团队领导者,在工作的过程中应该创造一个良好的团队氛围,倡导、鼓励和加强每个员工的团队精神,教会成员关注团队目标,努力完成团队目标,防止个人主义的传播;第二,团队要有更好的分工,让正确的人站在正确的工作岗位上,例如,一个桶应该由相同宽度的木板组成,才能让桶密不透水,不留缺口,但如果安排了一个窄木板,就会漏水;第三,加强团队向心力和控制,充分发挥领导者的影响力,有意识地加强的核心领导作用,让团队成员感觉在一个统一领导下,紧密形成向心力,由于联系不紧密,成员之间很容易出现缝隙,因此,领导者必须加强控制,规范流程和系统,加强评估和激励机制,确保团队成员可以接近。

4. 加强团队之间的凝聚力

团队凝聚力是无形的精神力量,是一个团队的成员紧密相连的无形纽带;团队凝聚力是团队成员共同的价值观,是团队精神的最高体现。一般来说,高团队凝聚力带来高团队绩效。团队凝聚力在外部表现为团队成员对团队的荣誉感,团队的荣誉感主要来源于工作目标,团队凝聚力是内部一致的团队成员和团队士气。良好的人际关系是高效团队的润滑剂,因此必须采取有效措施增强团队成员之间的亲和力,使团队士气高昂。团队是开放的,在不同的阶段,会有新成员加入,高团队凝聚力会让团队成员在短期内建立团队精神,形成团队的认同和归属感,缩短新成员和团队的磨合期,提高团队的工作效率。

5. 充分发挥领导作用,沟通和协调

团队成员之间如果发生冲突,比如价值观、个性产生的冲突,人际关系变得紧张,甚至出现敌意,并且挑战领导者,就需要领导者充分沟通,引导团队成员调整心态和准确定位,清楚地知道自己要做什么,并且知道如何去做。团队成员与周围环境之间也会产生不和谐的现象,如技术系统之间的不匹配、该团队使用信息技术系统不熟悉,等等。领导人应帮助团队成员熟悉工作环境,学习和掌握相关技术,促进目标按时完成。在工作的过程中,团队与其他团队之间也会产生各种各样的矛盾,这需要领导者有良好的领导能力、沟通与协调能力,为团队创建更充足的资源和更好的环境,在工作流程和工作目标上和其他部门人员达成协议,以更好地促进目标的实现。在工作过程中,由于严格的目标约束和多变的外部环境,领导必须使用各种激励理论及时激励成员,激发团队成员的积极性、主动性,充分发挥团队成员的创造力。

三、团队形成时的关键发展

1. 不再监督团队成员,但是要求质量与结果

没有监督过程并不意味着每个人都可以轻轻松松地做事情,而只是领导者不再每天盯着每个人都要做什么以帮助他们清楚他们所做的事情。过程只是他们的事,结果就是评价每个人的标准,他们自然不会放松。团队成员的工作包括两个方面:一是工作任务的质量;二是完成任务所需的时间。必须让团队每个人都清楚和多加注意。

2. 提高团队解决问题的能力

在过程中出现问题是每个人工作时肯定会遇到的。遇到瓶颈时,他们通常会向领导者询问必要的意见,但是领导者应该要求他们首先尝试自己解决,如果解决不了再寻求团队其他成员的帮助。如果其他同事也不能解决就应当会议讨论。所以,在解决问题的过程中,团队慢慢地变成了一个整体。

3. 允许犯错误

很多领导者都有强烈的团队意识,有着对团队犯错误的恐惧,但是领导者可能会发现让领导者这样去领导下属就像保姆带孩子一样,要密切关注每个人的工作。因此,这样的领导者需要改变自己的策略,要求每个人做到自己能做到的最好工作,应该把这样或那样的问题留给团队解决。然而,员工总犯的错误是有问题的,要被淘汰。

4. 培养合作意识的重要性

对于一些以研发为主的项目或其他需要技术的项目而言,作为创业团体中的

成员,每个人都在同一个高度。智商高的高素质人才比较内向,合作意识不强。为了改变这种状态,作为团体的领导者应该培养他们的合作意识,充分沟通是必不可少的。团队应该每天花15分钟学会分享,可以互相学习,还可以一起解决问题,加强彼此的感情。每年都进行几次不定期聚会和团队拓展训练可以让团队的凝聚力得到加深,团队成员的合作意识也能得到加强。

这几个策略使用一段时间后,会让团队领导者逐渐觉得团队变得更自发,而且逐渐发现团队的某些不合理情况在逐渐减少,在这种情况下,团队的处理能力会得到提高,因为团队成员对领导者的负面反馈会越来越少,这也说明了不仅是团队合作能力加强,每个人的能力和意识也得到了加强,领导者或创始者也有更多的时间考虑更重要的事情。简单来说,领导者会因为有更多的时间提交更加有用有效的想法和计划,所以更能促进团队健康有序的发展。

因此,如果你想在工作上取得更大的成就,就必须创立一个即使离开创始者也可以继续坚持的团队。这不仅是一种能力,更是一种能让领导者放松、让工作高效的能力。一定要记住,良好的团队标准会让团队更加努力上进。当你困惑时,可以试着改变风格和策略。

第一节　创业团队成员来源与形成方式

本节要点:
1. 不同来源的分析和总结。
2. 形成方式的分析和总结。
3. 成员来源与形成方式的补充。
能力目标:通过本节学习,能够了解什么是创业团队的成员来源与形成方式,掌握创业团队成员选择的原则和一般要求,了解并能学习如何选择创业团队成员。
关键概念:创业团队成员来源　创业团队形成方式

一、不同来源的分析和总结

每位创业者都担心自己的员工只是假装自己能力很强但实际上能力不行;或者是感觉很会说闲话,没有诚实守信的踏实感;又或者是手下能力太强,有比自己还要强的号召能力和专业能力。各种各样的因素都会让创业团队形成不好的团队文化和难以融洽的团队内部关系,那么就需要不同来源的成员进行简单的分析和总结,以做好提前的准备。

（一）低学历无经验类型

这里的低学历一般情况下指的是在正常的年龄下接受了九年义务教育，但是没有怎么接受高中或者高职的教育。因为现在的创业项目都需要一定的社交和公关能力，所以这样的求职者要求参与者也可以参与需要新创意和新点子的创业项目，虽然"高手出自民间"，但是没有科学系统的观念可能会造成不必要的问题，并且会影响其他拥有正常创业观念的员工。

（二）有学历无经验

1. 退役军人

一般情况下，退役军人都会有比普通大学的大学毕业生更好的职业选择和未来发展，所以如果有对创业很着迷的退役军人并且你的创业团队需要这样的人才，可以让他参与到自己的创业项目中。

2. 大学毕业生

大学毕业生包括了大专毕业生和普通大学毕业生，虽然现在大学毕业生一年比一年多，但是在大学中真正严格要求自己的人却一年比一年少，所以无论是哪一种大学生，你的创业项目和你的专业是否对口，都需要认真仔细地考验。

3. 研究生

虽然研究生比大学毕业生具有更强的自控能力和研究能力，但仍然会有漏网之鱼，所以仍然需要认真仔细的考验。

（三）有学历有经验

1. 总是跳槽的员工

对于那些一年能跳槽三次以上的人，一般情况下不要选择，不仅是因为这样的人可能会再次跳槽，而且还因为这样的人可能经常性地做事不认真，使得其无法在一个公司长久待下去。

2. 普通职员

已经有一定工作经验的员工比没有经验的人对职位有更多的理解，对专业技能也能有效利用，所以在员工的培养方面上，可以稍微放心一些，但是也需要考验这样的员工。

3. 工作经验久的优秀职员

对于长时间给人打工的人,也不能过于轻率。因为拥有的工作经验长,有着比创业者自己对团队建设以及团队文化建设的认知,不好被掌握,也容易对原来的创业团队文化进行较大范围的侵略。

(四)其他人士

1. 外国人

可以按照孔子"有教无类"的办法对其进行考察,因为很少有国际友人会产生此类想法。

2. 海归人士

海归人士可以分成两种:一种是特别优秀的海归人士,不仅拥有很高的文化水平,还有来自海外的技术和新思想,但是一般这样的人很难看上刚开始创业的初始团队,除非这个团队的带头人是一个有极强号召力的人,否则很难与你的创业计划合拍;而另外一种是从"野鸡大学"毕业的大学毕业生,这样的人一般来说都比较富裕,不太可能会去思考创业的事,所以有这样的求职者或要求参与者,也可以尽量多多拉拢,说不定就会有意想不到的收获。

二、形成分析的分析和总结

创业团队形成的过程有多种多样的形式,如果从实际参与人数上分类,可以分类为以下四类。

(一)个人召集模式

一般情况下,个人召集模式的个人一般都会是具有强大的创业意愿并且掌握了主要技能的人。主要技能指的是开创某一类的公司时开展业务用的技能,比如一个网络服务公司,它的主要业务就是网络服务。一般这样的团体,主要权利在领导者手里,这样易于管理和调配。

(二)2~3人组合模式

一般情况下,大多数2~3人组合模式中聚集在一起的都是关系较好的两三个人,而且都会是拥有互补能力的团队。这样的团队一般都是两三人拥有同样的权力,但是如果要做大做强,就需要对权力进行划分。

(三)4~10人团队模式

一般情况下,大多数4~10人团队模式的团体中肯定会存在一个具有较大权力的领导者负责管理分配,也比较符合团队分配原则,这样的团队会比前两种的创业团队具有更大的潜能和能力,但是同时也会存在更多的冲突和矛盾,所以当没有能力较强的领导者的管理与协调时,这样的团体会因很快失去创业动力而解散。

如果时间回到 5 ~ 10 年前,一个人通过自己的能力努力设立一个公司,然后逐步发展的过程中,引入了其他核心团队成员,这样情况很普遍。但随着商业竞争的加速,创业节奏越来越快,人才竞争也越来越剧烈,多位创始人联合创业的现象已成为一个趋势。从实践的角度来看,多人联合的创业模式成功的概率远高于个人的单打独斗。特别是在高收益率快速发展的行业,该行业中已经创业失败的人比打破脑袋往里进的人还要多,所以每个团队都在不能犯错的情况下努力前进。因此,在公司的发展过程中慢慢寻找一个人是不可能的。因此,如何在有限的时间、有限的交往圈内迅速形成一个高效、优秀的业务团队已成为一个新的挑战。

三、成员来源与形成方式的补充

(一)总经理存在问题

领导者就像阿拉伯数字 1,招工就是能带来的数字 0,一个 1 后面加一个 0 就会拼成 10,两个 0 就是 100,三个 0 就是 1 000。这句话很好地总结了老板在公司里的重要性。表面上看,每个小组都有一个名义上的总经理。在大多数情况下,这个问题似乎只是一个小问题,但事实上,初创企业经常出现隐性的领导者缺失问题,主要包括以下三个条件。

1. 高管不会管,名义上的总经理没有足够的权威

一些团队成员由于各种原因,自认为比实际掌权者能力更高,对总经理缺乏尊重,在团队沟通和讨论时无意中体现自我而且还经常传播不信任的负能量,这将给团队管理带来很大的困难和障碍。在这种情况下,应该知道合伙企业不能像"中国式合作"那样合作,掺杂了太多情感因素。

2. 总经理是公司内部公认的麻烦制造者和公司所有问题的根源

尽管总经理应该负责所有的问题,但如果将一个公司的所有问题都归咎于总经理,这就是一个非常奇怪的理论。理论上,企业应该有前途,每个人都在寻找机会,几乎所有的公司员工都表示,该公司的技术氛围很好,但是总经理是典型的无能,在这种缺乏管理和团结的公司中,如果缺少一个真正有能力的领导人,企业的崩溃就只是时间问题。

3. 权力分半,两人合资,各管各的

撑起创业摊位的人都是比较有思想又强势的人,所以如果有两个这样的人在一起,一山难容二虎,两个同样强劲、才能相同的人通常很难实现长期合作、和谐共

处。一旦投资合资公司的两人在公司的股份几乎相等时,随着时间的推移,对对方就会逐渐失望,开始抱怨对方,结果可想而知。如果有时间机器,能够回到两个人创业的早期阶段,就可以提早告诉他们:平均可能并不总是最优的解决方案,一个公司需要一个绝对的领袖。

(二)股权结构的问题

个人创业的时代,通过个人资金创业的创始人在公司持有超过80%股份的情况并不罕见,但随着合资创业已经成为主流,公司股票需要分布在多个团队成员之间,总经理的比例显著降低。最近通过新闻看到 AA 投资项目,一些总经理融资之前甚至只持有不到35%的股份。

事实上,从长期的角度来看,太分散的资金,平均股权结构可能是公司发展的"暗雷"。建议在融资之前,总经理持股最好不少于60%。首席执行官通过天使融资还可以持有超过50%的股份。

创业团队必须选出一个明确的领导人(总经理)做绝对的第一股东。如果是初始创业阶段,每个人的贡献和条件相似,建议总经理的选择应该通过个人对公司获得更高的股权资本决定。股票首席执行官的明显优势建立在团队,对影响力和声誉也很有帮助。但与此同时,总经理持有股票的比例也不可以过高,创始团队需要留出部分股票,为将来的员工和随后的核心成员留出余地。

(三)没有设置游戏规则和提前退出协议

为什么有些企业会"开始是伙伴,结束就敌人"?

合伙创立企业,主要是因为最开始的时候各位创始者想法和计划都是一样的。但到最后分道扬镳,可以有许多原因:有人承诺通过带来产品的销量和资源获得自己应有的股份;有些人不适应生活在创业中,时间不长就打算退出,然后回到朝九晚五的工作生活中;有些人说得漂亮,但是一开始已经不成形,尽管能力很强,但无法和谐地与团队中的其他成员接触。

为了尽可能地解决这种困境,也为了保护公司和全体股东的利益,创业者必须打好提前量并且签好退出协议,明确退出情况下不同股份的处理和转让的有关规定和机制。如果创业之前为各为"兄弟",但是没有明确的监管问题响应和调整机制,一旦处于不利的情况下,公司和其他股东肯定在一个被动的位置,所以必须做好突发情况的保护机制。

第二节 不同来源与形成方式的优劣

本节要点：

1. 不同来源的优劣。

2. 形成方式的优劣。

能力目标： 通过本节学习，能够知道什么是创业团队成员的不同来源与创业团队形成方式的优劣，理解如何对创业团队成员进行选择以及创业团队形成的后果，了解并能学习如何优化自己创业团队的发展。

关键概念： 创业团队成员不同来源 创业团队形成方式

一、不同来源的优劣

1. 背景太接近的团队成员

很多的团队内部在进行讨论时，如果其中两个人的想法一致而且经常有相同的地方，说明其中至少有一个人在决策过程中是多余的，在管理阶层里可以去掉。一个团队的形成，不应该根据自己的喜好盲目招聘团队成员。

很多创业团队的主要成员来自同一所学校、同一个公司或同一个地方。有很多这种创业团队：五六个学生都来自同一个学校的同一个专业。其实可以通过探究创业者的心理活动这样理解这种创业团队：一方面，同校创业者的关系，使彼此之间具有校友身份和凝聚力；另一方面，创业团队的核心团队成员的背景是一致的，容易形成"内部圈子"，圈外的人即使能力强并且处在团队高位置上也会觉得自己是一个外围。更重要的是，这种封闭团队的活力和适应性是有限的。

2. 被空降兵的新主管

刚开始创业就像只有几杆枪的部队一样，每个人都要管理好、负责好自己的有关工作，甚至任何一个拖后腿的行为都将直接影响整个生产过程，每一个业务合作伙伴都是非常重要的。但仍有许多总经理在选择商业伙伴时太过草率。有人可能只是在小区内询问过，或者是找一个邻居，不管对方的背景、性格、年龄和其他因素，即使他完全不懂业务，也没有接触行业，也直接让他当新主管，这样的合作能一起走多远很难预测，真的需要很大的勇气。还有就是连新公司和现在公司的业务是否相符都不管，就直接把原公司的整个团队搬来，也不考虑这样做是否合适，那么这个团队在创业中会同旧公司一样，也是在意料之中的。

3. 与不熟悉的人一起创业

当组成一个团队之后，很多人会有很多的思想斗争：是找我认识的人，但是能力、经验、性格等都略低的生意伙伴，还是更主动地寻找更合适的团队伙伴，建立更有效的团队？两人在正式合作之前一定要擦亮眼睛仔细筛选磨合，"适者生存"。应该通过各种调查和多次深入沟通了解你的潜在业务合作伙伴，在最短的时间内熟悉和理解彼此。下面是一些实用的方法。

（1）多交谈，每次花更多的时间谈论业务和工作细节。现在许多企业中有不少表面功夫做得很足的员工，他们面试表现很好，让人印象深刻，所以经常可以找到一份好工作，但其实他们的实际能力却很一般。实际上很容易区分这种人，只要多问他们业务细节就很容易就能找出这种员工。

（2）多接触，比如在一起吃小吃、喝茶、爬山、打牌等，谈论一些与工作无关的事情，很多时候需要通过不同的场景对业务合作伙伴做出全面的判断。此外，重要的合作伙伴必须接触其家人或家庭，因为业务不仅仅是一份工作的选择，还是一种生活方式的选择，没有家庭的支持，就很难坚持下去。

（3）多跟员工在一起。员工们可以是一个团队中经验丰富的人，也可以是投资者，因为投资者是专业处理总经理，而投资者工作的一些性质决定了他们需要接触不同的人，阅人无数，自然有更能看透人的能力。

（4）做背景调查。背景调查是一个非常有效的方法，能更快地了解彼此的情况，找到一个愿意与你交流信息的人，事半功倍。不是在所有的情况下都能找到合适的人做背景调查。因此，为了找到合适的商业伙伴，创业者需要提前布局、拓展人脉。

4. 从一开始就打算组建超完美团队

很多创业者的心里都有一个理想，就是思考一个梦之队的形成。但事实上，梦之队往往以失败告终。原因很简单，一开始选择精益创业模式虽然可以提高生存概率，但问题是超完美团队也会加速创业公司死亡。并且，启动资金是有限的，每一分钱都应该用在刀刃上，即使融资的数目以百万计，这种情况下半年也是不够的。所以一个刚开始创业的公司人数不要太多，可以满足基本需求即可，否则它将会增加内部摩擦，引起不必要的麻烦。

一个团队如果太完美，就会出现以下两个主要问题。

（1）团队成员有过于完美的背景，会超出公司业务的需求。有时候能看到一些创业者在选择商业伙伴时，一定要求是相同的行业管理大公司，否则就感觉自己面子上无光。然而，大型企业可能不适合小公司的发展模式，当然也不可能让大公司管理阶层的人亲自动手去做，所以在和大公司做生意时可能会有"橘生淮南则为橘，生于淮北则为枳"的感慨。同时，大企业的劳动力成本管理不是创业初期的企业所能承受的。此外,所有的背景大致相同,这种情况下互相较劲,团队中将会增加不必要的内耗。

(2)团队太完美的结果就是所有的职位都有完美的人选,但一些创业者容易过份依赖过去的层次经验,造成认知样板化。即便只是在公司刚创立的上半年,产品开发中就已准备了良好的市场和营销人员;更为致命的是,一些神奇的"拿来主义"团队好像是已经为投资者铺好了路,只需投资者拿钱了。对于这样的创业团队,无论是投资者还是其他创业者都应保持警惕。

5.引用的不适合的人会让公司管理更加麻烦

现在有很多团队中每一个团队成员的背景都很好,他们的经验和人脉是公司业务发展所需要的。但当创业者真正仔细与团队成员只是聊天后,才能知道有些团队成员只是背景看起来令人印象深刻,但关于创业的细节问题都不太清楚,只能说出乱糟糟一大团的创业理念和创业"大道理"。虽然如今大公司里的一些处于不重要位置的人可能都有滥竽充数之嫌,但是对于一个小公司来说,如果关键岗位请到这样喜欢"混"位置的人,就可能是一场灾难。更重要的是,有些创业者请"中看不中用"的人进入团队只是为了筹集资金时好谈价钱。举个真实的例子,有一位创始人通过别的团队创始人的提醒,知道了自己的高级管理团队里招到了滥竽充数的员工,但却丝毫没有动摇:"我知道,但他的背景很好,容易获得投资者的资金。"从一方面来看,团队是企业成功的必要条件;另一方面,作为总经理的核心部分能力,成熟的投资者不仅要考虑团队成员的背景,也应该考虑其他方面的条件。

6.所有成员都兼职创业

创业是一种生活方式,一旦市场的枪声响了,就得加紧追赶市场发展的新方向。在工作日内,每个人都希望一天有48个小时,朝九晚五对于经常忙碌的人来说已经是很难实现的事了。

几年前,很多人都是兼职创业,当自己准备充分后,才敢辞职投身于创业事业。但最近,随着市场环境的发展和竞争的加速,如果你看到一个市场机会,只要判断出其距离市场爆发不太远,就不要犹豫,尽快抓住创业机会,否则,当你觉得已经准备好创业准备时,也许已经有成百上千的竞争者在市场上拼搏了。

举一个实际的例子,有一个程序员做自己的个人应用,因为他比别人领先推出产品,所以早期就有了数百万用户的宣传和推广,用户的反馈也都很好,但是最后没有人给他投资,因为他打算辞职,全职工作在他自己的项目上,而市场上有几个类似的应用程序得到一大笔融资,这些应用程序的市场份额一直在他的前面。这个程序员的失败是一个典型的例子,因为兼职创业错过了创业商机。

7.招人不看关键问题,招来有较大问题的人

如果创业核心团队成员具有以下问题,将成为团队团结的一个障碍:

（1）性格有问题的人，这种人不仅毁了自己，也影响到公司的文化和氛围；

（2）太过从政治方向找公司问题的人；

（3）不配合团队的人。

二、形成方式的优劣

初建型团队就是从无到有全新组建起来的队伍，在市场项目刚刚启动，或旧的团队成员出现大波动或整体流失的情况下，企业管理者就需要面对这样一支初建型团队。由于初建型团队往往是通过短时间的集中招聘组建的，人员背景不一，工作能力还有待考察，最关键的是团队人员的心态往往尚不稳定，忠诚度和凝聚力较低，严格意义上甚至还称不上一支"团队"。

1. 愿景掌控，细节打动

管理初建型团队最重要的一点是如何管住人员的"心"。团队初建时，成员往往来自四面八方，怀着不同的目标，在企业考察团队的同时，每个人也都在观察和体验企业。站在员工的角度考虑选择企业的出发点无非是获得基础的生存保障，并且渴望一个好的工作环境，进而选择适宜个人发展的广阔平台。因此，团队的初建时期也是劳资双方的一个磨合期，仅仅靠制度约束是难以真正收服人心的，企业要想确保团队的稳定和快速融入，就必须从团队成员的需求角度加以满足。

除了最基本的薪水保证外，企业有必要给每个员工构建一个值得期待的愿景，毕竟真正的人才看中的不仅仅是眼前的生存问题，他们更渴望与企业一起成长、一同发展，他们更需要的是一个宽广的平台，或者说是一个值得为之付出的未来。

愿景的力量是巨大的，能够从内心深处激发潜能，一支拥有信仰的团队是无敌的。愿景的树立不是靠几句口号，更不是靠管理者夸夸其谈的煽动，而是要告诉每一个员工，我们的企业要往哪里走、要怎么走、现在走到了哪里，甚至我们的困难和劣势是什么，要让员工看到我们已经有了一个明确的计划，正在脚踏实地地行动，更要让团队看到企业家的决心和魄力。

愿景的树立能够让团队的方向感更加明确，能够树立团队信心。除此之外，在员工初到企业时，还应注意各种细节，在员工还缺乏基本的归属感的情况下，细节往往直接影响他们对于公司的感受。细节是企业管理水平、组织文化的直观体现，从管理层的一言一行到每个基层员工的行为方式，从财务管理到食堂宿舍，一个细节能获得顾客和员工的好感，一个细节也足以降低顾客和员工对企业的信任度，对于刚刚加入公司的新人来讲，细节的管理尤为重要。

2.抓住骨干,上行下效

初建型的团队往往称不上"团队",因为缺少积淀、缺少凝聚、缺少团队文化。作为管理者,为了使团队成员的目标和企业目标真正达成一致,使每个人尽快进入角色,单靠若干制度是很难奏效的。这时,就需要通过潜移默化的灌输,给团队注入一种精神和行为习惯。

通俗地说,团队文化就是"老员工"文化,或者说是模仿文化,一级看一级,一级模仿一级。对于没有老员工的初建型团队来说,管理者尤其是核心管理者就应当身体力行,用自己的行动告诉员工企业的行事风格是什么样的。《亮剑》里说,一支部队的战斗意志是由它的首任军事长官留存下来的,企业管理也是如此,管理者的作风、性格,甚至是个人喜好,都会影响到团队人员的日常举动。所以,初建型团队虽然缺少积淀,但同时也更利于管理者按照自己希望的方向去加以打造。

除了最高管理者的身体力行外,拉拢团队骨干成员也是管理初建型团队的一大要点。任何一个组织里面都存在着若干影响力大、辐射力强的骨干力量,他们往往是构成团队的基石。二战期间,苏联能够在极短的时间内迅速集结兵力,源源不断地输送至前线,其中一个秘诀就在于军队的编制。据说苏军的每一个团、营等战斗单位都采取双长官制,战时部队开赴前线,就留下一半的长官在后方迅速组建新队伍,有了这些骨干后备军官力量,招录的新兵也能尽快被传授作战经验,很快成长为一支具备作战能力的队伍。这个例子正好说明了骨干力量对于一支团队的意义。对企业来讲,这些骨干团队成员往往就是公司的中层,起承上启下的作用:一方面,要领会高层的意图和目标;另一方面,要组织调动基层人员去不折不扣地执行。对于初建立的团队来说,管理好中层就意味着抓住了团队的框架,就能够保持团队的稳定和战斗力。

第三节 创业团队形成过程

本节要点:

1.团队形成与建设的重要性。

2.团队形成的主要内容。

3.创业团队形成的要素。

4.创业团队形成时必要的认知与了解。

能力目标:通过本节学习,能够了解什么是创业团队的形成过程和发展方式,理解创业团队形成时的关键点和发展空间,了解并能学习如何优化创业团队的形成过程。

关键概念:团队形成 团队建设

一、团队形成与建设的重要性

第一,在一系列的新经济的新变化当中,一个团队如果想形成,就需要加强组织的灵活性,而且现在的企业组织通常以团队合作的形式出现,任何企业想要在激烈的竞争环境中生存和发展,就必须改变传统的管理模式,使企业有更强的组织灵活性,更好地应对外部环境的变化和适应企业内部的改革和重组。

第二,进一步加强激励机制。团队建设活动使员工有更大的天地,享受舒适、独立的环境,极大地激励团队成员的工作热情和创造力。这种条件下的团队最终会使团队成员们共同努力,这种团结的团队气氛也会增强成员们的团队荣誉感,使团队成员更加努力工作。

第三,提高劳动生产率。团队组织模式的结构大大简化,领导力与团队、团队与团队之间的关系以及团队内部成员成为合作伙伴相互信任与合作关系,使企业决策者可以腾出更多的时间和精力制定正确的企业发展战略,寻找更好的市场机会,大大高于个别劳动生产率。

第四,优化内部公共关系。团队沟通与协调可以提高员工的归属感和自豪感,增强企业的凝聚力。同时,参与者只有在和谐的工作团队中合作才能顺畅完成工作,鼓励他们能够更多地进行沟通和理解,共同处理工作和生活中的压力。

第五,极大地提高员工素质和技能。鼓励团队成员掌握更多的技能和专业,这就需要对工人进行工作培训,要求成员积极参与组织决策。团队合作形式中的技术能力、决策能力和人际关系处理能力,都可以让员工素质和技能得到较大的改善。

第六,提高信息传输的速度和质量。团队工作模式在计算机网络和信息处理软件技术的支持下,通过共享信息、提高信息传输的质量和速度的方式加快团队建设。

二、团队形成的主要内容

简单来讲,团队建设其实是一种组织创新。随着现代经济的发展,团队建设在企业管理中发挥着越来越重要的作用,它可以帮助企业更好地发掘员工的潜力,为建设高绩效的创业团队做出应有的贡献。创业团队必须建立共同愿景,培养团队合作精神,领导和建立团队;还要建立一个和谐的沟通渠道,建立激励机制,构建高绩效团队的想法。只有每个人都知道如何不断充实自我,才能在发展中创造更多的奇迹,让员工不满足于固有的知识和经验,有意识地学习新知识,积极开展新知识的学习和培训。公司的主要领导人应为这些员工创造学习的机会。整个公司形成一种学习氛围后,不仅会减少不合格产品,还会加强内部沟通,冲突也会慢慢减少。这种氛围也会激发团队成员的热情、耐心和渴望挑战的愿景,它包括两个部分:一部分是个人愿景;另一部分是团队的共同愿景。

真正的共同愿景是所有团队成员都能将自己的情感与这个愿景联系,有个人利益的联系。团队中每个人都把自己的愿景建立在企业共同愿景的基础上,在某种程度上,创建一个共同愿景的过程,实际上是团队成员在讨论和交流的过程,这个过程是人与人之间的互动,彼此真诚交流自己的想法。团队建立共同愿景可以提高团队的凝聚力。

团队形成过程的几个阶段如下。

1. 第一时期,首次形成阶段

团队成立之初,由于成员的需求和性格等的不同,这个阶段缺乏共同的目标,也没有充分理解和信任身边的成员,整个团队没有建立规范。这一时期,领导者必须立即掌握团队,迅速让成员进入工作状态,减少不稳定的风险,确保工作顺利进行。为此,团队领导者应设定合理的目标,明确告诉员工团队的目标,强调成员互相支持、互相帮助的重要性,快速建立必要的规范。为了尽快让团队走上正轨,该规范不能太多、太烦琐,否则不容易被理解和接受,并可能导致很严重的后果。

2. 第二时期,形成阶段

这个时候需要团队成员了解领导的想法和共同的目标,他们不断熟悉彼此后产生默契,对组织的标准也逐渐了解,但组织依赖领袖的问题仍然很严重,而这个时期的主要需要解决的问题就是团队成员应该如何执行领导的指示。团队领导者必须选择核心成员,培养核心成员的竞争力,建立更广泛的授权方式和更明确的责任制。因此,相对短期目标和日常事务,直接授权部署,定期检查和监督,成员应该在可以接受的范围内接受善意的建议,而其中的过程不能太急切。

3. 第三时期,加强阶段

这个时期,团队领导需要建立一个开放的团队氛围,允许成员提出不同的观点和意见,甚至鼓励良性冲突,领导者还需要给团队设定一个共同的目标,团队成员保持相互信任、诚实的关系,而且在外部的约束之下,规范化的团队已经对领导者的承诺做了肯定。这时,团队早已形成自主化,能够协调差异,还具有相当大的创造力。因此,领导者必须创造让员工积极参与的工作环境,以身作则,允许不同的建议和意见产生。

4. 第四时期,成熟阶段

这时的组织已经形成一个强大的团队,这个阶段的每个成员都有强烈的集体感、使命感。这时,组织开始爆发潜能,创造出非凡成就,并以更低的成本更好地满足客户的需求。团队领导应该保持增长势头,为此,领导者必须系统地思考,纵观全局,保持危机意识,持续学习和成长。

5. 第五时期,团队建设阶段

首先,科学树立团队目标。团队目标是团队的灵魂和核心,也是团队成功的关键。在这个时期,必须确保以下几点:

(1)团队目标及时、适当、规范;

(2)团队成员的价值取向统一;

(3)团队目标必须是可行的。

首先,团队目标应该根据团队和企业现有的内部和外部环境以及资源和市场机会理性分析、综合评价,并必须有激励的效果。目标应体现团队成员的利益,目标必须不断更新。团队的目标改变后,概念也必须得到更新,否则,将失去其指导和激励的功能。其次,构建团队的价值观,必须在团队中建立"人人为我,我为人人"的共同价值观,团队的每个成员都不会因离开团队集体而获得尊重和满足感。因此,要经常在良好的团队气氛中提倡感谢和爱。尊重员工的自我价值感,使员工的团队价值和自我价值得到有机统一,团队凝聚力才可以形成。团队的共同的价值观也可以通过个人的活动树立。注重情感投资提高员工的归属感和向心力。然后,提高团队领导者的领导能力。优秀的团队领导者可以让团队步调保持高度一致。团队领导者首先要做好管人、教育、用人。团队领导必须加强自身的质量和能力的培训,不断提高领导水平。最后,建立健全的管理制度和有效的激励机制。健全的管理体系和良好的激励机制是形成和保持团队精神的内在动力。同时,培养的团队价值观还必须有一组标准化的管理体系和有效的员工激励机制。

总之,新经济时代已经到来,由于市场环境的快速变化,传统的管理模式已经越来越不能适应激烈的竞争需要,企业可以积极探索建立更高效的团队,形成一个更加灵活的管理模式,通过不断提高组织的竞争力,让企业在市场竞争中立于不败之地。

三、创业团队形成的要素

1. 团队成员

绝大多数创业团队的核心成员很少,通常是三到四人,更多的可达到十个人,从企业管理的角度讲,团队成员数量太少,那么每个人从事的工作的管理思想就可以很容易被控制。但事实上,创业团队成员虽然较少,但都有自己的想法和自己的观点。因此,创业团队的每个成员都不能对别人持有轻蔑的态度。

优秀的业务团队中所有成员都应该彼此熟悉、了解。《孙子兵法》云:"知己知彼,百战不殆。"如果创业团队中的成员都可以非常清楚地认识到自己的优点和缺点,同时,也清楚其他成员的优势和劣势,就可以很好地避免因为团队成员互相不熟悉而造成的各种各样的矛盾和纠纷,可以迅速加强团队的向心力和凝聚力。

2 不同的人才最好集中在一起

创业团队虽小,但一定要"五脏俱全"。创业团队成员不可能都是技术流,也不可能都是销售好手,优秀的创业团队成员各有各的优点,相辅相成,互为补充。相对而言,一个好的创业团队必须包括以下几种人才:具有很强的创新意识的,可以决定公司的未来发展方向的,能战略决策的,计划能力很强的,能够综合分析整个公司面临的机会和风险的,考虑成本的来源、投资、收入和利润的,能制定章程管理的,能长期规划和设计工作的,执行能力强的,负责实施过程的人等。

3. 创业团队必须有一个称职的领导者

在企业管理和市场营销中,经常会提到领导的核心竞争力。事实上,在创业团队中,领导者的主导作用更为重要。

创业团队必须有一个有能力的领导者,这不仅可以决定资本、技术、专利,更相当于团队成员的心,没有这个,其他的一切都是无稽之谈。

一个好汉三个帮,红花需要绿叶配。无论多么优秀的企业家,也不能懂得所有的操作和管理经验,在团队的帮助下,他们可以获得一个业务需要,例如,客户体验、产品经验和创业经历,等等。将业务和人际关系的比例放在一个重要位置,人际关系能够或多或少地帮助企业家走向成功。通过团队的帮助一个企业可以大大提高业务的成功率。

企业家能力的研究报告还指出,团队和管理团队是成功企业家需要的主要力量之二。由于创业团队是企业愿景、共同信仰的基石,因此,企业家需要想出一套团结的方法和经营理念,形成共同的目标、语言、文化,相互信任的基础,利益共享和创业团队的愿景、理念、目标、文化和共同价值观的机制。

四、创业团队形成时必要的认知与了解

创业团队指的是创业过程中存在一些互补技能、可以共同承担一个责任、有共同的价值观、愿意提供相同的业务目标的人的集合。

(一)创业团队的特点

良性运行的高绩效团队一定会有一些显著的特点,正是由于这些特点,一个团队才能被称为高绩效团队。

1. 明确的目标

对团队的目标要有一个清晰的理解,并坚信目标具有重要意义和价值。此外,这一目标还应激励团队成员将个人目标升华成团队目标。

2. 互补的技能

高绩效团队是由一群有能力的人组成的。他们有实现理想的技术和能力，只需有一个好的合作，他们就可以完成任务。

3. 良好的沟通

通过公开渠道，成员之间交换信息，可以快速而准确地了解彼此的思想和情感。团队成员之间通过健康信息的反馈，也可以帮助项目经理指导团队成员行动，消除误解。

4. 一致的承诺

团队成员要有组织认同感。因此，创业经验致力于团队的目标，愿意为实现移动目标发挥他们的最大潜力。

5. 合适的领导者

高绩效团队的领导者通常担任教练和支持的作用，他们为团队提供指导和支持，但不要试图控制团队成员，而要鼓舞团队成员建立自信心，帮助他们更充分地了解自己的潜能。

6. 彼此信任

团队成员之间的直接接触和相互影响会形成一种默契、关心和信任，无论何时，只要和其他成员相互合作，都可以共同完成团队的目标。

（二）创业团队的形成

创业团队的形成可以有很多方法。但一个团队的形成是由于共同利益的需要或者是在一起工作产生的。团队成员的共同利益可能只是想创业，或对市场需求做出反应，成员可能都有这个想法。通常，创业团队的形成有两种典型的方式：一种只想生意，然后在接下来的过程中有几个熟悉的企业参与；另一种是在创业的过程中基于一个共同的想法、一份友谊或一次经历等因素建立一个完整的团队。

在中国，越来越多的人开始选择创业，选择自己的创业团队，创业团队最具代表性的问题包括创业团队的形成形式以及如何有效地激励自己。

一个人想要创业就需要考虑以下几个问题。

1. 你是什么样的人，"英雄者""领袖者""领导者"还是"执行者"？

有四种人：第一种人，他是"英雄"；第二种人，他是"领袖"，可以使用大量的人才，这些人才愿意听他的话；第三种人，他是有"领导力"的人，可以通过指导带领团队成员；第四种人，他是"执行者"，可以说他拥有得到一个团队就能把团队的事情做好的天分。

了解自己，首先应明确自己是什么样的人，才能知道如何让一个团队去运作。

如果你在创业时有个人方面的困难，那其实并不是很难解决，只要找到能帮助你的商业伙伴就可以解决。

如果你是一个领导者,比别人有更多的思考、洞察力和远见,就需要你为创业做出正确的选择。如果你只是拥有大量的资金,就可以去找一些能做事的人和你一起工作。

如果你只能做一个领导者,你可以选择做一个小股东,参与别人的团队。因为你有很好的能力,这样可以让你的价值体现在更多的地方。

如果你是一个领导者,你只能做执行参与别人的团队。在这个过程中,你可以不断地学习、成长。

2. 在一个团队或做一个创业公司,你最担心的是什么?

最担心的肯定是风险。风险的本质是信息的缺乏和控制失败。

第一个问题是风险当中缺乏信息。组成团队的目的是通过补充和增加信息,减少信息不足的问题。当我们形成一个团队时,如果因为机制使得信息沟通不顺畅,导致信息的缺乏,团队和个人损失,这会让创业团队感觉非常糟糕。组成一个团队,为的就是增加信息,提高沟通效率,减少信息不对等的情况。

第二个问题是关于风险控制。控制包括三个方面,首先,创业团队需要有人负责操作;其次,需要有人负责创业团队的利润分配;最后,需要有人对创业团队的整体战略和人事这些方面负责。基于这些方面,领导者也需要考虑公司治理的问题。在治理公司时,需要考虑以下三个问题:第一个是控制问题,第二个是激励问题,第三个是动态调整问题。

(三)创业团队形成的基本原则

创业团队形成的基本原则如下。

第一个原则是想要同样的和明确的目标。每个团队成员的目标是不同的,有不同的价值观,所以团队不能形成一个力量。

第二个原则是互补原则。每个人都希望在知识、技能、经验等各方面实现互补,可以产生协同效应。

第三个原则是精益原则。我们在启动时,所有的事情应尽可能简洁,这有利于避免信息不对等,减少了沟通的障碍。

第四个原则是流动开放原则。我们的整个业务过程充满了不确定性,团队人员是流动的。在这种情况下,我们都希望在公司内部形成一个简单但有效的团队文化氛围。只有通过这种方式,一个流动开放的创业团队才能前进。

(四)创业团队形成的四个风险因素

第一个因素是盲目地复制一些成功的模式,这是最可怕的。每个成功案例在市场中体现出的本质是相同的,容易被复制,但复制时却不一定可以把它的优点都发挥出来。别人成功的模式很可能就是我们失败的原因。

第二个因素是团队成员的选择太过随意。年轻人有时是喜欢跟谁说话就选择谁加入团队,因为他认为这是一个很好的人,也愿意一起做事。选择团队成员的随机性在短期内可能会带来一些新鲜的思想,但从长远来看可能会影响创业团队的稳定和创业团队文化的沉淀。

第三个因素是缺乏一个清晰和一致的目标,这是一个失败的团队的最重要的原因之一。这种不一致体现在以下两个方面。第一个方面是短期和长期的利益协调,有些团队成员并不缺钱,或者一些合作伙伴非常关注长期利益,但有些团队成员非常关注短期利益,他可能非常关心有多少用户做产品销售很快。如果成员们想法不一致,在早期可能有一个小的成功,但是到最后就会越来越难做。第二个方面是技术和由市场主导的概念。什么是市场领导者?最后还需要好的技术来改善用户体验。所以计划好产品定位,就会知道什么是创业团队目标的主要因素。有一个激励机制的风险,特别是一个完美的利润分配的方式。动机取决于两件事。首先是魅力,团队是最重要的,创业团队没有个人魅力是不可能把事情做好。其次是设置利润分配计划。

第四个因素是股权。股东权益是一个问题。一个创业团队必须有一个投资者,绝对不能五五分成。之前提到创业风险是最重要的信息之一。由于缺乏信息,所以我们不能为一个危险的决策做决定。也就是说,很多的选择可能有多个选项,或两个不同的合作伙伴有两个选择。每个人都认为,老板最后必须拍板一个人的决策,所以必须有一个投资者。第二个问题就是分享财富。一个创业团队的建立是与大家分享,而不是有一个老板说你有多少你就有多少。但是一个公司或一个创业团队必须有一个投资者愿意牺牲自己的利益。一方面,他想让整个创业团队的方向引导团队成员前进;另一方面,他会不断地受到影响。如果没有这样的投资者或合作伙伴分享财富的概念,最后是很困难的。有很多员工需要给他们现金补偿,以确保他们的基本收入,使整个创业团队都能很好地工作。

操作训练

团队形成训练

训练分组:10 人/组。

训练器材:白纸、白板笔。

训练方法:训练导师要求大家先分成几个小组。分好组之后组内每个人都要说清楚自己适合做什么,并且每组都有一个记录者将记录下每个人适合做的事。通过本组人的讨论,在白纸上写出一份简化的创业计划书,然后让每组派一个代表上台向大家汇报每组记录的结果。

点评：

团队中个别人的消沉和懈怠并不可怕，可怕的是所有的成员都松懈成性，如果是这样的团队，那么怎么能拯救这个团队对管理者来说是一个巨大的难题。面临一个职工厌倦、团队松懈的团队该怎么办？是进行团队成员改造，还是招聘新人从头创造团队？

1. 用绩效考核约束员工

要对现有团队成员进行绩效访谈，了解目前职工倦怠、团队松散的因素，要为团队拟定全体方针，继而拟定每个人的分化方针。关于完成任务的时间、完成任务的进展、最终要达到的成果，要做到提早与职工达到一致。当然，也要思考团队中的小集体存在的想法和疑问，是前辈带新人，还是给新人自己磨炼的机会，要根据团队内部情况决定，具体情况具体分析。

2. 从团队整体氛围进行调整

当团队缺少完善的规章制度、效率低下时，团队的整体气氛就会变得松懈、懈怠，充满负能量。在调整团队气氛的过程中，要做到要害节点上的监控与及时纠正。如果是外部因素，就从公司全体入手剖析，分析是不是公司上下都是这样的状况；如果是内部因素，就要全面地了解职工的具体状况。

3. 利用新人的鲶鱼效应

有19年从业经验的总经理胥先生以为，当团队整体都松懈、厌倦时，为了工作效率和成果，管理者应该考虑渐渐招一些新人进来，使用新人新鲜、好学、向上的鲶鱼效应，影响团队整体的士气，这无疑是一种最有用也能使管理者获益最多的方法。

4. 统一执行力很重要

尽量把工作理清楚，如果一个团队人多，就要分组履行，每组都要有一个负责人，这一个人的能力一定要强，工作一定要细致，创始人只需管理好每组的责任人就好，大方向做好调整，定时向团队召开会议，听取意见，寻找解决方案，做到充分授权。

在一个完整的团队中，必定要有一个人是置身事外的，这样他才能够看到这个团队在运作的过程中出现的各种问题，俗话说："不识庐山真面目，只缘身在此山中。"只有当你站得远了些以后，才能领会这种感受。

5. 没有没用的人，只有没用好的人

执行力不行都是管理层的问题。错的都是老板，对的都是员工，没有没用的人，只有这样才能用好那些人才。

6. 用人要用猎犬,有执行力、有战斗力

没有执行力的团队不如解散了,时间能够摧毁一切,你不要觉得朋友一场或者姐妹情深,那些东西在现实面前毫无用处,过了一段时间,公司什么成绩都没有做出来,最终全部都要完蛋。

一个一个大的方针一定是一个一个划分出的小任务积成的,每做成一个就前进一小步,员工们也更有决心、更有干活的动力。不好好干活,能力再强也要直接裁掉。

第四章　创业团体维系与发展

【案例导入】

　　创业一开始，郑某与另外两个合伙人萧某和何某共同出资成立了公司，郑某投资占36%，另外两个分别占比32%，当初这三位决定从最开始做起，而萧某和何某却决定兼职投资，这两位其实都没有到位，所以这两位可以称为搭便车的人，这种情况就非常危险了，很多人感觉这家公司开始之时就是应该结束之时，这种不公平的分配渐渐消退了郑某的工作热情，郑某感觉自己仍然为别人打工，拿着打折的工资，却还要替别人分钱，而后来郑某通过谈判收购了他们的股份，公司也就失去了基本的技术支持。幸运的是，这并没有影响到郑某与其他两个伙伴之间的友谊。

　　很快，郑某找到了一个新的合作伙伴，成立了新的技术公司，也许是因为急需技术支持，郑某犯了同样严重的错误：早早地把股份送出去。很快，郑某就把15%的股权给了新的合作伙伴，但是之后的发生的种种事情证明了他的合作伙伴是一个完全无能、逻辑很差的人，因为公司股权的早期发展对他来说不值一提，没有什么激励，更糟糕的是新的合作伙伴不会像他一样付出他的高薪来提供价值。最后，郑某不得不辞退他。当郑某想买回他的股份时，这个创办人的控股权远远低于他们预期的销售价格，结果就是郑某耗尽心血成立的公司就这样面临第一次倒闭的风险，之后的郑某经历了这两次惨痛的教训对创业问题就十分慎重了。

【案例分析】

1. 创业是一项团队运动

　　创业者和在仅有自己一人创业的企业中做自由职业者有着天壤之别，所以应该让郑某明白最重要的一件事就是如果组建一个强大的小型初创企业的执行团队，对激励政策就应该把握准确，虽然当时郑某充满了小企业的期权激励，然而，他并没有等到需要时才使用期权和股权激励对员工的激励，所以从一开始他就已经失败了。本案例的情况不是不合乎逻辑的商业模式，也不是行业不成熟或者已经过时的情况，更不是竞争太激烈的原因，只是最初的股权安排决定了郑某的创业团队不可能走得更远。

2. 初创团队的股权分配机制应该是动态的

对于一个初创的合作伙伴来说，如何分配利益是很尴尬的，但要面对的问题是人们之间的关系是微妙而脆弱的，创业伙伴关系不被维护、利益不公平分配是一个最常见的初创企业"杀手"，一个完整的创业过程就像烤一个大蛋糕，过早切蛋糕、太迟切蛋糕都不能吃到大而好的蛋糕，切错蛋糕导致郑某本人亲身经历了失败，自那时起郑某一直在思考这个问题：如果让郑某再来一次，一份不变的分配机制让少数人完全不领情，结果就失去志同道合的创业伙伴的士气、激情和信任，处于危机状态。

静态股权分配机制的利益分配模式不变，这样会无法适应初创团队复杂环境的快速变化，但是每个人的资源、能力、决心都是不同的，想法可能也会慢慢改变，有些人愿意加入，有些人想退缩。为了适应这种变化的环境，启动团队的股权分配和激励机制必须是动态的。例如，Noah Thurman（哈佛大学的一位教授）在他的书中强调，一个初期的创业团队采取静态股权分配是极其冒险的，所以应该采取动态股权分配。

在早期项目中分享投资的过程中，团队成员从全国各地的企业家那里得到日常的商业计划以及对团队成员感兴趣的团队，不幸的是，郑某从来没有见过一个团队使用动态的方式分配股本，结果在这样一个初创团队中，投资经理给予了23%的失败率。有个别投资经理都参与到团队的工作中，结果还是给予静态的解决方案，这种做法无疑是将23%的失败率提高到更高。

3. 怎样才算好的初创团队股权分配机制

应该采取公平的态度。不管问题有多么微小，都要公平对待所有相信你的人，无论是早期就在一起的合伙人、后来加入的合伙人，还是已经离开的合伙人，以便他能够得到他应得的回报。

体现各个要素的价值和重要性。不仅是金钱，还有时间、专利技术、人脉等。一个由普通青年组成的创业团队往往是十八般武艺样样俱佳。在这种情况下，每一个元素都应该体现出价值的量化，鼓励成员为公司带来更多的发展动力，越是稀缺和重要的资源，给团队成员的权重就应该越高。体现阶段性的成果。

在公司达到一个里程碑后，创业的风险就减少了。合伙人在过去所冒的风险必须反映出来，而股权激励也会得到回报。

设有回购机制。为解决违约持有人（持有股权但未参与公司经营管理的人）的问题，投资者不愿意看到公司拥有太多股东。

【基本概念】

1.创业团体维系难点之一——创业初期存先天缺失

专家认为,在团队成员之间出现小摩擦是不奇怪的,但关键要看这种现象的本质,积极引导团队健康持续地发展。实现良好发展的创业团队有三个重要条件:一个好的团队文化、更好的行业机会和组织的前景。其中,团队中人的行动力是最活跃的因素。

为了更好地了解创业团队的运作,2002—2003 年,专家对创业团队的珠江三角洲地区进行了问卷调查,从问卷调查的结果发现,只有 89 份有效回收调查,而在有效回收调查中,发现很多创业团队成员可以一起创业的原因是多方面的。最重要的一个因素就是创业团队成员个人利益的一致性。在创业初期的创业过程中,基本上没有太多关于团队结构和制度建设的问题,显然,一个创业团队的先天隐患是会对后天的合作和可持续发展产生重大影响的,这也表明,在企业团队聚合过程中考虑情感因素的成员远远大于考虑人力因素能力和资源的成员。

2.创业团体维系难点之二——散伙多为价值观冲突引起

企业的发展并不总是一帆风顺的,当今世界的社会和经济变化可以说是一天一个样,创业团队在企业经营过程中不可避免地会遇到几大困难:一是由于环境和周期的变化,操作更稳定,团队成员将不可避免产生意见分歧,彼此之间积累大量的不满;二是由于知识和信息的成员之间的初始创业型的同构性是比较高和互补的技能及资源,导致团队改革要求增加;三是由于团队成员之间的启动股权分配一直延续着平等的思想,是输入新鲜血液的障碍引起的;四是成员创业的目标可能会变得越来越模糊,专家指出,尖锐的矛盾可能会与他们的价值观偏差产生巨大冲突,从而使创业团队支离破碎。

一个团队成员的跳槽或离职的主要原因是什么? 70% 的人说,是因为缺乏对创业团队未来发展的清晰和不确定性以及一个摇摇欲坠的信任基础。对公司的选择,只有 10% 的人因为薪酬分配机制不完善的原因而对创业团队不满意,而原因是在对创业团队董事会成员的调查中被解职,选择与协调不一致,创业理念、行动偏差不一致占据了 90% 以上,从而导致创业团队解体。因此,重点还是团队精神得不到保持以及信任基础上的合作和动摇,而这些就是会直接让很多创业团队骨干离职的主要原因。

3.创业团体维系难点之三——治理和信任的双重难题

在对英国、美国和其他亚洲国家的创业文化传统和创业活动进行比较分析后,一些专家认为,在塑造创业经济和社会的过程中,除了要积极倡导建立以产权为核心的现代企业制度,中国民营企业也必须有良好的治理和信任。有效治理的前提是法人治理结构的合理和优化,即各方形成一种相互制衡和监督的有效机制,而以信任为基础的创业文化则作为一种非常重要的组织资本,维系着创业团队的存在和创业热情的持续。

专家表示,企业在经济活动中,至少有两种不确定性:公司对未来的未知事件的一些不确定性;应对这些未知事件的不确定性。毫无疑问的是,基于信任的经济活动将减少这些不确定性,均衡行为可以降低复杂性和不确定性的事件,提高组织资本。事实上,高度信任的组织可以以更灵活的方式工作,其组织也更加面向群体,这使得组织的责任能够有效地分散到较低的层次中。

在这一群体中,人们对信任的渴求和对自身利益的约束已成为一种普遍的行为准则,贯穿于创业团体生活的各个方面,它包含着更丰富、更明确的商业经济价值。

第一节　团队冲突分裂的原因分析

本节要点:

团队冲突分裂的原因分析。

能力目标:通过本节学习,了解什么是团队冲突分裂的原因,掌握团队冲突分裂的原因分析方法。

关键概念:团队冲突　分裂　民主　磨合　成员搭配　利润分配方案

发生团队冲突分裂的阶段特点就是将所有的精力都投入到市场中的生产和技术活动的创始人为了在市场中获得相当大的生存空间,企业组织而又处于非规范化和非官僚状态,而这时的团队成员已经工作很长时间,也为生存而奋斗过,相互之间也不计较个人得失。简单来说,就是企业已经度过了生存期,取得了良好的组织领导能力,从而开始提出明确的目标和方向,部门也随着权力的水平、劳动分配和分工而建立起来。在创业的这个阶段,团体集体阶段过渡由不规则过渡到正常管理状态的创业组织。在这种情况下,许多矛盾的创业团队很容易暴露出来,而这些是矛盾的创业团队分裂的主要原因。

一、没有形成创业领袖人物

必须有一个灵魂人物团结所有成员。如果一个人想成为一个真正的团队领导者,他必须依靠的是他对创业精神的坚持、他的个人品质、控制整个团队的能力以及他对其他成员的吸引力。

二、创业团队盲目自信

不能盲目自信和乐观。如果核心领导者不愿意或不能指出他们的缺点和弱点，并补充适当的团队成员，他们将处于危险之中。

三、团队成员中个别成员有畏惧心理

一旦团队中的关键成员或成员有这样的心态，并且团队中的领导者没有为他们提供及时和充分的激励，团队就无法更加可靠。

四、创业团队成员搭配不尽合理

分工的作用应该是合理的，如果你开始建立一个创业团队，但团队中缺乏具有某些职能的人，在未来的创业实践中没有得到补充和改进，可能导致缺乏团队职能，也就使团队内部不协调，结果导致工作也不同步，甚至使团队解散。

五、团队成员磨合出现问题

这是很容易出现的创业团队问题，创业团队是一群为了某个目标的好伙伴，在一起作为合伙人的合资企业，如朋友、同事、同学和亲戚，大多是从人际关系找到合资伙伴，或者有类似的想法和观点，比如说具有类似的技术开发背景的人，或者是喜欢技术的狂热组合，可以说人际交往群的交集是成为企业团队成员最重要的条件。在这种情况下，团队成员的个性和处理问题不同态度的差异很容易掩盖，一些团队看似每个人都努力工作，但只有一个或两个人真的很敬业，团队缺乏真正的沟通，只有少数人力量的总和，团队成员的如果目标不一致，结果是 $1+1<2$，这种情况将导致创业团队解散。

六、团队成员之间缺乏共同的创业目标

团队成员的创业目标都是不明确、不一致的，在一起工作了一段时间后，有些人会发现，人们的认识是不一样的，那么团队可能会分裂，这种情况是很常见的。

七、团队成员中有些能力不适应企业发展的需要

随着企业进入规范发展时期，企业自身素质和能力的制约将成为企业发展的障碍，在这种情况下，创业团队很可能会分化，这在我国许多中小乡镇企业中是明显的。许多乡镇企业创业的知名人物都是没有受过高等教育的，最初的成功往往是因为很多人不敢做，他们吃别人不能吃的苦，做别人不敢做的发展。但随着企业

进入规范发展时期,质量和约束自己的能力将成为企业发展的阻力,在这种情况下,创业团队就可能会分裂。

八、没有明确的利润分配方案

很多创业团队处于发展的早期阶段,或者是没有被考虑进去,或者是没有提出明确的利润分配方案。随着企业的发展、利润的增加,在利润分配中出现的纠纷常导致创业团队解散,这种情况在许多中小型私营企业中非常普遍,当企业的规模达到一定程度时,就会开始发生分配方式的争议,领导者对利润的分配方式就应该明确起来。

基于以上分析,可以从以下几方面着手:
(1)明确努力目标(目标);
(2)坚持公平原则(公开、公正、透明);
(3)理性角色定位(能力、性格互补);
(4)积极有效沟通(常开会);
(5)建章立制(制度严格、合理,必须执行,不能出现执行难现象);
(6)扩充团队人才,多多益善。

第二节　加强团队建设的思想教育方面

本节要点:
1.明确努力目标。
2.坚持公平原则。
3.理性角色定位。
能力目标:通过本节学习,了解团队建设的思想教育方面,掌握团队建设的思想教育方面的知识,了解并能学习团队建设思想教育的相关技巧。
关键概念:公平原则　角色定位　明确目标

一、明确努力目标

很多团队成员喜欢通过挑战、学习获得成功的刺激,允许团队成员保持势头。
我们应该让每一个团队成员在脑海中设定一个合理的目标,然后开始意识到,这个目标可能是一个精神上的理想,也可能是一个世俗的追求,但无论什么样的目标,都应该是自己思想的力量,都集中在为自己设定的目标,应该把自己的目标定为最高任务,应致力于为自己的目标奋斗,而不是让你的思想因为一些短暂的幻想、渴望和想象而失败，它将创造未来成功的一个新的起点。

二、坚持公平原则

（1）坚持平等性原则是全体成员平等享有权利的保证

一个领导者的工作必须面向全体创业成员，管理团队尽可能平等的创业原则要求每一个企业家建立平等的创业理念，保持一样的创业态度，根据各成员的实际需要把握创业的方向，在此基础上，使用灵活多样的业务计划，让所有成员平等参与、相互补充，使所有成员在合作中共同进步。

由于个体差异的存在，同样的创业内容，一些成员理解得快一点，体验更深，相应的就会有更好的结果；另一部分成员认识缓慢，经验尚浅，但如果在创业中不坚持平等的创业原则，优秀成员过度升值，普通的成员表现不佳，会形成优秀成员越来越好，普通成员的性能差得越来越多。在创业中表现出明显的好恶容易导致创业侧翻，自觉或不自觉地围绕着一个优秀成员，导致一些成员因不适应创业活动致使跳槽或辞职。

（2）坚持平等性原则是全体成员得以健康发展的保证

企业领导人和成员在开始领导、和谐与团结成员有机结合的实施过程中最重要的因素是提高企业存活率的重要前提，如果领导本身和成员角色分化明显，不顾成员的尊严，忽视情感的交流，会使成员成为只是为了完成任务而工作的机器人，机械被动地完成任务，没有主动性，也没有更多的创意，对创业产生严重的削弱作用。更重要的是长期的不平等的、非和谐的创业环境，使人才没有得到很好的训练，人格得不到充分的尊重，个性展现不充分，潜力没有完全被开发，背离了高质量人才的要求。知识经济时代的到来使这一形势的团队成员追求其他方面的方向。

三、理性角色定位

在一定的系统环境下（包括时间），一个组合中相对不可替代的定位，是定位的作用，该作用不一定是人，也可以是一个团队，今天的许多优秀企业中不是所有的员工都是基于角色定位而规划和发展的，但至少高级职员的组合必须符合角色定位的原则。例如，GE 公司经历了许许多多 CEO 领导的更换，但公司在不断发展，因为每一个历史阶段，其 CEO 是根据角色定位选择的。在当代西方政府管理中，角色定位体现得淋漓尽致，其发展趋势是向上的射线或波动上升的曲线。

角色定位所包含的内容如下。

1. 一定的系统环境

一定的系统环境即组织系统环境、体制系统环境和时间环境。

首先是组织系统环境；例如，在一家创业型企业，需要总经理，还需要财务、人力资源、市场等职能部门组成的组织体系,以及由此产生的角色分工,这是最根本的基础,是任何组织的共同特征。其次是制度环境,许多人力资源管理和组织的领导人需要对组织进行角色分工,实施角色定位。

事实上,角色分工只是角色定位的前提,只有制度环境才是产生角色定位的决定性环境,也是时间环境。角色是指在一定时间内的角色,组织的角色能力的要求正在改变,时间因素往往被许多人无意识地忽视。

2. 不可代替性

不可代替性是"角色定位"的根本特征。在一定的组织环境下和特定的时间段内,体制系统基于以下几个环节,决定了角色的不可代替性。

(1)角色能力

角色能力是核心不可替代的,角色能力不强,没有角色定位是不行的。角色定位应首先重视资本能力的作用,并建立起尊重、鼓励和强化角色能力的过程和制度,鼓励每个人强化角色能力并走向角色定位。

(2)角色权力

制度必须提供这样一种环境:角色不对某一权力负责,不对某一人负责,只对角色事务和角色原则负责,对于拥有出类拔萃角色能力的人员,他拥有根据角色原则下最高的事务处理权力,也就是"角色终决权"。

(3)角色责任

具有最高的事务处理能力,相应的作用原理、特点,必须承担角色最终和最高的责任,责任制度是责任原则的典型作用。看一个组织是否按照角色定位原则作用,主要是看角色责任的作用,而不是角色权力的作用。而角色责任的最高体现,是"引咎辞职"制度或"首称罢黜"制定。

(4)角色定位和专业定位的区别

专业定位是角色定位的初级阶段,但专业定位不等同于角色定位:刚毕业的大学生,具有某一专业素质,但不等于其一进公司能够承担起独立作用。30 年前,专业计算人员(会计/统计)能熟练使用算盘,但今天如果不知道如何操作电脑,即使是专家也要失去工作。

四、团队成员角色定位实现的判定方法

你的企业是否根据角色分工和推动其健康运营的机制建立了完善的组织体系?同时,随着时间的变化,分工和责任的作用会有新的要求,企业太多,成功后的作用由于缺乏及时调整责任,导致领导不锐意进取,最终阻碍了企业的进步。真正实现了企业的作用,它会随时自动做出标准上的调整。你的企业在这方面能做出及时的反应吗?如果是这样,那么你的业务具备了角色定位的外在特征。

每个角色的能力是否足够胜任？假设它是不称职的,那么组织系统和机制都是空话。如果罗纳尔多的角色能力不强,巴西可能会失去强大的攻击力。为了实现定位的作用,企业应该首先注意人力资本的作用,建立对这一角色能力的尊重,激励和增强人格能力的流程和系统,鼓励每个人强化自己的角色,定位自己的角色方向。

团队是否提供了这样一个环境:角色不对某一权力负责,不对某一人负责,只对角色事务和角色原则负责？对于拥有出类拔萃角色能力的人员,它拥有角色则任内的最高事务处理权力,就是"角色终决权"。

是否实现了角色责任原则？一个角色有角色权力的同时,也必须承担角色责任。以实现"首长责任制"的组织为例,在组织中角色和责任的最高体现,就是"引咎辞职"制度或"首长罢黜"制度,中国政府在治理非典中获得了广泛的赞誉,因为中国政府体现了角色定位的责任原则——罢免了必须负最高责任的首长,而不再只是处分直接责任者,这一原则体现在企业中就是相关人员无论是谁,不能履行这一角色,就必须让贤。

1. 界定所有者角色

只有公司的人力资本才能实现定位,才能确立其长期的核心优势。为了有长远的效益,在实际工作中,所有个人都可以根据自己的利益定位,但相对于公司的角色定位原则,所有者只能是所有者的角色,不能直接介入管理。

2. 建立角色职业生涯规划机制

从 CEO 开始,必须适应新角色在责任中的最佳作用,因此,公司有必要确立职业生涯规划机制的作用:每个人都按照机制的要求逐步强化他们的角色,新员工从一开始进入公司,人力资源经理和主管就应努力协助他们找到合适的职位,并继续强化新人的能力。

3. 建立角色激励机制

如果在公司中,某个员工是可有可无的角色,则该员工就未实现角色定位。职业规划的作用是基础,要让员工有计划地发展,按照自觉、自主的作用,必须建立激励机制的作用,激励机制是将薪酬提升、职务提升、技能评级都按角色原则设计,作为一种激励。根据这种机制,也许部属的职位不可能超越经理,但作为一个出色的角色,独当一面,薪酬可能超越经理。

4. 建立角色能力培养和考核机制

一个员工很难从一开始就是独当一面而且不可代替的角色,公司必须建立角色能力培养机制来培养他,这种机制必须和角色规划机制、角色激励机制系统设计相配套。人力资源部门必须不断跟踪和测试员工在能力领域的优势,培养和引导员工进行角色定位。同时,要从角色能力和角色绩效两方面建立评价机制,并根据评价结果,对被提拔为称职的予以提拔、不称职的予以免职,即使选拔继任 CEO,也要根据角色原则而不是与一些大股东的关系原则、利益原则来进行,这样角色定位才能彻底。

5. 从管理层开始,打造角色组合

领导者的角色对于企业来说至关重要,无论从责任还是能力的角度来看,它都需要一系列的角色才能胜任。不仅如此,公司中的普通员工还必须实现完美的角色组合。为此必须从管理层开始构建角色组合。这就需要首先形成高层管理极好的互补组合,然后逐步细化:根据公司的使命,部门主管逐步优化的作用能力,然后部门负责人与人力资源部合作,努力创造一个优越的结合部的团队,努力帮助每个成员实现角色定位。这就像一个球队,优秀不一定是因为所有的球员都很好,但一定是因为每个球员都获得了很好的角色定位,所有的球员都取得了一个完美的角色组合。

第三节　加强团队建设的团队扩建方面

本节要点:

1. 积极有效沟通。

2. 建章立制。

3. 扩充团队。

能力目标:通过本节学习,了解团队建设的团队扩建的知识掌握团队扩建方面的概念。

关键概念:有效沟通 制定规则 扩充团队

一、积极有效沟通

沟通是合作的开始。沟通带来理解,理解带来合作。沟通是明确目标、相互激励、协调一致、增强团队凝聚力的过程。

1. 沟通是种互相感知

如果没有人听到树倒下,会不会有声音? 答:不,树掉下来了,确实产生了声波,但是除非有人觉察到,否则,就是没有声音。因此,沟通只发生在有接受者的时候,当团队成员提出领导的专业发展,通过论坛、专家报告、非正式交流和其他形式,阅读、反思、毅力、行动、合作、生活、角色……这些经验丰富的词汇被团队成员反复提及和感知,这是有效沟的基础和先决条件。

2. 沟通时必须依据对方的经验

假如说一个经理和一个文盲交谈时，这位经理必须熟悉语言，在谈话时，试图解释自己可以想象到的术语。其实，这样做是不对的。只有采取共同术语才是利于对方理解的，因为这些条款已经超出了他们的悟性，如果沟通的过程中不知道这些问题，他的通信将是无效的。有效的沟通取决于如何理解接收者，所以，无论使用什么样的方式，沟通的首先问题必然是：这一信息是否被感知？是否在接受者的接收范围之内？他能否收到？他如何理解？

3. 沟通是种期望

通信的预期效果是，在通信之前，了解接收者的期望是非常重要的。只有这样，团队成员才能知道自己是否能够利用自己的期望进行沟通，而意外的事情通常不会得到。

4. 沟通是种要求

人们一般都要做必要的沟通，例如引导、下达命令。沟通总是会产生要求，它总是要求接收者沟通要有人、有东西、相信某个想法，它也常常诉诸激励。如果能够按照接收者的愿望、价值和目的进行沟通，那就令人信服，沟通就会变成一个人的性格、价值、信念和欲望；反之，则可能不被接受，甚至遭到抵制。

5. 沟通可以获得信息

单纯的信息不是沟通，沟通有一定的目的，会收到相应的信息，但信息不是沟通，信息和自由人际关系是毫无联系的，信息多就能进入预期效果通道。而沟通是在人们之间进行的，信息是中性的，通信是隐藏在沟通的目的背后的，传播者和接收者由于认知和意向而更加丰富多彩。

在团队中，领导者应该善于利用各种机会和创业团队成员沟通，甚至创造更多的沟通渠道与成员进行沟通，所以领导者们更难创造这样一种环境，让团队成员在需要的时候就可以交谈。

对于个体成员来说，要进行有效沟通，可以从以下几个方面着手。

一是要知道该说什么，就是要清楚沟通的目的，目的不明确意味着你不知道说什么，自然是不可能被别人理解的，当然也不会达到交际的目的。

二是必须知道什么时候该说，也就是说，我们应该掌握沟通的时间。在沟通之前，应先问是否有空。

三是必须知道对谁说，也就是要明确沟通的对象。虽然你说得很好，但如果选错了对象，自然也达不到沟通的目的。

四是必须知道该怎么说，掌握沟通的方法，沟通是利用对方对语言的理解，包括文字、语调和肢体语言进行沟通。

二、建章立制

一个保质保量的制度应该面面俱到,注重实效性和有效性原则,保证系统的针对性、实用性和实施性,使我们能够有效地发挥系统的刚性约束。

实用主义是制度的灵魂,为什么有些系统运作不强、难以执行呢?主要原因是出了现实,没有事先全面调查,没有考虑到实际情况的不同,而且在缺乏实际支持下,建立的制度坚持从实际出发,具体实践,不能"假大空",更不能模仿、抄袭。

实施整顿和建立新制度是教育实践的关键,要抓住改革的精神,根据严格的程序变化,改变、完善措施,还要着眼于长期的长远变化,要在长期的机制上工作,务实、诚实。

注重制度体系,使制度趋同、制度相互扶持,也强调法治思维的逻辑性和实用性,既讲实体又有程序。要注意系统的可操作性,明确具体的、真正的工作,克服乏味的哲学,避免过度创新,反对形式主义,让复杂变得简单。

建立一个体系意味着改变现有的体制机制。所谓科学有效,就是用制度来控制人的管理,每一个岗位按照法律权威和程序行使权力,所有权力的配置都应该相互制约、协调。

在建立制度的过程中,更应该关注新形式的形成,不要盲目寻求更多的设定指标和测试结果。

三、扩充团队

企业公司一旦取得成功之后就需要扩大团队和技术规模了。必须以富有成效的方式完成扩展,从而有能力快速交付产品去满足快速增长的用户群需要。在做让你成长和得到合适人才的决策时,人员的招聘与上岗是一项重要挑战。

扩展不是关于规模增长的,其目标应该是增加团队的产出和交付的价值。领导的关注点应该从产品发展转移到团队发展上,寻找准备和发展团队的方式,以便产出的规模能跟得上团队的成长。

当组织正在快速成长时,启用合适的人才会成为未来挑战的基础,因为雇用人才就是所有事的基础。太快雇用有太多缺点的人就是一种失败的模式,通常所缺乏的是一个招聘流程。有许多不错的流程可为你所用,你可以借鉴它们定义你自己的招聘流程。必须对人员上岗有足够的重视,向新员工解释公司正在做什么,安排他们见其他同事。

1.扩展团队时的问题

很显然,招聘流程是考虑市场供需的主要挑战。要雇到最好的人才,就需要提供最好的机会。有的创业者在国外生活和工作的时候,注意到许多开发人员希望坚持用一种编程语言和一种技术栈。公司只想雇愿意用同一技术栈工作的新人。这么做就很难保持团队的扩展,很难雇到最好的人才。优秀的开发人员愿意朝着远大的规划和愿景工作,而不是与同一类人用同一技术栈,所以你需要呈现出雄心勃勃的规划(可能通过雄心勃勃的技术选择)去得到合适的人才。

另一个主要挑战是处理大量新的招聘。如果你的团队从几个人快速发展成几十个人,最具学识的开发人员就不得不帮助新人去解决各种问题,从而被搞得焦头烂额。许多管理者都会犯同一种错误,那就是雇用很多新手或中级的开发人员,这只能让手底下的开发人员更多,这是个很具毁灭性的策略,会对你的速度和敏捷性造成破坏。扩展一个团队应该是雇用已经成功的团队,从新的方面、新的技术或新的视角带来实际贡献的人才,它不应该成为新手的职场大学。

2. 如何应对挑战

每当团队看起来要超过六个人时,创业者都会想到微服务。你可以有多支微服务、有非常独立项目的团队,甚至为更好地满足应用场景,还可以让他们使用不同的编程语言或数据库。当不同类型的程序员在同一公司朝着同一目标工作时,就会做出令人吃惊的结果。作为技术部门,就要雄心勃勃,使雄心勃勃的人才因为为你工作而兴奋不已。

3. 不同扩展团队的方式也会有各种差异

在这里举一个例子。在荷兰,专门搞编程的人们喜欢坚持用一个特定的技术栈。这种编程文化在美国几乎是不存在的。在美国,计算机学科技术非常先进,并让大家参加所有类型的编程马拉松和使用所有类型的编程语言,它营造了一种教育的文化。结果,人们对语言和工具有了广泛的兴趣。这不仅仅是一份工作,如果你能够在公司内营造一个良好的文化,就很可能打造出一支优秀的团队。

操作训练 1

训练名称:团体维系加强训练。

训练分组:6~8 人/组。

训练器材:投影设备、白纸、白板、笔、纸条、笔。

训练方法:训练导师先放一段中国某创业团队日常生活的短片,要求大家在放的过程中记录自己的心得。训练导师让全体成员分好组,再在纸条写上自己对团体维系的感悟和新想法,让每位成员记录自己思考所用的时间,再把纸条全部交到纸箱当中,让大家抽签念出纸条,再分类讨论。

1. 为什么团队维系会比团队创建更加困难?

2. 如何维系团队?

每组派一个代表上台向大家汇报每组回答的结果。

点评:

为什么要在组织发展之时还要进行组织维系的工作,因为维系组织是维护和加强组织的能力,使组织的功能和生存与发展的正常运作,以达到组织设计一个具体的目标,就能采取一系列的组织措施,还能保证保证组织目标的实现,这是组织维系的主要功能。组织维系的另一个重要的功能是良好的人际关系在组织内可以确保组织的目标和组织实施的生存和发展,强调人际关系,这有利于组织目标的实现,提高生产效率,以维持组织的生存和发展。

操作训练 2

训练名称:团队成员磨合加强训练。

训练分组:8~10人/组。

训练器材:投影设备、白纸、白板、笔、纸条、笔。

训练方法:训练导师先放一段预先排练好的某创业团队成员磨合的短片,要求大家在放的过程中分别记录自己看到的。训练导师让全体成员分好组,再在每一位小组成员至少在纸条上写出一条针对视频中的问题的解决方案,让每位成员再记录自己对团队成员磨合的感想,再把纸条全部交到纸箱当中,放完后让训练导师分个评价各个小组的纸条信息,然后让每组派一个代表上台向大家汇报每组的综合感受。

点评:

一个完整的团队必须要有适当的人员并且对这些人进行角色分工,还必须在人员配置方面进行有效的配置。简单来说,就是一个团队需要有互补的不同技术类型:第一,必须有一个课题组长负责领导决策的决策;第二,有技术专长的人应该作为企业应对创新挑战;第三,必须有沟通协调信息监测功能和促进组织功能的人;第四,必须有用来解决冲突的人;第五,要有一个具体的人进行日常工作。另外,人的性格不同能力不同,所以如何使工作的性质和成员的特征相匹配就很关键,另一个关键问题是提高团队的表现,每个成员在团队中发挥一定的作用,角色分工是一般根据爱好、技能自觉性来决定的,在新形势和新问题的响应中不断成长,本着合作的精神,处理逐步形成的过程来解决这些矛盾和问题。一个人适合什么样的角色,可以通过个人的心理测量测试等测试手段鉴定,团队的形成也可以根据个人的性格特点和角色优势来选择团队成员,并使工作任务和团队成员的偏好风格相匹配。

第五章　创业团队风险分析

【案例导入】

　　正如刘谦的魔术一样，互联网也是见证奇迹的地方，虽然互联网在中国的历史上是非常短暂的，但却能创造奇迹和神话。翻倍网的创始人李某无疑是这些神话中最具代表性的，他从一个无足轻重的电脑城工人成为企业成功的偶像。才5年后，他被控非法经营刑事起诉，面临牢狱之刑。他为什么从偶像变成囚犯？

　　2002年8月，在二线城市电脑城工作的李某，和朋友一起创建了1388网站，他们租住在附近的电脑城的一所小房子里，一起工作，一起吃住，然后他们研制录音软件，1388逐渐成为国内领先的网络歌手云集的网站，湘乡、杨臣刚等网络歌手在这个网站上成功推出自己，如《老鼠爱大米》等网络歌曲一时间名声大噪，1388网站号称中国第一音乐社区。

　　随后，1388获得众多VC（风险投资）的追逐。2003年8月，IDG VC投资200万美元（据悉，最终投资并没有完全到位），占其30%的股份，第一个个人网站注册用户达到1200万，1388也获得了许多荣誉。同年，互联网领域，1388收到卡特VC投资600万美元，占12%的股份，李某曾做客财富故事，80个领导人对自己财富故事的态度被媒体广泛报道，他当时才24岁了。

　　在这以后，网站开通了新名称，翻倍网，但翻倍盈利模式并没有从根本上改变，靠销售网络虚拟空间和会员费的盈利模式难以持续，广告已成为翻倍网的主要来源。2007年，李某因经营色情视频聊天服务被捕。2009年3月，李某在法庭上认罪，涉案原因尚不清楚，但公司一直处于亏损状态。有人猜测，李某只是在视频聊天财务报表中把收入提高了一倍，才卖了好价钱。

　　翻倍网已停止经营，创始人李某也已经被囚禁，李某的事件问题太大，想再次崛起，几乎是不可能的。我们不禁要问：投资者是对翻倍网完全放弃了吗？他们不监督创始人？李某组织一个以48位小姐为组合的艺术团体，轮班做色情表演，投资者不知道吗？这番言论更具讽刺意味，因为投资者当时曾称赞道，Farebook在中国是没有能力收购翻倍网的。

【案例分析】

翻倍网正处于困境中,除了激烈的市场竞争之外,商业模式还不清楚,创始人的不成熟和不完善也有很重要的原因。根据早期接触投资的私人老板回忆,他承诺投资 200 万,占到 30% 的股份,但又提议聘请另一位 CEO,李某则没有承诺,在融资后,李某也试图聘请专业经理,但都失败了。其中,有一人曾在搜狐 Office 工作,但不到两个月就辞职了,他后来对媒体谈到了"80 后"创业者身上有刚愎自用、不培养团队、不看重思想、不注重章法的四大顽疾。

【基本概念】

一、创业风险的来源

创业环境的不确定性、创业机会和创业企业的复杂性、企业家的能力和实力的限制、创业团队和风险投资投资者都是根本风险的来源。研究表明,由于创业的过程往往是将概念或技术转化为特定产品或服务的过程,所以有几个基本的,但又相互关联的差距,而这就是主要的不确定性、复杂性和局限性的来源,即创业风险往往直接来自给定宏观条件下的这些差距。

1. 融资缺口

学术和商业支持和研究基金和投资基金之间的差距之间存在资金缺口,研究基金通常来自个人、政府机构或企业的研究机构,支持创造的概念,这个概念的可行性初步确认投资基金将概念转化为市场的产品原型(有令人满意的性能,有足够的知识和通过生产成本还能够确定他们是否有足够的市场)。企业家可以证明这个想法的可行性,但往往没有足够的资金实现商业化,为创业者带来一定的风险,通常只有少数资金鼓励企业家,如项目风险投资的早期阶段和政府补贴计划等。

2. 研究缺口

研究差距主要存在于对市场个人利益的判断,基于潜在的商业判断,当企业家首次证明某一特定的科学突破或技术突破的产物可能成为商业的基础产品时,他就会停留在他们满意的那一次的唯一程度。然而,这种争论的程度后来还没有完成,在真正将所期望的产品转化为商业产品(大规模生产产品)的过程中,具有有效的性能、低成本和高质量的产品,需要大量的在市场竞争(有时需要数年)创造创业风险的过程中复杂而可能代价高昂的研究工作。

3. 信息和信任缺口

信息和信任缺口存在于技术专家和管理者（投资者）之间。也就是说，在创业中存在两种不同类型的人：一是技术专家；二是管理者（投资者）。这两种人接受不同的教育，对创业有不同的预期、信息来源和表达方式，技术专家知道哪些内容在科学上是有趣的，哪些内容在技术层上是可行的，哪些内容根本就是无法实现的。在失败类案例中，技术专家要承担的风险一般表现在学术上、声誉上受到影响以及没有金钱上的回报。管理者（投资者）往往知道更多关于推出新产品进入市场的过程，但当涉及具体项目的技术方面是，他们必须相信技术专家说的，管理者（投资者）正在用其他人的钱，如果技术专家和管理者（投资者）不能完全信任对方，或者不能够进行有效的沟通，这种差距会变为更深、更大的风险。

4. 资源缺口

资源和企业家之间的关系就像油漆刷和刷漆工之间的关系，没有油漆和刷子，刷漆工不能工作。创业就是这样的，没有必要的资源，企业家将无助，创业也就不谈了。在大多数情况下，企业家可能不能有他们需要的所有资源，造成资源的差距，如果企业家没有弥补相应资源差距的能力，就要开始创业或创立有隶属关系的企业。

5. 管理缺口

管理差距是指创业者未必是好的企业家，不一定具备良好的管理技能。创业活动主要有两种：一是开始使用新技术的企业家，他可能是技术方面的专业知识，但可能没有专业的管理技能，从而形成一个管理上的差距是两；二是企业家往往有一些想法，可能是一个新的经营理念，但战略规划时没有优秀的人才，或不善于管理的具体事务，从而形成管理差距。

二、创业风险分类

创业的风险主要有以下几个方面。

1. 项目选择太盲目

如果年轻创业者缺乏早期的市场研究和示范，仅仅依靠自己的兴趣和想象力来确定投资方向，甚至只是一时心血来潮做出决定，就只能伤痕累累。大学生创业初期必须做好市场调研，在了解创业市场的基础上，一般来讲，年轻创业者的创业资本实力薄弱，基金也不多，只能从事人力要求不高的项目，并且小规模的经营更合适。

2. 缺乏创业技能

很多学生创业者都会在业务计划付诸实施时，才发现自己没有解决问题的能力。一方面，创业新手应该在工作或实践中积累相关管理和营销经验；另一方面，积极参与创业培训、创业知识积累和接受专业指导,提高创业成功率。

3. 资金风险

在创业初期,资金风险将一直伴随身边创业,是否有足够的钱去创业就是第一个遇到的难题,很多年轻企业家一开始都有这样的问题,只要创业团队开始工作之时,就必须考虑是否有足够的钱来支持团队的日常运作,为初创企业带来一定的资金收益。如果超过连续几个月,或者其他原因,公司的现金流中断,将给企业带来巨大的威胁。大量的企业都是因为资金不足的初期拖了后腿,严重影响业务的拓展,会因错失商机而不得不关闭。

此外,如果没有广泛的融资渠道,创业计划只能是空谈。除了传统的银行贷款方式、自筹资金和私人借贷外,还可以充分利用风险投资和风险投资融资渠道。

4. 社会资源贫乏

企业创建、市场开发、产品推广等工作需要调动社会资源,初出茅庐的创业新手在这方面会很困难,平时应该多参加各种社会实践活动,扩大人际交往的范围。创业前,你可以去相关工作领域的一段时间,通过这个平台,为自己将来的创业积累经验。

5. 管理风险

虽然一些创业者擅长技术,但金融、营销、沟通、管理能力普遍不足,为了成功创业,创业者可以从合作伙伴、家庭创业或虚拟店铺开始,锻炼创业能力,也可以聘用职业经理人负责企业的日常运作。

然而,生意失败基本上都是管理问题,包括随机决策、信息的获取不清、概念不清、不计较个人得失、急功近利、盲目跟风等,特别是刚从高校毕业的学生的知识经验都十分不足,这种单一的财务实力和心理素质显然是不够的,会增加创业风险。

6. 竞争风险

并非所有的初创企业都能找到"蔚蓝的海洋",更甚的是,这种情况只是暂时的,所以竞争是不可避免的,如何面对竞争是每一个公司都要考虑的,而新的企业更是如此。如果创业者选择的行业是一个非常有竞争力的领域,那么在创业初期就很可能出现强势的同行排斥。一些大型企业对小企业,往往采用低成本的营销方法,对于大型企业来说,由于经济规模或实力,短时间和价格不会对它造成致命的损害,但是对于初创企业来说,可能意味着会遇到一个会彻底破坏团队的危险。因此,考虑如何应对来自同行的残酷竞争也是企业生存所必需的。

7. 团队分歧的风险

现代企业更注重团队的力量,最具创业精神的企业主要是在创业过程中产生或成长的动力,而这些都来源于创业团队,一个好的团队可以使企业快速发展,但同时,风险也在于团队内部,力量越大,风险也就越大,一旦创业团队的核心成员在某些问题上不能达成统一意见,有可能对企业造成强烈的影响。事实上,良好的团队合作并不容易,尤其是与股票权益相关的时候,很多初创合作伙伴都会很好地做出贡献。

8.核心竞争力缺乏的风险

具有长远发展目标的创业者,他们的目标是不断发展和壮大企业。因此,企业是否拥有自己的核心竞争力是最重要的风险,对其他人的产品或市场的依赖,只能让企业永远不会成长为优秀的企业,所以建立好自己创业团队的核心竞争力是最重要的问题,但要想谋求长远发展,是最不可忽视的,如果没有企业核心竞争力,终会被淘汰。

9.人力资源流失风险

一些研究和开发以及企业生产和经营需要面向市场,大量的高素质专业人才或业务团队是企业发展的重要基础,防止专业人才和业务骨干的流失应该是企业家们都关注的问题,在那些依靠某种技术或专利的企业中,拥有或掌握这一关键技术的业务骨干的流失是创业失败风险的主要来源。

10.意识上的风险

意识风险是创业团队最固有的风险,这种风险来源于无形,但具有强大的破坏性力量,风险更大的意识有投机心理、幸运心理、尝试心理、过分依赖他人等。当然,创业者在创业过程中遇到的障碍不仅是这几点,在企业发展过程中,随时都有可能有灭绝的风险。保持积极的态度,学习更多,从优秀的经验中学习,结合自己的优势,我们相信创业团队会走得越来越远、越来越稳定。

第一节 创业团队构建的风险成因

本节要点:

1.盲目照搬成功的组建模式。

2.团队成员选择具有随意性和偶然性。

3.缺乏明确和一致的团队目标。

4.激励机制尤其是利润分配方式不完善。

能力目标:通过本节学习,了解创业团队构建的风险,掌握创业团队构建的风险成因的概念。

关键概念:合理组建 组建模式 团队成员选择

一、盲目照搬成功的组建模式

创业团队的形成可分为三种基本模式:关系驱动、驱动因素和价值驱动。关系驱动是驱动企业领导人作为人际关系圈的核心团队成员之间关系的主要砝码,因为他们的经验、友谊和合作的共同利益,使每个团队成员走到一起;驱动因素是指创业团队成员都必须有助于创业创新、资源、技能,正是因为这些元素,团队成员之间的互补性是相对平等的地位;价值驱动是指创业企业作为一个成员的自我实现价值的手段,有强烈的使命感,成功的冲动也很强。不同模式的适用条件是不一样的,如果盲目复制建立了一个模型,将给企业带来巨大的风险。现在最广泛使用的是驱动模式之间的关系,它更具有中国文化的特点,团队的稳定性相对较高,但关系的距离将往往成为制约团队发展的瓶颈。因素驱动模式更符合西方文化的特点,现在的互联网创业团队大多属于这种模式,如果成员运行顺利,可以缩短创业成功所需的时间,但如果运行不顺利,就容易化解风险。价值驱动模式下的团队成员是在共同追求自我实现,而一旦出现分歧,就是行之有效的斗争,没有妥协的余地。

二、团队成员选择具有随意性和偶然性

创业团队是要将个体的力量整合为集聚状态的强有力的生命力,并保持这种生命力的持久性。英国学者贝尔宾曾经考察了1000多支团队研究理想创业团队的构成,最后提出了九种角色论,即成功的团队必须包含九种不同角色的人。这九个角色是:能够创新提出思路和决策的人,翻译思想语言转化为行动的事实的人,分类目标的人,开展协调工作的任务和职责作用的人,推动决策实施启动的人,对外交涉的人,分析问题和意见、评估贡献程度的人,给个人的支持和帮助别人、强调任务的及时性和完成任务的人。除此之外,还需要具有专业技能和知识的专家。

然而,在设立之初,由于规模和数量的限制,创业团队是不全面的,在会员选择上是随意和偶然的。事实上,创业是一个必须要抓紧时间而且各种要素都极其紧迫的事情,所以也不可能有这九种角色,或在团队中有太多的角色,团队成员的角色和复制的优势将导致各种各样的矛盾,并最终导致整个创业团队散伙。

三、缺乏明确和一致的团队目标

心理学家马斯洛指出:优秀团队的特点是具有共同的愿景和目标,凝聚着愿景和经营理念,是团队合作的基础。目标是共同愿景,在客观环境的体现下,向团队成员指明方向,是团队运作的核心动力。

其实,在创业初期,创业团队的目标一般并不十分明确,可能只是一个模糊的

发展方向,有些人甚至不明白他们为什么走上创业之路,即使创业领导者的目标是明确的,也不能保证其他成员能够积极、准确地理解目标的含义。随着创业过程的发展和外部环境的变化,团队成员可能会发现,以前定义的目标和现实之间存在着差距,必须适当地调整目标,否则团队就有可能解散。如果团队成员的意见是不可调和的,或者如果个人目标和组织目标之间有更大的不一致,就会带来巨大的冲击。

四、激励机制尤其是利润分配方式不完善

有效激励是企业长期对团队的士气,如果缺乏有效的激励,团队或组织的生活会长期困难。根据2004年6月饮食调查结果,从200多家企业管理研讨会的参与者中获悉,中国创业团队解散前两名的主要原因是团队冲突(26%)和利益分配(15%),利益冲突对团队的影响或多或少。由此可见,利益分配对于创业团队的长远发展也具有重要意义。

事实上,团队的形成初期,由于企业面临着一个不确定的未来,每一个成员在企业中的作用的贡献不可能精确测量团队,因此,不能给出一个明确的利润分配方案,所以,随着企业的发展和利润的增加,团队成员在利润分配上会有争议,导致创业团队解散。例如,说无锡尚德太阳能电力有限公司就是一个例子,它一直在亏损,在开始的两年后,业务略有回升,因为利润分配方案不完善等原因,五个人的创业团队最后只剩下一个人。

第二节 创业团队的风险控制

本节要点:

1. 选择合理的团队成员。

2. 确定清晰的创业目标。

3. 制定有效的激励机制。

能力目标:通过本节学习,了解创业团队的风险控制,能逐步掌握风险控制的各种技巧。

关键概念:寻找合适团队成员 创业目标 激励机制

一、选择合理的团队成员

建立互补型创业团队是保持企业团队稳定的关键,也是防范和降低团队建设风险的有效手段,在早期团队中创建,数量不应太多,可以满足基本要求。通过能

力与技术的互补,基本上就能成为比较理想的团队作用,而成员的能力和技术应该处于同一水平。如果团队成员对项目能力、表达能力、执行能力、思维能力、社会资源、创新能力等有很大差异,就会带来严重的沟通和执行障碍。

此外,还要考虑创业情绪在选择成员离开时的影响,在创业期,所有成员都需要每天工作,如果对事业缺乏创业激情和信心,无论专业水平有多高,都有可能成为团队中的消极因素,对其他成员产生致命的负面影响。

二、确定清晰的创业目标

创业团队在实践中不断总结和吸取经验教训,形成一致的创业思维,勾勒出共同的目标,作为团队努力的目标,鼓励团队成员积极地把握工作内容和职责,并致力于与他人合作,贡献自己的个人能力。企业团队目标必须明确。为了反映团队成员的利益,团队成员的价值趋向一致,并确保所有团队成员都能正确理解,从而鼓励和激励团队成员发挥作用。此外,企业团队目标必须务实,不仅不应该太高、不应该太低,还应该防止环境的变化和组织的及时更新和调整。

三、制定有效的激励机制

正确判断团队成员的利益和需要是有效激励的先决条件,其实不同类型的人员对于利益的需求并不完全相同,有的成员将追求财富放在首位,而有的成员们希望得到荣誉、发展机会或者其他能提高其他利益的能力。因此,必须加强创业团队领导与团队成员的沟通,为成员的情况和采取合理的激励措施。

企业团队的利润分配制度必须体现个人贡献价值的差异,并应以团队成员在整个创业过程中的表现为基础,而不仅仅是在一定阶段的表现,而且具体分配的灵活性包括股权、工资和奖金等物质利益,也包括个人成长机会和相关技能培训,并可根据团队成员的期望进行调整。

操作训练 1

训练名称:分析风险加强训练。

训练分组:2~3 人/组。

训练器材:投影设备、白纸、白板笔、纸条、笔。

训练方法:训练导师先放一段商战电影片段剪辑的短片,要求大家在放的过程中分别记录自己看到的主要事情。训练导师让全体成员分好组,再在纸条只是写上这个电影当中描述的创业团体的主要矛盾,让每位成员再记录自己的对创业团体的心得,然后把纸条全部交到纸箱当中。训练导师把这些纸条通过分析后具体分类,按照分类后的纸条信息具体解说。

每组派一个代表上台向大家汇报每组的总结。

点评：

风险分析可以通过提供风险评估的投入来加深对风险的理解,以确定是否需要解决风险以及找到最适当的处理策略和方法,风险分析考虑风险的原因和来源、风险的后果及其发生的可能性,并确定影响后果和可能性的因素,也应考虑到现有的风险控制措施及其有效性。通过风险发生的可能性和后果确定风险级别,风险事件可能会产生多重后果可能会影响多个目标。风险分析通常涉及风险事件潜在后果的评估和相关概率,以确定风险的等级。在某些情况下,当后果是不重要的,或概率非常低时,个人估计可能足以做出决定。在某些情况下,风险可能是对一系列事件叠加的结果,或由一些难以确定具体的事件引起的,在这种情况下,关键的风险评估是系统分析和薄弱环节各部分的重要性,以确定适当的保护和补救措施。基于风险分析的目的,提供可靠的数据和组织决策的需要,风险分析可以定性、半定量、定量或是上述方法的结合。定性评价可用高、中、低这样的语句来定义风险事件的后果、概率和风险水平,与定性风险准则相比较,我们可以评估最终的风险等级。半定量方法可采用数字分级量表测量的可能性和后果的风险,并用公式结合起来,得到风险等级。定量分析可以估算实际价值和风险后果的可能性,结合具体情况,得到数值的风险水平,由于相关信息不全面、缺乏数据和人为因素的影响,或因为工作或不能保证定量分析是不必要的,定量综合分析不总是可行或可取的,这种情况下分析半定量或定性的风险由经验丰富的专家可能是足够有效的。如果它是一个定性的分析,应该明确词的使用,并设置风险标准的基础上进行记录。如果它是一个定性分析,使用的术语应清楚地描述,并记录风险标准的基础。值得注意的是,此时的风险值估计要十分小心,确保其准确性和对偏差精度的原始数据和分析方法的运用,以便于进一步的风险评估。在某些情况下,风险可以通过风险后果的概率分布表示。

操作训练2

训练名称:团队构建加强训练。

训练分组:4~10人/组。

训练器材:投影设备、纸箱、纸条、白纸、白板笔、笔。

训练方法:训练导师先放一段关于近10年的团队构建的总体数据变化和总体分析的PPT,要求大家在放的过程中分别记录听到的东西。训练导师让全体成员分好组,再在纸条只是写上自己预测的未来变化,让每位成员再记录自己的心得体验,然后把纸条全部放入纸箱当中,放完后再让训练导师抽取几样纸条分别讨论。

每组派一个代表上台向大家汇报每组预测的结果和总结。

点评：

对于团队构建来说，它的实施难度其实并不大，但是一个良好的开端也是十分重要的，虽然之后可以通过各种各样的方式招揽人才扩充创业团队，但是一个创业团队的原始成员如果没有一个积极的团队意识，就会成为未来团队的绊脚石。如果还有存在二心的原始成员，那就得警惕未来的团队是否分裂的可能性。因此，构建团队要在短时间内找到团队的核心成员，但是短时间内却无法能够考验出这个成员是否能与别人合群，是否能够负责的问题。这样，就得慢慢寻找问题所在，准确将问题拒之门外，而这种办法一般还得看团队领导者是否能面面俱到，没有过于执念的想法，否则其他队员再怎样向领导者汇报情况，也只是当耳旁风。因此，团队构建加强训练其实跟团队意识加强也息息相关，没有一个与团队共存亡的强烈团结精神，就难以将创业团队达到一个新的程度。

第六章　如何让创业团体更加高效

【案例导入】

1. 鼓励合作的星巴克咖啡

星巴克咖啡创始于1987年,第一家店位于西雅图的一个小街,如今已发展出成34个国家和地区的8300家咖啡店。除了其独特的战略外,建立品牌,团队建设是一个重要的手段,可以保持其品牌品质与公司不可替代的竞争力。星巴克的团队文化是平等和快乐地工作,星巴克定位本身是"第三个家",使客户感到轻松、舒适、满意和幸福是公司的愿景之一。

与大多数企业不同,星巴克从来不强调投资回报,但坚持幸福回报,他们的逻辑是:只有客户快乐,才会成为回头客。当大家都开心的时候,公司也会逐渐成长,股东们也会快乐,而团队文化是他们获得幸福回报最重要的手段。那么星巴克如何创造这样一个快乐的、平等的团队文化呢?

首先,领导视自己为组织当中普通的一员,虽然他们从事策划、安排、管理工作,但他们不认为自己与众不同,不认为应享有特殊权利而不做普通员工的工作,他们知道自己也应该与店员一起工作,做咖啡、洗碗、清洗店铺,甚至洗手,所以导致星巴克的领导阶层在大众看来根本没有架子。

其次,每个员工都有一个清晰目标,比如在工作中都采用劳动分工的方法,有的负责接受客户的订单,有的则专门收集咖啡生产费用以及一些专门管理内部库存等,但每个人都在店内所有类型的工作所需的技能都需要大量训练,所以在责任分工的同时,有一种强烈的不可分离的概念。换句话说,当一个客人享用的咖啡单子是在这个店员的忙碌时接下的,其他人如果工作不太忙,将会马上帮助这个人,这样有助于缓和紧张的工作环境。这种既分工又不分家的团队文化当然并不是一蹴而就的,而是有针对性地进行强化训练的结果。

通过鼓励合作、奖励合作、培训合作行为,所有在星巴克工作的员工,无论来自哪个国家,都要去西雅图(星巴克总部)接受三个月的刻苦训练。学习研磨咖啡的技巧不需要三个月的学习,大部分的培训时间主要是为了磨合人员,让员工接受和实践平等快乐的团队工作文化,因为每个国家的民族文化差异,在实施时会遇到很大的阻碍,例如日本、韩国的文化强调等级,很难打破等级让大家平等对待。最简单的例子就是用自己的名字称呼对方,为了实践平等的企业文化,同时尊重当地的文化习惯,他们让每个员工都用英文名字称呼彼此,解决这一矛盾。另外,公司还设计了各种有趣的小礼品,用来奖励及时积极合作的员工,使大家都认识到,合作是企业文化的核心,是公司管理层高度认可和重视的。

2. 分工明确的微软

微软是一家以创建团队文化著称的公司,开发计算机软件的形式是由微软发起的。微软的产品是计算机软件,高度专业,需要知识积累和持续创新,要求不能有过错。在这种情况下,公司需要的不可能是冷漠淡薄的成员环境,而是一个平等而有争议的团队文化,在对立的思想中产生创新的火花,从不同的角度进行辩论,创造最独特、最完美的产品,这是微软产品合作的精神。在不同组织环境下,团队协作的内容和意义却能产生一个统一的产品。那么微软这种独特的团队文化是如何创建的呢? 在这里,我想强调一下公司创始人在建立企业文化中的重要作用,大家都知道比尔·盖茨年轻时是一个电脑迷,而且在高中时有通过有用的电脑知识赚钱的意识,当时还用一个学校的电脑编程项目赚钱。他的狂热和痴迷使他只追求知识和真理,而不畏惧内心的权威。当他从哈佛大学辍学,在新墨西哥州的一家电脑公司工作时,公司里没有人敢顶撞公司技术的老板,但只有他敢,他和保罗·艾伦成立了微软,两人都是思想争论、敢于挑战精神的人,鼓励公司发扬光大,他甚至要求人向他报告,所有的项目团队遵循大胆的原则分歧。软件设计师、程序员、测试员,三种人员互相选择对方,选择越多,最终产品可能会更加完善,项目团队的成员都是平等的,队长也没有特殊的权利,主要起到的是沟通和协调作用,解决任务冲突、人员冲突、时间冲突,使大家愉快合作,按时完成产品,这种独特的团队合作能够实现,公司已与几个主要环节的把握有着十分密切的关系。首先是企业文化的创建(如上所述),其次是检查招聘,微软公司的招聘已经成为经典的 IT 行业标准,也就是说,微软招的人有比尔·盖茨自己的影子:热情于计算机技术,理解思维的乐趣,也忽视了坦率和权威。同时,也要有非常明确的分工和流程的设计。每一个团队成员都很清楚自己的职责,他们在整个的位置和顺序以及时间安排工作上非常明确,每个人都无法取代,所以他们互相尊重,敢于提出自己的不同意见,最后,他们都有一个共同的明确目标,让产品按时、高质量完成。

3. 高度融合的宜家家居

不同于微软团队,世界上最著名的品牌之一宜家也是一个非常成功的公司,它创造的团队文化是独一无二的,对他人的赞扬是其成功的关键。公司团队归入家具类别,一个团队负责同一部门的家具(如办公家具、厨房用品、地毯、沙发、宜家家居装饰部),公司文化在很大程度上体现了瑞典民族文化:平等、低调、简约、现代。宜家低调的平民文化不仅体现在家具价格上,而且质量和风格都是可靠和现代的。这种文化精神还体现在上层领导个人风格上,宜家创始人据说是世界上最富有的人,但他从不张扬,而且过着简朴的生活。为了鼓励高度整合和团队成员之间的合作,公司不给大家一个明确的工作描述,相反,他们要求团队成员讨论决定谁负责什么,如何操作整个团队是最有效的。因此,集团领导人没有特别的头衔,主要起协调作用,理顺团队,每个人都可以从工作中获得乐趣。

这种平等模糊的团队文化在美国宜家家居实施中开始遇到相当大的障碍,因为美国文化虽然平等,但平等的程度没有瑞典文化更为彻底和广泛。此外,美国文化强调精确,岗位或职责或需要有明确的定义。公司一直认为这是宜家核心文化的重要组成部分,一直坚持下来,在这个过程中,当地应聘者也慢慢熟悉了宜家的文化身份和人事任命,运作变得越来越顺畅。

因为宜家是一家家居店,每个人的工作并不复杂,每个人都可以做别人的工作,没有人是不可替代的(不像微软的团队),所以管理团队的关键是成员之间彼此了解、相互信任,创造出了一个积极有爱的团队氛围,以便在任何人繁忙的时候,暂时闲置的人会主动去帮助,让客户得到满意的服务。由于宜家只是一家家居用品商店,每个人的工作内容都不复杂,每个人都可以胜任他人的工作,没有人是不可替代的(而微软的团队则不同),所以团队的管理是相互磨合和默契的关键,能够营造一种积极、互信和喜欢的团队氛围。

【案例分析】

以上三个团队建设的案例表明,团队的工作可以不同,知识结构的团队成员可以不同,结构和团队的组成也可以不同,但只要团队有针对性的管理,就可能创造出一个良好的团队,领导的作用很重要,但不能突出重点。领导者的领导应该让每一位成员都感觉自己是整个团队的领导。因此,当团队中的每一个成员要产生对组织的认同感时,他们不需要考虑是否合作,也不必贡献自己的力量。

【基本概念】

第一节　具有准确目标能更加高效

本节要点:

1.明确可行的目标。

2.致力于企业价值的创造。

3.对企业的长期承诺。

能力目标：通过本节学习，了解一个团队拥有一个准确目标的好处，并且一个准确目标会让团体更加高效。

关键概念：明确目标价值 创造长期承诺

一、明确可行的目标

一个企业团队的建设实际运作不是一件容易的事情，但它并不像大多数人认为的那样，是一件非常困难的事情。它往往像一个青年志愿团队的开始一样，经常使用一些常用的管理工具简化团队建设工作，团队成员深刻理解自我，识别团队成员的长处和弱点以及工作偏好，解决问题的基本价值观等，通过这些分析，最终培养团队成员之间的共同信念和团队一致的观点，建立团队，运行游戏规则。

每个团队都有其优势和劣势以及团队完成任务的成功和面临的外部威胁与机会，通过团队的环境分析来评估团队的综合能力、找出团队的综合能力、实现团队的目标之间的差距以明确团队如何发挥优势，避免威胁，提高应对挑战的能力。

在团队的任务指导下，让每个团队成员明确团队的目标、行动计划，以便激发团队成员的激情，建立一步一步扎实打下的里程碑，使团队在任务上看到目标，创造出成员对团队伟大建设的兴奋之情。

正确地时间采取适当的行动是成功的关键，当团队的任务开始时，或者团队遇到困难或障碍之时，团队就应抓住机会进行分析和解决。团队面临内部和外部的冲突，应在适当的时候进行解除或消除，获得相应的支持资源。当然，也必须通过根据其总体趋势来分析目标的价值。

如何行动涉及团队运行的问题，即如何在团队内部分工，不同的团队角色应承担什么样的责任，如何实现权力、协调与沟通等。因此，每一个成员的团队也应该有明确的岗位职责描述和说明，逐步建立起团队成员的工作标准。

这个问题现在很容易被忽略在许多企业团队建设中，这也可能是团队效率低下的原因之一，团队工作效率很高，团队成员知道他们为什么要加入团队是很重要的。成功和失败对团队的积极和消极影响是什么？为了提高团队成员的责任感和使命感，我们经常将激励机制引入团队建设中，以团队荣誉、薪酬或福利增加、职位晋升等为目标。

二、致力于企业价值的创造

对于这个问题，现在很多企业在团队建设中很容易被忽视，这可能是导致团队效率低下的主要原因之一，团队要高效运作，必须让团队知道他们为什么要加入团队。通过分析团队成功和失败分别带来的积极和消极影响来分析团队创造价值的能动性。如果为了增强团队成员的责任感和使命感,就应该引入激励机制,而激励机制正是我们经常谈论的引进团队建设。对团队成员来说,团队成员的荣誉可以是荣誉、工资或福利的增加和晋升等。

很多人认为,只要找到一个好的行业,就可以闲下来放松一下,幻想着之后可以在这个行业获得很高的利润。然而,值得注意的是,即使是在好的行业里,企业的生存也可能发生风险。

一个企业的决定因素,可以取得比行业因素更好的结果。然而,只有资源依赖性也不能保证企业的健康发展,对企业及其性能相同的资源人的关注仍有很大差距。同时,市场机制日益完善的今天,几乎所有的资源都可以通过市场等价交换。

战略是一个系统的社会创新,比如,美国西尔斯和沃尔玛可以表明,企业的发展历程是一个不断为客户创造价值的过程。沃尔玛的创始人山姆一直在思考如何为客户创造更多的价值,不断地重新设计其价值创造过程。从创业的第一天开始,西尔斯公司虽然经历了几次高层领导的更替,却不断设计和重新设计出其价值创造系统。

公司的成功战略分析中心不再是公司本身,也不是整个行业,而是整个价值创造体系。在这个体系中,不同的角色(如供应商、客户、分销商、商业伙伴)共同创造价值,他们的关键战略任务是重新安排新的角色之间的关系和他们在联合动员机构中的作用以及各种角色创造新的价值,他们的潜在战略目标是创造一个持续提高公司与客户之间的协调能力。换言之,一个成功的公司战略是作为一种社会创新体系,即不断设计和重新设计,这意味着复杂的业务系统,而这个战略的最重要的任务是战略的价值创造系统的不断设计和重新设计,使公司的业务变得对客户更有吸引力。

三、对企业的长期承诺

承诺对团队的成功至关重要,通常情况下,团队需要致力于存在机会,将成功最大化。

第一个问题是团队成员有承诺帮助对方取得成功,这类承诺将使小组能够顺利执行各种责任或工作轮换;第二个问题是所有成员致力于团队和团队的成功,集体的荣誉感和对团队目标的承诺是非常重要的,对最终成功的团队来说,这种类型的承诺成员必须为集体而奋斗并负责任。

最后,所有成员都对组织和组织的成功作出承诺,当团队成员把他们的工作看作是对组织目标的贡献时,在更高层次的核心中会获得荣誉感和使命感。

第二节　实现创业团体合作会更加高效

本节要点：

1. 互补的技能。

2. 良好的沟通。

3. 高精密的设计。

能力目标：通过本节学习，了解创业团队成员通过一定的手段达到合作共赢的效果会更加高效，掌握合作精神的概念，了解并能学习团队协作的真谛。

关键概念：互补　沟通　设计团队　创业团体合理分配

一、互补的技能

企业的发展从内部开始，逐步向外扩展，通过松散个体的积累，扩大创业人员规模，直到组织结构和功能的均衡发展，使其演变呈现波浪起伏，其主要动力源在内部循环的人力供应方面。

二、良好的沟通

首先，团队成员之间由于价值观的不同、个性的沟通和协调能力不同、人际冲突这样紧张的局面，甚至会产生敌意等强烈的情绪挑战领导。领导需要充分沟通，引导团队成员调整心态，和他们的个人目标和目标角色定位在一起，清楚地知道要做什么，并且知道如何做。

其次，团队成员与工作环境之间的沟通和协调、团队成员和周围环境也会产生不和谐，如与技术体系不协调、不熟悉团队使用的信息技术系统等，领导要帮助团队成员熟悉工作环境，学习和掌握相关的技术，促进项目目标及时完成。

最后，团队与其他部门之间需要沟通和协调，在工作的过程中，利益相关者之间、团队和其他部门之间也会产生各种各样的矛盾冲突，这就需要领导进行良好的沟通和协调，为团队争取更充足的资源和良好的环境，和工作过程、和工作目标、和利益相关者不断达成共识，更好地促进工作目标的实现。

三、高精密的设计

在实际运作的企业团队建设不是一件容易的事情，但它并不像大多数人认为的那样是一件非常困难的事情，可以经常使用一些常用的管理工具简化团队建设工作，团队成员深刻理解自我，识别团队成员的长处和弱点、工作偏好、解决问题的基本价值等,通过这些分析,最终培养团队成员之间的共同信念和团队一致的观点,建立团队,运行游戏规则。

每一个团队都有自己的长处和短处,而团队要实现任务的成功,面对外部的威胁和机遇,通过分析团队的环境来评估团队的综合能力,找出团队之间的差距,全面实现团队目标的能力,明确团队如何发挥优势、避免威胁,提高应对挑战的能力。

第三节　促进创业团体内部团结会更加高效

本节要点:

1. 高度凝聚力。

2. 公平合理的股权分配机制。

能力目标:通过本节学习了解团队的内部团结,会让团队更加高效,掌握团结精神的概念,了解并能学习内部团结特质。

关键概念:凝聚力　股权分配机制　公平公正合理

一、高度凝聚力

团队凝聚力的形成既有内在因素,也有外在因素。内在因素来自成员和团队本身,外部因素来自环境压力,团队凝聚力可以是团队成员在理解和反应的语境下对于收敛的过程,也可以是其他成员的行为,或成员的共同持有特定的价值。这种价值观主要内涵就是要遵循四条基本原则。

1. 对共同利益的认同原则

面对社会现实的收入对比,每个人都容易形成对共同利益的认同,考虑到税务人员的内在素质,这个身份会自动转变为自觉行动,维护个人利益和集体利益的大局。

2. 以贡献论报酬的公平原则

计划经济时代遗留下来的斗争、摩擦,随着年龄的竞争,应该是所有人都可以接受的,每个人都有不同的收入,只要差别大致合理即可。应注意预防和及时矫正凝聚力。

3. 杜绝损害整体利益的公正原则

不拉帮结派,在纪律面前人人平等,对劳动、公共资源工作时间核算等分配不合理的现象尤其影响同事的工作热情,特别是影响团队的形象和声誉,尤其是集体形象的影响。

4.强调发展目标的激励原则

有的团队有共同的发展目标,却没有共同的目标。共同的目标是好的,直接影响到团队的精神、精神和凝聚力。共同的目标通过个人目标实现,个人目标要注重个人发展,团队的未来的愿景和可能的方向往往与团队成员讨论、争辩,让他们自己设计自己,在潜意识里,个人成员珍视未来,更看重创造未来的机会,应给予他们鼓励,尊重和珍惜他们的创业激情。

二、公平合理的股权分配机制

初次创业者对于股权分配很容易犯以下几个错误:

(1)出于这样那样的原因,没有明确股份分配比例;

(2)明确了股份分配,却用平分的方式来分配;

(3)谈妥了分配比例,却没有契约化、合法化;

(4)签了股份分配协议,却没有建立退出机制;

(5)前面都做到了,后期随着情况变化,没有动态调整股份比例。

股份分配是非常重要的一件事,没有做好的话,轻则影响团队积极性,重则导致整个团队解散。因此,创业者对于此事必须给予足够的重视。

在创业伊始,什么才是正确的股权分配方式?以下是一些建议,仅供参考。

1.创始人持有尽量多的股份

五五开的股权分配或者多人平分股权会导致在后期做决策时,在意见僵持不下的情况下,谁也无法做出最终的决定。

另外,在融资和上市时,这也是非常不利的一种分配方式。A股上市公司的实际控制人必须很明确,如果多人控制公司的话,这家企业在投资行业是没有价值的。

现在比较常见的股权比例是创始人拥有70%股份,技术和运营各占10%,剩下10%留给新加入的核心员工。

2.根据贡献值估算股权比例

分配股权时,根据各个合伙人对项目的贡献值来测算所持比例。贡献值需要考量以下的要素:投入的金钱、时间、专利、技术、人脉、创意想法。其中,出资金额是直接可衡量的,其他的可以根据大家都接受的规则来测算。

例如,专利和技术可以根据市场上的购买的价格来核算,而人脉可以根据可以带来的订单金额来测算。在确定了创始人股份之后,其余股东根据出资金额和贡献值综合评估计算股权比例。

3.股权分配契约化、合法化

明确股东人数和测算后的出资比例,签订合同,在工商注册,以保证所有股东的合法权益。

如果出于一些原因，需要代持股份的，也一定要有相对应的合同来明确代持比例、权利义务等。

由于股权分配涉及财务核算、股权过户、工商政策等，因此，分配方案最好简单易操作、实施成本低，不会产生不必要的税费。

三、要有明确的退出机制

1. 退出时的股权价值核算

随着事业的发展，难免会出现有股东主动或者被动退出的情况，他持有的股份会被公司回购或者转让给他人，这个时候就需要测算股份的价值。

公司估值是一个比较专业、复杂的问题，而且有多种估值方法。例如，比较法就是根据近期行业内同类型企业融资或者收购交易的营业额、现金流等，然后和企业对比。其他还有运营数据估算法、行业估值法等。对于非上市公司，一般采用化繁为简的方法进行测算。

如果公司已经融资，并且有明确的估值，可以按照市场估值来计算股份的价值。如果没有融资，可以考虑用历年营收的平均值来乘以一个系数进行估值，一般企业倍数在 0.5 到 1 之间，技术成长快的企业放大到 1～3 倍左右，爆发性的互联网公司能达到 10 倍。

2. 回购股权的优先级

创始团队有合伙人离开时，他所持有的股权需要设立一个回购机制，股权回购时，有三个优先级。

第一个优先级是公司，公司按既定价格回收股份后，再慢慢进行分配。

第二个优先级是公司内部原有股东，股东优先认购权是公司法认可的。

第三个优先级是外部第三方，但是有一个重要的跟随条件，就是其他股东有随售权。随售权是确保股东能够公平进退的一个重要条款。

3. 股权激励的手段

创始人团队之外，公司还需要预留 10%～20% 股份来激励后来的核心员工。对于这些员工的激励，一般有以下几种做法。

（1）股份定期兑现

股权在特定的时间计划下逐步兑现。例如，公司许诺给员工 1 000 股，每月兑现 50 股，这样到 20 个月的时候，该员工将获得 1 000 股。然后就要看具体情况了，可能股份再也不会增加，也可能由于资源的变化，与公司股东协商获得更多的股份。

这样，员工只有在公司工作一定的期限，才能拿到兑现的股份。一旦员工离开,公司就停止对其股份的兑现。

(2)限制性股票

限制性股票是上市公司进行股权激励使用最多的手段,同样适用于非上市公司。

限制性股票是为了激励公司高管,在完成设定目标的前提下,公司赠予激励对象一定数量的股票,或者以低于市价的价格出售给对方。如按股票来源细分,即提供给激励对象的股票是通过计提奖励基金从二级市场回购,或是向激励对象定向发行的股票,可分为计提奖励基金回购型、授予新股型(定向发行)。

3.股票期权

期权是一种权利,用来奖励公司高层或者核心技术人员,可以用一个低价在未来获得公司的股票。一般越早期的公司,行权价越低。期权的享有者可在规定的时期内做出行权、兑现等选择。

在进行股权激励时,有一种做法是在主体公司之外,成立一家合伙制的公司。

让核心创始人以自然人身份出现在主体公司之中。另外,把创始人和其他需要激励的核心员工拉出去,单独成立一家合伙制公司。合伙制公司成立之后,放到主体公司,持有一定比例(一般为10%~20%)的股权。

这样做的好处是,如果核心员工有变动,需要进行股权变更和转让时,在合伙制公司这几个人的范围内就能实现,整体股权比例在主体公司不发生变化。

初创企业,只有设立了合理明确的股权分配,制定好股份退出制度,并用合适的股权激励政策激励核心骨干,才能让企业在一个稳定的股权架构中持续成长。而对于高速发展的企业,即便当初的股份分配设计得再合理,随着企业的发展,最初的设计将不再适用,这时需要进行股份比例的动态调整。对此,我们将会在以后的文章中进行阐述。

操作训练1

训练名称:创业团队效率加强训练。

训练分组:4~8人/组。

训练器材:投影设备、白纸、白板笔、纸条、笔。

训练方法:训练导师先放一段中国手工业生产与商业买卖的短片,要求大家在放的过程中分别记录自己看到的和听到的东西。训练导师让全体成员分好组,再在纸条上写上自己未来想要做的职业和未来最有可能做的职业,让每位成员记录自己思考所用的时间,再把纸条全部交到纸箱当中,放完后再让大家抽签。

每组派一个代表上台向大家汇报每组回答的结果。

点评:

通过培训,首先了解的什么是团队协作,团队协作就是指所有团队成员的协同协作,就会有各种各样的目标、分工、沟通、协调,甚至妥协,所以我们需要一些规则和工具来帮助团队提高协作效率,可以从目标、规则、通信和工具四方面提高效率。

首先,要发展一个灵活的目标,让团队成员有一个明确的方向和明确的目标。高效的团队协作团队能够形成的牵引力是非常强的,更重要的是,团队目标是团队成员的前提目标,让团队获得高效率,最好的方法是让所有团队成员围绕团队的工作来实现目标。

应该指出的是,将团队目标分解为短期目标、具体计划和任务目标是一种推荐做法,一些优秀的团队经理甚至可以将团队的长期目标提升到团队使命和价值观的水平。而要做到这一点,管理者需要有卓越的领导才能。

操作训练 2

训练名称:团队合作加强训练。

训练分组:5～10 人/组。

训练器材:投影设备、纸箱、纸条、白纸、白板笔、笔。

训练方法:训练导师先放一段预先编排好的主要描写某创业团队一起成长、一起努力的短片,要求大家在放的过程中分别记录自己看到和听到的东西。训练导师让全体成员分好组,在纸条上写上自己认为对创业团队的有用的建议,让每位成员再记录自己对创业团队的心得体验,再把纸条全部交到纸箱当中,放完后再让大家抽签。

每组派一个代表上台向大家汇报每组回答的结果。

点评:

通过团队精神加强培训,根据团队成员的个性和特点进行培训,注重发展,突出和拓展不同的优势,相互学习,实现优势互补,在团队内部举办扩充训练或凝聚力的游戏,让大家在和谐的团队生活中加强必要的紧张气氛,一支队伍需要根据社会或工作任务探索和创造更志同道合的集结点,坚持不懈地努力。

倡导团队精神,所谓团队精神,简单来讲就是大局意识,合作精神和精神集中体现的核心是合作,共同努力实现共同目标和任务,也就是通过利用各种优势,通过日常管理软件加强团队合作管理,加强协作意识,用简单的管理模式提高工作效率,实现倍增效应。

第七章 领导与领导力

【案例导入】

小赵是一个很有决断力的人。当公司人员因为争议未能达成共识时,小赵直接要求结束争论,执行他所认为对的意见。如果大家继续争论,他会严厉地批评他们。因为他的决定在大多数情况下是有效的,所以工作人员也逐渐敬佩他,只要是他拍板,员工都会认真执行。同样重要的是,小赵让员工做的事,员工就一定会这样做,比如不要迟到、早退,不接受客户的回扣,等等。因为他的追随者都知道小赵是一个说到做到的人,所以对他的命令都会尽力完成。

小赵公司的第一个困难时期始于第一批资金到位,当时有一批钱很难得到,因为许多公司也不是那么容易给小赵公司投资。小赵在两天的时间内谈了30多个投资者,虽然小赵公司项目很好,但实际上这30多个投资者只有一个给予了资金支持。也就是说,一方面,大多数人不理解投资的概念;另一方面,他们对小赵公司持怀疑态度。但后来小赵公司通过第一个困难时期后,小赵公司员工被公认为最强大的执行团队。因为这个团队设定了一个明确的目标,并且具有良好的沟通。现在小赵之所以雷厉风行,是因为在第一次创业时模棱两可的态度让小赵吃尽了苦头。

第一次创业时,她在给员工分配任务之前并没有说清楚,所以员工在执行的过程中会不断去猜测他的意图。有时做了正确的事情还可以,但是猜错了而且还做错了,就会受到惩罚。小赵的脾气让员工无所适从,如果小赵可以及时问员工的执行情况,也许还可以挽回错误,但要命的是,她交代几句之后,就撒手不管了,要知道一个新手员工只有知道怎么做时才能会做。员工找她沟通,她就说自己正在忙着别的事情,她会觉得员工不会办事,于是换另一个人去做,结果让公司越做越差。更糟的是,久而久之,员工一个个都只是混饭吃。不久后,小赵的第一个公司就倒闭了。

【案例分析】

通过案例不难发现,在创业团队中,作为团队领导应该有较强的决断力,让手下的员工认为你不仅拥有权利,还会使用权利。当然,作为领导者,还必须要做到以身作则,让公平公正自在人心。还有句话说得好:"清官难断家务事。"这正是缺乏决断力而导致的问题,即使是"清官",也要有很强的处事能力和分析推断能力。

一个明确的目标是团队执行的方向和力量,因为没有目标,员工就不知道要做什么。良好的沟通也是顺利实现的保证。领导者在交代事情时,会给下属明确的目标,还要让下属在执行过程中跟领导者有更多的交流,从而保证目标顺利实现。

对于创业团队来说,资金是难题,在没有一个稳定的投资商之前,很多事情都很难去做,尤其是推广和销售这方面,即使是花大价钱去做推广,售后服务质量不高,也不能完全让自己的产品有很好的声誉,资金到位后新的困难也会随之而来,每一次产品的更新换代都是艰难的一步。当你拿出你的产品给别人评价时,肯定会面临很大的压力和风险,即使自己认为是完美的,也可能有许多客户认为有许多弊病。而且生产的产品还会延伸将出更多的问题,比如要考虑产品质量的控制、是否能被消费者接受、是否能被市场认可等。要知道公司的发展前景并不会一帆风顺,前方仍然有很多的困难,但我们需要以乐观的心态去面对。

【基本概念】

一、什么是领导力

领导力有广义、狭义之分。一般来说,在一个组织里,具有领导力的人应该可以做到这样两点:

(1)能够为企业制定愿景,指明目标及方向;

(2)能够组织和影响其团队去实现这个目标。

但是,这仅是一个比较狭隘的领导力定义。从广义上来说,大型企业里的任何一个角色都有发展领导力的需求。大型企业里需要不同规模和复杂程度的团队,有团队就有团队的目标,就有实现团队目标的过程,这当中就需要有领导力。

二、领导力的实质

对于一个创业团队的领导者来说,领导力的实质也就是指在整个团队的范围内,充分地利用人力和物力,以最小的成本办成事,从而提高整个团体的办事效率的实质力量。那么这种实质力量在实际领导中又有哪些呢?

1.思想力

思想力是作为领导力的灵魂而存在的,相当于自信力、洞察力和决断力的基础,因为思想力指的就是能够准确使用科学的思想观念和正确的哲学理论,才能有相对应的自信力、洞察力和决断力。如果没有深思熟虑的思想斗争与进化，领导力终究无法拥有力量。

2. 道德力

道德力就是在不违背道德的情况下获得自己应该占有的资本，并且通过大量的慈善事业把自己的美德传播出去。一个领导有道德，才能给下属做好表率，只有将精神与物质都做到道德至上，才算是道德的完美体现。

3. 物质力

物质力的概念首先被马克思使用，它是一种关于宇宙间普遍现象的高度概括。但社会活动里的物质力只能做到估算，人类思维里的物质力量却只能通过人类改造客观世界的成果觉察。发现某种物质力，就可以把它作为探索真理的向导。人类所有思维的直接目的都是在感知或寻找一种以上的物质力以改造世界。物质力既可以在客观世界给予人类感知，又可以供人们选用以达到自己的目的。

4. 影响力

通过计划制定决策，通过组织和人事管理掌握用人之道，通过控制激励组织和他人来影响别人，才算是真正的有影响力。当然，必须是你的团队也达到知名的程度，你的影响力才能充分体现出来。

5. 执行力

让自己能够做一个全团队的表率，对大家就能有号召力，为我们的团队奋斗终生。执行不仅仅是执行一个项目，更多的是通过一个团队的生命力源源不断地产生新的商业产品。

6. 创新力

无论是对科技创新还是对组织内部创新，都需要对待新事物有着不偏不倚的新的思想高度，也表明了更新知识也是十分重要的，如果没有对如此迅速发展的世界有所了解，迟早会有一天会被新的思想和科技所打败。

7. 凝聚力

领导者在这里应该建立一个像家一样轻松而又像图书馆一样令人热爱工作学习的地方，让每一位团队成员对自己的团队倍感亲切，既能在休息时间放松自己，又能真正把自己的精力和能量释放在团队的工作中。而这不仅仅是对领导者的凝聚，更应该是团队的种种因素对每个团队成员都有凝聚力。

8. 协调力

协调力指的是平衡各种职位上的各种缺陷与漏洞的能力，这种能力不仅让团队成员能够相互理解和相互信任，还可以稳固团队整体状态，整合职位空缺，更能让团队更加高效。

9. 信息力

信息力就是我们经常所说的信息交流和资讯处理能力,如果无法从信息交流和资讯处理能够对世界变化进行具体分析,到最后也只能沦为二流的领导者。

三、经理人需掌握的领导理论

1. 领导的实质

领导是领导者向下属施加影响的行为,领导的实质在于影响,所以领导力实质上就是影响力。影响别人的能力有大小区别,为什么有的人影响力大,而有的人影响力小,甚至没有影响力呢? 那是因为影响力(领导力)就是法定权力和自身影响力的总和。

2. 法定影响力

法定权力是组织赋予领导者的岗位权力,有岗有权,下岗没权。通过组织赋予的岗位权力去影响别人,是各层领导者开展领导活动的前提和基础,具有强制性。法定权力受企业规章的保护,企业的法定权力一般而言包括下述几个方面。

(1)决策权

决策权即重大事情的决定权。

(2)组织权

组织权即对机构设置、权力分配、岗位分工和人员使用作出安排的权力。

(3)指挥权

指挥权即有关领导者向其下属部门或个人下达指令而进行各项活动的权力。

(4)人事权

人事权即有关领导者在所辖范围对工作人员的选、育、用、留等事宜的决定权,如果领导者没有直接人事权,必然削弱领导者的权力基础。

(5)奖惩权

奖惩权即领导者根据下属的功过表现进行奖励或惩罚的权力,这是领导者统驭被领导者、实施领导的必要保证。

检验一个人是否能够成为优秀领导者的标准就是看你能否灵活娴熟地运用权力去扩张影响。

3. 自身影响力

领导者对被领导者的另一种作用力量称为自身影响力,即领导者以自身的威信影响或改变被领导者的心理和行为的力量。它取决于领导者本人的素质和修养,无法由组织"赋予",与岗位无关。

构成自身影响力的因素,主要包括以下几点。

（1）信息

信息即掌握本企业及工作环境的详细情况。

掌握的信息越多,就越容易获得控制权,也越容易获得更多的影响力。如果对企业发展方向知道得更多一些,就更容易跟上潮流,获得更多的机会。反之,企业要"软驱逐"某个人的时候,往往只需切断他的信息流,让他什么情况都不知道,自然就能降低他的影响力,进而架空他的权力,最后迫使他自动离职。

其次,是对企业中每一个人的了解,包括他们的观点、他们的分歧、每个人有些什么权力来源、他们将权力运用到何种程度等。只有深入了解这些,才能设计具体的工作方式和人际交往方式。

（2）人际交往能力

这一能力就是在各种情境下,设法与各种各样的相关人员建立并保持良好工作关系的能力。很多人相信只要人品好,自然就能获得别人认同。但是,现实生活中,人与人之间的交往问题往往起源于非原则、非人品的问题。人际关系的技巧,就是帮助我们去处理这些根本不涉及原则的问题。

（3）良好的履历及由此带来的声誉和个人形象

形象产生领导力或影响力。世界上成功的巨人们无一不在乎自己的形象,形象的魅力在于领导者的信念和对未来的承诺通过个性化、外表及魅力吸引着追随者。

形象到底是什么? 形象并不是一个简单的穿衣、外表、长相、发型、化妆的组合,而是一个综合的全面素质,是外表与内在结合的、在流动中留下的印象。它包括穿着、言行、举止、修养、生活方式、知识层次、家庭出身、住在哪里、开什么车、和什么人为友等,它们在清楚地为你下着定义——你是谁、你在什么位置、你如何生活、你的发展前景等。

（4）个人综合能力、专业知识和技能以及深刻的见解

主要包括以下几点:

①较强的分析判断能力;

②准确的决策能力;

③有效的组织控制能力;

④良好的沟通说服能力;

⑤知人善任的用人能力;

⑥断进取的创新能力。

四、领导与管理的统一

研究发现,组织需要的"领导",是有影响力的"领导",是在组织中拥有足够影

响力、能够有效影响周围的人。

现代企业组织架构中,除了投资方,企业主要由聘用的职业经理人打理。企业中的管理者一般都身负"领导"和"管理"双重职能,这两种职能有何区别,两者孰轻孰重?当今领导力权威约翰·科特教授对其下了这样的定义:"领导"和"管理"是两种不同的职能。

"领导"的职能主要在于"确定方向、整合相关者、激励、鼓舞"这4块,其目的是为了产生变革。

"管理"的职能主要在于"计划、预算、组织、控制",其目的是建立秩序。

领导者拥有的影响力是内在的、随身携带的,而不是别人赋予他的,同岗位无关;而管理者则不同,管理者是通过组织赋予的岗位权力去影响别人,有岗有权,没岗没权,在岗有权,下岗没权。

领导者拥有追随者,管理者拥有下属。

领导者的追随者主动做事;管理者用制度去约束人,管理者的下属被动做事。

五、情境领导理论

这一理论的方式取决于下属的成熟度,这有些类似于孔子教学教育思想"因材施教",而这里的成熟度主要指两个:业务技能和经验;专业的心理成熟度,即做某事的意愿和动机。作为一个员工刚进入工作,在不成熟的阶段,也就是在没有工作经验时,也在难以派以重任之时,用命令式的领导是最有效的领导风格,对大事小情都统一规定好再让员工去做。

下属在初步成熟阶段时,下属的工作热情是有的,但缺乏足够的工作能力或者下属因为做过很多组织的事务所以比较自信但实际上并没有相关的能力,应该用说服的方法的领导方式。你需要仔细指导下属完成任务,在这个阶段,你开始显示一个"高"行为之间的关系,例如,你需要更多去解释为什么让员工做这个任务。

当下属进入成熟阶段,下属可以完成任务,但还不够保险的时候,或者下属能够完成这个任务,但是却不喜欢去做时,可以使用参与式的领导风格,发挥下属主动,适当授权,经常互相交流,吸收下属参与决策和实施的工作。

员工发展到成熟阶段,下属有能力和意愿去完成任务或有能力和信心完成任务之时,最适合使用授权的领导风格,需要提供少量指导、鼓励和支持给员工,让员工正常为组织或企业工作。

六、领导者的素质

领导是一门艺术,就是让别人心甘情愿地去做你想要做的事。要成为一个优秀的领导者,需要具备各种各样的技能和品质,其中大多数技能都是可以通过自身的学习来掌握的。团队领导者一般已具备了某些技能,只是自身可能还没有意识到这些就是领导技能。

　　首先需要分析清楚领导者要做些什么,然后就能够知道领导者究竟需要具备什么样的技能。

第一节　领导与领导力

本节要点:

1.如何做一个领导者。

2.领导力的五个要素。

3.如何有效控制员工。

4.如何正确的使用权利。

　　能力目标:通过本节学习,了解什么是领导的重要性和领导力的实际作用,理解团队不能缺少领导者,并能学习到如何在团队中当好一个完美的领导者。

　　关键概念:领导者　领导力　权利

一、如何做一个领导者

　　有很多职业经理人的综合素质、背景和经验比企业家要好很多,包括很多有海外教育背景和工作在著名的国际组织的人。前一段时间我去了耶鲁大学,接触了一些创新的课程、老师和同学,然后做了一些总结。

　　问问你自己:你适不适合做事? 你能否做第一大股东?

　　第一,独立思考和创新能力。

　　创新的性能是要思考你是否有独立思考的强烈愿望和能力,你是否有一个挑剔的眼光和习惯。对一些社会现象、一些商业的状态不满意时,要有冲动去做不同的事情,想要改变。

　　第二,你是否愿意冒险。

　　这和你的背景和条件没有太大关系,你的个性与你的职业生涯在这个阶段的选择是非常重要的。就像有些人会选择斯坦福或伯克利,有些人会选择哈佛。如果你有这两个特质,那么你可能会对企业有利。

二、领导力的五个要素

　　1.经验

　　很多成功的创业者的知识和经验是远远低于那些失败的创业者的。他们并没有足够的创业精神和职业经理的作风。

2. 心态

与经验相对,和已经完成了经济管理与商业培训或者是有一定的工作经验相比,心态也许更重要。为了说明这一点,可以以万达集团为例,它的各种条件和资源都是非常好的,但为什么招聘高管时可以没有很好的学习经验,但是不能没有工作经验呢?当然,培育自己集团优势品牌,人才、资本可能成为创新的束缚。

在职业经理人的角度来看,由于自己的生活条件比较理想,很难把所有的鸡蛋放在一个篮子里,完全转化为创业心态。

3. 财富

财富也可以说是时机和运气。创始团队本身能带来好运吗?并不能。如果一个好的口碑可以给自己积累积极的能源和资源,如果你还是一个有同情心、有魅力的创始人,可以接触到正确的合作伙伴和资源,所有的这些都可以带来好运。

4. 个性

有许多了解自己的个性的方法,比如四色分析法。

红、蓝、黄、绿四色代替人的性格类型。红色性格:积极、乐观、真诚主动。蓝色性格:体贴、敏感、细腻,喜好批评。黄色性格:快,毅力,操纵。绿色性格:温柔、和平、稳定。

5. 合作伙伴

寻找一个合作伙伴是比找到一个妻子更加困难的一件事吗?

在当前环境下,寻求长期合作伙伴有时比找到一个妻子还难。商业伙伴是至关重要的,一个创始人不是完美的,创始人的短缺需要依靠一个合作伙伴来弥补。寻找合作的人并不困难,但找到经过磨合可以一起合作的合作伙伴是非常困难的。

与合作伙伴合作时必须避免不同意见和矛盾,当价值观和期望出现不同时,哪个合作伙伴愿意做出牺牲和妥协?合作伙伴发展困难,没有共同利益就很容易崩溃。只有先了解自己的个性和能力,才能根据自己的个性找到合适的合作伙伴。

三、如何有效控制员工

1. 从源头抓起,严把招聘关

事前控制,未雨绸缪。注重德才兼备,北京同仁堂案例就是:非我同类,其心必异!

同仁堂用的人一定是认同组织文化和价值观的人,有德有才,否则不要。道不同,不足与谋。这也就是招聘筛人。

2. 重视入职培训,认同组织的价值观

忠于组织,忠于事业,忠于职守,忠于操守。

3.加强人力资源管理

订立规范的劳动合同,明确双方的权利和义务。合同中特别要明确员工的劳动期限及违约期限,以此来约束员工的离职行为。

4.健全建立规章制度

组织管理制度规范,劳动纪律严格,各种激励措施(包括经济手段、绩效管理)落实。

5.注重培训

加强员工职业生涯设计。

6.注意签订培训(和其他)协议

明确培训费用的划分、支付方式、服务条款、保密协议、违约责任。

7.培训后的配套措施

学以致用,量才施用,提供平台,创造条件,发挥特长和培训技能。

8.采取措施,提拔重用晋升

激励诱人,此所谓薪酬留人。

9.离职面谈

面对非正常的员工流失率,分析原因,制定对策。亡羊补牢,犹未迟也。这也就是情感动人。

10.改善自我

管理者也要注意自我反省,以宽容和正常心态坦然处之。控制风险和其他风险(如市场风险)一样是不可避免的。各种措施都采取后如果还不奏效,就由它去吧。身在曹营心在汉,于人于己都无益,不如干脆放人。这种人留着也没有大用,反而会坏事,也不值得留用,没有必要再在他身上花费精力。去招聘他人或培养可留之人。这就是大度容人。宽容也是一种管理智慧。

11.加强组织文化建设

培养员工的忠诚度、敬业度和为组织献身的精神。

12.前景诱人

设置职位、职务、荣誉称号等。

四、如何正确地使用权利

在西方,正确地使用权利时更应该使用权术这个概念,而这个概念最先是由亚里士多德提出来的,意大利思想家马基雅维里对之加以系统化。"君主要像狮子一般凶猛,使狐狸一样狡猾,要运用权术,用强有力的政治力量操纵臣民。""一位君主如果能够征服并且维持那个国家,他所采取的手段总是被人们认为是光荣的,并且将受到每一个人的赞扬。""君主必须深知怎样掩饰这种兽性,并且必须做一个伟大的伪装者和假好人。"他这套被称为"马基雅维里主义"的"权术论"的核心思想就是"领导无道德""不说假话成不了企业家"。尼克松在《领导者》中写道:"要想当政治家,首先要是一个成功的政客。在一般情况下,诡计多端、爱慕虚荣和装聋作哑是令人讨厌的习性,然而对领袖人物来说,却是至关重要的。"意大利思想家马基雅维里是这样说的:"当遵守信义对自己不利的时候,或者原来使自己作出诺言的理由现在不复存在的时候,一位英明的统治者绝不能够,也不应当遵守信义。假如人们全都是善良的话,这条箴言就不合适了。但是因为人是恶劣的,而且对你并不是守信不渝的,因此,你也同样无须对他们守信。一位君主总是不乏正当的理由为其背信弃义涂脂抹粉。任何人都认为,君主守信,立身行事不使用诡计,而是一本正经,这是多么值得赞美啊!然而我们这个时代的经验表明:那些曾经建立丰功伟绩的君主们却不重视守信,而是懂得怎样运用诡计,使人们晕头转向,并且终于把那些一本正经的人们征服了。"

五、领导力规划

领导力规划的能本管理是基于现代管理技术和方法以及信息时代的管理实践而提出的崭新管理哲学思想,它使管理从"以人为中心"进一步转到"以能力为中心"。

与"能本管理"思想相应的管理模式可以称作"能力管理","能力管理"就是把"能力"作为组织管理的核心内容和管理操作的关键要素,通过一系列科学的方法和技术,实现对员工能力的有效管理,从而最大限度地发挥员工的潜能,保障组织目标的实现和组织的持续发展。"能力管理"思想和操作模式真正抓住了管理的要害,大大提高了组织管理,特别是人力资源管理与开发的整体效能。

作为企业管理层的核心能力,领导力是企业"能力管理"的重中之重,更是企业人力资源管理与开发的根本。因此,"领导力规划"也便成为企业人力资源规划必不可少的核心内容之一。

举一个例子,法国博物学家法布尔做了一项研究,他研究的是毛虫。

这些毛虫在树上排成长长的队伍前进,有一条带头,其余跟着向前爬。法布尔把一组毛虫放在一个大花盆的边上,使它们首尾相接,排成一个圆形。这些毛虫开始动了,像一个长长的游行队伍,没有头,也没有尾。法布尔在毛虫队伍旁边摆了一些食物,但这些毛虫要想吃到食物就必须解散队伍,不再一条接一条前进。法布尔预料,毛虫很快会厌倦这种毫无用处的爬行,而转向食物,可是毛虫没有这样做。出于纯粹的本能,毛虫围着花盆边一直以同样的速度爬行了7天7夜,一直走到饿死为止。这些毛虫遵守着它们的本能、习惯、传统、先例、过去的经验、惯例。它们干活很卖力,但毫无成果。许多潜能未发挥出来的人就跟这些毛虫差不多,他们自以为忙碌就是成就,干活本身就是成功。目标有助于我们避免这种情况发生。如果你制定了目标,又定期检查工作进度,自然就会把重点从工作本身转移向工作成果了。

第二节　创业团队面临的领导力问题

本节要点:

1. 领导者与追随者的问题。

2. 领导者与领导力的问题。

能力目标:通过本节学习,了解什么是领导力在实际运用中的重要作用,理解一个团队与领导者之间的矛盾,并能学习到如何在团队中当一个完美的领导者。

关键概念:追随与领导关系　领导力

一、领导者与追随者的问题

1. 领导者和追随者之间关系

没有追随者就没有领导者,领导者同追随者在不同的情景中通过互相影响来达到个人和组织的目标。领导者通过提高其领导力来影响追随者,追随者则通过追随力来影响其领导。从领导者的角度来说,领导者起到的是催化剂的作用,他们作为变革的推动者,在一路同行中,他们开发和培养其追随者,让其不断达到新的高度。领导者的两项驱动性任务或目标是确保组织成功和一旦其应该离开的时候拥有足够经过培训和开发的人来接替他的岗位。总体上来说,领导者应该学会将工作还给员工,他们则主要通过武装队伍来实现更大的目标。

关于领导者与追随者之间的关系,可以用"互相驯服"这样感性的词形容。

2. 追随力与有效的下属行为的关系

没有下属就没有领导者。这里说的追随力,其实是同领导力(leadership)相对应的,也可以说是有效的下属行为。下属被定义为个人所扮演的补充领导角色的,并且在实现团队和组织绩效方面与领导角色同等重要的一种互动角色。其实任何领导者都是追随者,反过来,追随者通过有效的下属行为也起到了领导的作用。因此,优秀的领导者所具备的素质也正是优秀的下属所具备的素质,而且下属的一个重要技能可能正是这种能够在领导者和下属之间从容转化角色的技能。

有效下属的行为主要有:

(1)在没有主管监督的情况下,显示娴熟的业务技能和工作技能,按时完成任务;

（2）能提出创造性和创新性观点，展示独立批判性思维；

（3）主动承担责任，积极参与，对自己的职业发展负责；

（4）通常大声公开提供信息，沟通意见和观点，对不合理的决策和计划提出异议；

（5）与同事和领导建立合作的、相互支持的工作关系；

（6）以自信的和非情绪化的方式对领导决策施加影响从而帮助领导避免错误；

（7）跨越团体和组织边界以获取所需的资源；

（8）能设立以行动为导向的、具备挑战性的、可检测的以及与组织目标一致的目标；

（9）恰当的组织行为、着装、语言和礼节；

（10）关注组织成员间的合作，注意维护工作团队内部的友好气氛。

3.追随者该如何追随领导力

领导力就是影响力，领导者可以通过职位权力和个人权力来影响其追随者，合理运用其领导行为（风格）和权力基础让追随者自愿跟随。如果说领导没有领导力，说明他没有影响到你，或者他很难对你的工作产生高的绩效，从而迷茫或不满。你的问题是应该如何追随，请参考上述如何拥有有效下属行为进行尝试。但是记住你也可以影响你的上司，当然运用的更多是销售性质的沟通技能，将自己的工作、建议、创新甚至困难和问题都告诉你的上司，以使其获得知识。当然，最坏的打算是若你还要在他身边工作而又无法改变他，那就只好先做其下属（不一定是追随者），等待工作绩效好了自然可以获得其对你的关注。我们很难改变领导，除非他自己改变。我们要么适应，要么另寻高就。当然，不能因为他没有多大领导能力我们就被动和消极，那样是浪费自己和组织的资源。还有，也许我们应该从另外的角度去理解领导。

二、领导者与领导力的问题

1.领导可能会犯的最大失误

没有看到差异化的作用往往会在组织中制造"圈内人"而且会导致单向思维。如果你没有一个差异化互补性的团队，那么就不会有创造性的头脑风暴和创新以获得保持和获得竞争优势。同样，你的顾客也是多样化的。若要再找个相对较大的可能失误，那就是将人当作物品来管理，要记得，领导面对的是活生生的人。

2.领导者沟通最大的障碍

领导力需要沟通，但是因为组织内各个层次都需要沟通，那领导者沟通最大的障碍就是"误以为沟通已经存在"，因为领导者往往陷入下列四种假设中：

（1）认为对方理解要沟通的内容；

（2）认为对方赞同要沟通的内容；

（3）认为对方会仔细考虑要沟通的内容；

（4）认为对方会采取合适的行动。

作为追随者，在现实工作中，往往很少提供真实的反馈，很少提供负面的反馈，对讲真话有所顾虑，而且很少提供建设性的建议，所以表面上领导认为沟通得很好，但实际上是没有真正意义上的沟通的。

另外，领导者需要通过事实、情感和象征三个方面提高沟通的质量，但是很少有领导能融合运用。

3. 领导力与领导能力的关系

领导力（leadership）和领导能力（leader's competencies）有相关之处，但并非同一个概念。领导力是一种影响力，是去做正确的事情，是作为领导者追求的目标；而领导能力是为了获得领导力的工具或技能。领导力关注的是与追随者建立怎样的关系或状态；而领导能力考虑的是领导者自身的建设，更多是关注领导者自己为了获得领导力而应该提高的地方。领导力除了培训而外，需要领导者的感悟和思考，尤其涉及信任、人格问题，所以领导力很难获得，是一种艺术；领导能力大部分可以通过学习获得提升，因为可以是一种技能或科学。领导力的开发需要三种核心的领导能力：诊断、适应和沟通。这三种核心的领导能力分为各细项，也就是领导胜任能力模型。领导力更多基于原则，而领导能力更多考虑技能。当然，领导能力的开发虽然不一定就能提高领导力，但总是有帮助的。

4. 如何领导与被领导

有几点要记住：第一，没有一个人是十全十美的，每个人有自己的优缺点，我们不能带着自己的眼光去主观判断好与坏；第二，一个人能成为领导（这里估计说的是职位上的），自然有其适合该岗位的胜任能力，或者组织上有其特殊考虑，因为他在那个层次有他的活动范围和方式。被领导者如何做？我的意见如下，如果是领导风格上的问题，可以考虑去适应或者弥补其不足，也许因为你的弥补，可以让整个团队有更好的业绩。另外，不会当领导，就需要适应和学习，更有甚者，你们还需要磨合和建立关系，建议你多去理解领导。当然，若是因为个人品德的问题，比如不诚实或尤其不尊重员工已经让你无法在待下去，只有考虑自己的未来了。不过，很多时候当你改变了思维，也许发现是另外的天地。

第三节　提升团队领导力

本节要点：

1. 领导者的自我提高。

2. 如何提升团队领导力。

3. 领导者需要具备什么。

4. 领导者权利使用的误区。

5. 如何正确对待不良员工。

6. 团队领导力提高的误区。

能力目标：通过本节学习，了解什么是团队领导的重要性以及如何利用有限的领导力，理解团队与领导者并非是完全相互对峙的，并能学习到如何提高自己领导力。

关键概念：领导力提升　团队领导力

一、领导者的自我提高

谈及企业的管理者，美国的同行更喜欢用"商业领袖"这个词，我也倾向于选择这个词作为企业管理者的称谓。他们所做的主要工作不是如何去管理，而是如何去领导。而想拥有高超的领导力，就必须拥有很高的"六商"。

1. 德商（MQ）

德商指领导者道德的水平，它包括尊重、容忍、宽容、诚实、负责、忠心、礼貌等美德。国外企业更注重企业家的"感召"作用。我国早期一些优秀的民族企业家往往怀着"实业兴国"的精神创办企业，往往具有很高的德商。他们不但创办了一个个辉煌的事业，也为人们留下了宝贵的精神财富。在强调"人性"管理的今天，企业家更应该具有很高的德商，才能统领企业。

（1）健康内涵

指躯体精神、社会交往等方面的完美状态。

（2）健康标准

指身体健康、心理健康、社会适应良好和道德高尚。

2. 智商（IQ）

智商是领导者人智力高低的指标。曾经有这样一句话："为智者鞍前马后服侍，不给智障者当主人。"很难想象没有智慧的领导者是什么的一种情形。领导是一种仰仗智慧的工作，需要精细的思考，想要成为一个卓越的领导，就必须拥有智慧。

3. 情商（EQ）

情商指的是领导者处理情绪和处理人际关系的能力。很多人因为某地方商业霸主成为总统感到不满，原因就是他给人的感觉比较拙劣，很难让人感觉他就是总统。但是，批评者忘了，这个家伙的情商远在平常人之上。他很可能在大学时广泛交际，结识了众多智慧超群的人，那些人纷纷走向举足轻重的工作岗位后，为他的竞选奠定了成功。

4. 志商（WQ）

志商指的就是领导者的志向大小和志向的坚持程度。那些功勋辉煌的领导者，无疑都是志向远大并且为志向可以牺牲一切的人。作为企业的领导者，如果没有远大的志向，只想安于现状，等待它的只有走向灭亡。很多企业家虽然赢得了暂时的利益，但很快就裹足不前，甚至产生了"大不了我把企业卖了安度晚年"的思想，在激烈的竞争中，这些人也只能安度晚年了。年轻人能不能过早享受人生精彩是个值得商榷的问题。

5. 健商（HQ）

健商指的是领导者健康水平和健康意识的高低。所有的领导者都应该注意健商。传统的企业领导都忙于"喝酒应酬"，"事无巨细"地管理，那些新兴的领导者多是"work hard，play hard"。殊不知，真把健康丢了，还剩下什么呢？

6. 财商（FQ）

财商指的是领导者对财产的态度。在中国，一些领导者想牢牢地控制着企业大部分财产，特别是种家族企业，更是把亲信安插到财务主管的岗位，看好每一分钱。在提高员工待遇、改善公司管理环境上是典型的吝啬鬼。长此以往，企业只能一步步走向困境。

这"六商"不是生来就有的。那些希望提升领导力的领袖，定会找出差距，不断练习，走向卓越。

二、如何提升团队领导力

一流的公司领导如何构建和维护有吸引力的工作环境才可以让所有的员工都充满热情呢？最优秀的领导者会调动员工的积极性，管理团队中的员工使其能够在团队中合作，证明他们的每一个行动都能使他们自己和他们的"选民"密切相关，从而激发他们的动力。

最好的领导人能够调动员工的积极性。他们将组织愿景、价值观、目标，以及业务目标和个人价值观和需求结合起来，调动和激励员工。可以用下面的 10 种方法提高他们的领导能力。

1. 建立愿景

一定要用目的建立一个真正的愿景和价值观。指出你的方向,清晰、简明地陈述你的目的,直接表达自己的价值观或者用于指导员工行为准则的所有工作。

2. 确保领导风格

了解自己的性格,知道你是什么样的领导,帮助你和其他人确定何时以及如何采取最佳的行动,以便他们可以专注于投资的时间和精力,为他们实现你的目标。

3. 跟进领导的进步发展

记录你的行动及其结果,并定期总结和反思你所学到的东西和你的变化。

4. 招聘并留住合适的人才

首先确定拥有什么技能的人才能适合你的文化,然后再聘用这样相应的人才。文化会使他们忠于使命,快乐工作,超过所有人的预期。如果想提高你的面试和倾听技巧,就需要了解员工的声音。如果发现需要改进的地方,就要立即采取行动。

5. 调动员工的积极性

充分授权,丰富他们的能力。邀请他们一起帮你设计构想。给他们力量,利用文化来丰富他们的能力。解决主要业务的问题,让他们发挥作用和责任,成为解决方案的一部分。

6. 创建一个工作环境鼓励创造力和创新

不仅要提高物理环境,还应该关心员工的感受,实现一些变化,确保工作环境能促进目标的实现。

7. 欣赏和奖励员工

制定和安排计划,定期给予员工有意义的奖励,构建文化激励。通过对员工的合理评价使其有所改进,才能敏锐地感觉到年龄、教育水平、成熟和人口分布的差异并作出及时的反应。

8. 关注因素可以激励员工

找出因素可以激发您和您的员工。如果他们需要更多的教育和培训,可以创造更多的时间和交叉培训的机会,帮助他们缓解压力,促进健康计划,甚至是带薪休假。发展和提高的关键是维持员工敬业和忠诚计划。

9. 提高最重要的方面

面对他们的最大弱点要确定哪些因素能促进你进步,这是一个进步的绊脚石。需要承认这些缺点,然后采取行动,寻求帮助,解决他们自己的问题,改善他们的表现、技能和能力。

10. 思考未来

你想成为一个领导者吗?定义这样的领导特征,思考你的未来。描述你如何平衡工作和生活,如何赢得忠诚和信任。

三、领导者需要具备什么

伟大的领导力通过调动积极性和充分授权员工，帮助他们成为创新的思想家和主要贡献的人，让自己成为魅力型领袖。领导人必须给予努力工作的人员奖励，承认他们的成就，员工忠诚度和盈利能力才能得到改善。

最优秀的领导者不仅能培养他们的技能，也能鼓励别人在自己的领导下建立一个领导文化。

下面讨论优秀领导者的愿景、目标和价值观。

杰出的领导者会让员工的生活业务流程、组织和培养焕然一新。

当他们想让员工在工作中使用智慧，减少组织智商，最快的方法是建立一个整合的文化。如果思维总是跳出工作描述框架，就无法为组织的成功作出贡献。

当他们欣赏和认识他们的员工时，员工需要的不仅是钱，而是应该有基本的人类需求，获得别人的认可。

领导将会影响公司的利润。领导人需要适应电力市场上的变化、管理的代际差异、社会责任等，积极参与慈善事业。简而言之，领导人需要创建一个健康的环境，产生强大的影响生产力和盈利能力。

许多领导人不仅通过招聘吸引合适的人才，还想办法通过员工来帮助他们成功提供合适的环境，调动他们的热情，充分授权和丰富他们的能力。

优秀的领导人可以让员工忠诚。领导把目标放在第一位。如果领导者能吸引合适的人才，鼓励他们参与，并充分授权给他们，肯定他们的工作，员工的忠诚度、生产力和公司盈利能力将得到改善。

1. 鼓励和激励他人

好的领导者创造一个生动、引人注目的未来愿景，这将激励员工，让他们想要实现这一愿景。每个人都想在影响世界的公司工作。作为领导，你是最能帮助你的团队成员完成他们所做的事情和客户和自己的影响力的人。

2. 忠厚老实的领导人

好的领导者是非常诚实的，他们会兑现承诺、言行一致。以普夸银行（Umpqua Bank）首席执行官雷·戴维斯（Ray Davis）为首所发展的《不确定性》（*Leading Through Uncertainty*）说："我们总是告诉我们的人民，他们有权获得他们对每个问题的回答，但这并不意味着他们会喜欢这些答案。答案必须是真实的，我知道他们可以处理真相。这可能会产生额外的问题，但我们会处理好的。"

3. 解决问题和分析问题

最后，领导人正在招聘、培训和选择解决问题的组织和利用市场的机会。它不仅需要良好的分析能力，也需要有技巧的人。

4.为了结果

有些人愿意不采取行动,另外一些人如果不让事情发生在他们的计划内,他们就会不高兴。优秀的领导人比其他大多数人有一个更高层次的毅力、坚持不懈的精神和力量,可以指望他们把事情做好。

5.有效沟通与创新

好的领导者经常以不同的方式与员工沟通。无论是一对一对话、团队会议、电子邮件发布、电话,还是许多其他沟通,优秀的领导者都会处理得很好。

6.建立一个关系

业务是基于坚实的基础的关系和信任的。没有这两个东西,就不会有一个成功的公司。每天花一些时间与你的团队成员、你的客户、你的供应商、你的老板、你老板的老板、你的其他行业朋友和在你的社区建立关系。你们的关系越强,你就会成为一个越好的领导者。

四、领导者权利使用的误区

1.不建立信任而滥用权力的领导

德鲁克说:"管理的本质是建立信任,最大的管理成本是信任成本。领导者千万不能善变,必须一言九鼎,一切行为以建立组织的信任为核心。"

你能让多少人信任你,你就能管理多少人。你能影响多少人,你就能领导多少人。这与你的权力有多大并没有什么关系。

记住,权力不是领导团队的理由。

2.事事亲力亲为,不放权的领导

马云说:怕员工犯错是领导最大的错!想培养员工,必须给员工做事的机会,还要给员工犯错误的机会。亲力亲为的领导只认为自己能行,单打独斗,这对企业发展没什么好处。

因此,他们抓着大权,累得要死,却总觉得缺人才。这类领导要么贪权,要么爱利,他们不相信手下,更不相信任何人。下属的每一个细节都要亲自掌控,企业的每一分利润都要经手。因此,可想而知,企业能做大吗?贪权贪利,还不信任他人,这类领导要么疑神疑鬼,被自己制造的恐惧吓死,要么就会累死。

3.酒桌领导

谈生意就是请客吃饭,这类领导大腹便便,所有的生意都在酒里。虽然哄得客户开开心心,却承担着酒精肝、高血脂等风险。这类领导视自己的身体为酒桶、饭桶,他能为客户的身体着想吗?当然,酒桌领导的害处不仅如此,领导如果在酒桌上借酒拍板业务,这样的企业还有前途吗?

4. 不关注员工学习成长,自己思维僵化、一根筋,不与时俱进的领导

领导最大的责任是培养出优秀的员工。如果领导者只把员工作为工具,那就没有资格管理团队。

这类领导认为执着、务实就能成事,而且其也成就了那么几件事。但是,在信息时代,灵活、变通、反应快才是王道。因此,那些思维僵化,"咬定青松不放松"的领导虽然看似品质可贵,但对企业越来越没用。

5. 不注重企业文化建设的领导

这些领导总是很神秘,跟员工的交流很少,对员工发号施令多借助电子手段。他们也不跟员工讲未来,认为只要把眼前的事做好就够了。这样的领导带领下的团队往往没有凝聚力,员工有力不知往哪里使,也放不开,这样的团队肯定发展不好,领导自然要遭到淘汰。

6. 反反复复、朝令夕改、优柔寡断的领导

员工最怕遇见这样的领导,不仅常常遭受各种反复折磨,而且关键时刻,领导也不能当机立断,员工所受之苦可想而知。这种领导经常到最后一刻还在犹豫,员工的方案总是被领导换来换去,反反复复。

五、如何正确对待不良员工

1. 对分内之事喜欢说不清楚的人

喜欢说"不清楚"原因可能是真的不清楚,但更可能的原因是没去做。这两种情况很显然都属于失职。偶尔一两次"不知道"分内工作很可以理解,但是,一旦把"不知道"三个字经常挂在嘴边,那做管理的就要注意了,这种员工不可久留。

2. 对工作经常推说不会做的人

对分内工作推说"不会做",原因可能是真的不会做,但更可能是"不想做"。无论是"不会做"还是"不想做",都与"称职"二字相距甚远。没有人天生就有干成事的能力,都是学过之后才会干,或是干过之后才会做的。今天说"不会做"的人,那明天肯定还是会说"不会做",依此类推。而且,没有干过,则意味着一辈子都不会做。公司支付工资给下属,可不是为了换取一句"不会做"。

3. 工作出问题急忙推卸责任的人

出现问题忙说"不关我的事",原因可能真的是不关他的事,但即使不关他的事情,或者不是他的错,出事了就急忙推卸责任的员工,其实就是在表露一种不敢担当的心态。没有担当就没有责任,而企业在用人时,很多时候是责任胜于能力的。能力不够可以花时间培养,而责任心是价值观层面的,是家庭教育和学校教育培养起来的,如果要企业来培养,成本会非常高,所以管理者再遇到这种人时下手不要软。

4.受人帮助不懂感恩的人

受人帮助从来不懂感恩，认为很多事情是想当然应该的，但"帮人是情分，不帮是本分"，一个受人帮助却从来不懂感恩的人，其实骨子里是很自私自我的。这种人一出事，立马就把责任推卸得一干二净，而且关键时刻经常"掉链子"。一个不懂感恩的人一定是没有责任心的，没有责任心就没有执行力，而且不懂感恩的人通常会恩将仇报。对于这种不懂感恩且有可能恩将仇报的下属，纵使其能力素质再强，都要谨慎对待，能不留就不要留。

最后，如果你真的爱你的下属，就考核他、要求他，要求高、目标高、标准高会"逼迫"他成长。因为凡是想办法给下属安全感的公司都会毁灭的，再强大的人在温顺的环境中都会失去狼性。

(1)核心领导不能任性

"公司"是公而不是私，所以第一条就是：领导要服从组织，个人要服从大局。有时抛开管理者的权威和身份属性，组织发展的自身规律反而是清晰可见的。

20世纪70年代，英特尔在存储芯片上的不断创新，使其达到了事业顶峰，但在20世纪80年代被日本公司以超大的投入和惊人的效率迅速赶超。一天，英特尔的先后两位CEO，安迪·格鲁夫问摩尔："如果我们下台了，新总裁会采取什么行动?"摩尔答道："他会放弃存储器业务。"安迪·格鲁夫说："那我们为什么不自己动手?"于是，英特尔开始从一个二流的存储器厂商转变为一个垄断性的CPU厂商。

(2)组织层级不能复杂

多层级会带来信息的层层衰减，同时，形成决策层与执行层之间的"隔热层"。

军队是执行层级信息汇报规则颇为严格的组织，但在一线战斗过程中并非如此。美军给在阿富汗的前线特种战士一个通信呼叫，飞机即可从航母起飞开炸，炮兵就能开打。这意味着信息同步更新，一线战斗小组不可能在千钧一发之际，花费2/3的时间去说服从排长到师部的层层官僚。

(3)管理团队不能固执

管理层和各路专家在工作中都会固守多年的工作习惯，并希望别人来适应自己，那将会大大降低团队的协同效率。

联想在并购IBM业务的过程中，推出了内部沟通的"文化鸡尾酒"项目，中西方高管团队经过讨论，分别换位思考，对原有的工作方法做了妥协。比如西方高管承诺在有中国高管在场的会议中，发言语速降低一半，并自动给中方高管发言时间加长一倍，确保双方都能听懂发言内容。

(4)员工激励不能休眠

利益决定行为，行为决定效率。激励存在的唯一价值就是激发员工工作的能动性。员工激励做得越好,越能够大幅提升组织的运营效率,最终提高组织绩效。

知名品牌韩都衣舍在创业初期同时试行了两种组织模式:一种是传统的组织架构,有研发、采购、生产制造、销售等部门;另一种模式是让每个品牌、每个款式都划分为一个小组,每个小组3个人。于是,办公区被分成南北两大区域,而在下班时,传统架构的南区员工基本到点就走光了,而小组制的北区则灯火通明。

操作训练 领导力训练

训练名称:团队中提高领导力训练。

训练分组:3~5人/组。

训练器材:纸箱、白纸、白纸笔。

训练方法:训练导师先让全体成员在纸条上写上自己的名字,让每位学生把自己的纸条全部交到纸箱当中,放完后再让训练导师抽签,抽完签之后随机分组,让每组成员挑选出各组的领导者,然后领导者需要通过自己的方式将自己的属下的兴趣爱好要求了解并记录下来,统合资料后领导者还需要通过这个资料对下属进行管理和职位分配。

每组派一个其中的领导者上台向大家汇报本组的情况。

点评:

假如我们有三头六臂,外加千里眼、顺风耳,那就不需要团队了。可是这样的人谁也没见过,要想走得更远、成就更大,就必须依靠团队。

那么怎样才能建设一个得力的团队呢?我的理解是做好三个层面的事:一是心,彼此认同,互相关怀;二是脑,沟通顺畅,对组织目标和任务的理解上下一致;三是手,培养团队成员的执行能力,保证动作不变形。这条路很漫长,没有哪个团队敢夸口完美,但是也很现实,现在就可以开始行动。

在信息社会这个大背景下,人人都会经历许多大悲大喜!虽然一个人的聪明才智是无限的,但是一个人的精力却是有限的。有人说:“一个篱笆三个桩,一个好汉三个帮。”在一个组织或部门之中,团队合作精神显得尤为重要。那么,怎样加强与别人的合作呢?

在一个组织之中,很多时候合作的成员不是我们可以选择的,所以很可能出现组内成员各方面能力参差不齐的情况。作为一个领导者,此时就需要很好的凝聚能力,能够把大多数成员各方面的特性凝聚起来,同时,也要求领导者有很好地与不同的人相处与沟通的能力。那么就需要:

(1)建立良好的工作关系,创造积极的工作环境;

(2)调节员工情绪,从积极的角度看问题;

(3)帮助员工设定正确且可实现的目标;

(4)调用你的资源,帮助员工解决问题并达到目标;

(5)赞美员工的某个行为;

(6)让员工对工作进度做自我评估,有效完成任务;

(7)引导员工先前看,少问"为什么",多问"怎么办"。

除此之外,还要做到如下几点。

1.确保建立一个积极且相互尊重的工作关系

在理想的状况下,确保你的同事有着积极合作的良好心态。

2.关注他们思考和讲话的方式,适应他们的语言

如果想要和某个人沟通,最好要说对方的语言,包括措辞语句,也包括其他非语言的层面。

3.快速、清晰、简明地分析情况

要让对方认可你作为管理者和领导的位置,你需要展现出关注和正确处理事情的能力。不表态的陈述、玄妙的术语、复杂的专业词汇只会让问题更复杂。展现自己的智慧可能在很多公司都很常见,但是这不会帮助你建立坚实的工作关系。这么做可能会让人印象深刻,满足虚荣心,但是不会对工作推进有什么帮助。

4.简单

现实情况已经足够复杂了,没必要让问题更复杂。

5.以对员工有效的方法为基础

虽然员工可能会询问你对各种问题的看法,但是总有一些事情是他们做得很好的。所有问题的情况都包含这样的要素,我们可以在此基础上以积极的方式构建解决方案。

6.承诺很关键

如果你摆出不做承诺的技术专家的姿态,那么很快就会出局。应该诚实地向同事和员工做出承诺。

7.远离做他们的救世主的幻想

"没有我你们什么也做不了。""我是不可或缺的,因为我对你们解决这个问题至关重要。"提醒自己不要扮演传道者的角色。记住卡尔·惠特克的话:"管好你传教士般的使命感,否则你会被食人族吃掉。"

8.合作

你无法在真空中工作,而在公司中工作意味着要与人一起工作。"团队"(team)代表着一起工作的每个人都可以做得更好。

9.慢一些,顺其自然

在商业环境中,很少有"一见钟情"的事情,所以要花时间慢慢培养,从第一次接触慢慢发展到合作关系。

10. 黄金法则:演变优于剧变

能了解团队成员的优劣势,从实际出发。见微知著,调动团队每个成员的积极表现力;灵活机智,不拘一格,发挥个人专长;集思广益,凝团队的智慧,使每个成员轻装上阵(没有思想包袱),心往一处想,劲往一处使,事往一处干。这样一个团队就会如出闸猛虎,所向披靡。

第八章　创业团队文化建设

【案例导入】

学习旅游管理的小王一直梦想做一个餐饮创业团队,于是在某地创立了一个创业团队并且跟一个海外工作过的伙伴一起做餐饮服务企业。她的合作伙伴是一个"海龟",在餐饮行业超过 10 年的经验,一直在海外负责餐饮部,拥有丰富的管理经验和专业知识。有这样一个经理助理,小王很自信,并且在短时间内小王与她的创业伙伴因为兴趣相投而匆忙结了婚。

起初他们的创业团队在办公大楼附近做了几个中国创业团队晚宴和新闻发布会等活动,取得了良好的效果,也为创业团队赚很多利润,但很快小王的创业团队在客户发展方面变得越来越困难,订单越来越少。她的丈夫虽然在国外有丰富的经验,但几乎没有客户资源,也缺乏寻找客户的兴趣。在这种情况下,创业团队决定做快餐业务工作,因为快餐操作不需要很多钱,周期相对较短、灵活。她认为北京快餐市场相对稳定,其发展日益成熟,虽然利润不高,只要数量提高,利润是显而易见的。通过这种方式,创业团队以外部餐饮项目为主,快餐食品安全平衡,维持正常操作,业务繁忙。

不过,后来创业团队在承办宴会外卖活动时,小王却感到了人手不足,有点力不从心了,作为一个快餐项目却无法平衡企业收支,而且创业团队的品牌形象和服务质量将受到影响,因此会双输。同时,小王还发现,快餐其实一直是一个拖累创业团队的业务,快餐成为他们的一个错误决定。虽然一直在忙,但创业团队一直亏损。虽然快餐市场垄断很强,但实际上当时这种行业太被动,加上食品季节性差异、数量少,导致自然管理成本上升。小王这一次由于精力有限,没有机会做更多迎合补办快餐外损失,创业团队也没钱再继续周转下去。最后小王和丈夫忍痛割爱,创业团队关闭,小王也因此债务缠身。业务慢慢发展的同时,两人的感情却正在下降,最终导致二人离婚。

【案例分析】

小王觉得除了创业团队目标市场定位不明确外,过分依赖合作伙伴也是失败的原因。她的伴侣虽然是一个"海龟",在这方面有超过 10 年的经验,却忽视了中国和西方文化之间的差异和整个社会背景。长期在国外生活导致他对国内环境认知产生偏差,会被误认为国内市场上也认可外卖,并已经证明了他的判断过于超前,至少市场的规模目前仍然是非常有限的,也不会很快扩大。因为创业团队将经常活动的成本和收益进行比较,所以几乎放缓了增长的行业。此外,合作伙伴没有客户的积累和发展意识,意味着外部餐饮有很大的风险。因此,虽然后来有过弥补,但一开始选择了错误的合伙人,损失已经无法挽回。

创业者和合作伙伴同甘共苦的生活似乎就跟一起划船一样,如果心思不同,船可能就会停滞不前,如果心术不正的话更有可能会翻船。暂时的富贵就跟诱惑一样,让很多事情开始变得棘手和多变。每一个创业团队都是这样的。当有希望时,创业团队的每一个人都想放手做,这大概是因为都尝到物质上的甜头,仅仅是这样还好,可是这时大家都有自己的小主意,就可能有人开始想"分行李"。虽然大多数人表面上都很好,但是在陷入困境之后还是有人相互坚定支持,这看起来像是"车到山前必有路",但是问题是越来越多的人充满欲望,所以富贵之后,几乎没有人能指望被欲望洗脑的人会有什么样的正常行为。

在创业过程中,出现"只能共患难,不能同富贵"的情况是很常见的。因此,在尽量避免这种情况发生的同时,创业者也在这个时间段里为下一个过程中的操作做好相应的打算,也是建立一个成熟的运作系统,让每个人都有明确的责任分工,及时完成他们的工作,即使一个位置暂时空缺,也必须相应弥补措施和人才,即使是核心问题,也能保证创业团队的正常运营。

【基本概念】

一、团队文化建设

团队是由兴趣、爱好、技能和工作关系而组成的具有共同目标的一群人。团队建设是创业团队管理的计划,也让团队有目的、有步骤地组织其成员的培训、总结和改进活动。经济全球化和一体化的形势下,市场竞争日益激烈,产生越来越多的新问题。为了更好地处理新问题,传统创业团队正式组织在市场竞争中往往被体制拖得整体效率慢,而且员工的利用率也很低,所以才有了现代的团队文化建设。团队往往是基于个人的天赋、特殊技能、兴趣和技能整合后才有意识地形成的。因此,团队在面对新问题不断出现的情况下,需要形成统一处理的合作精神和讨论解决这些问题的途径和方法。而且,团队如果在成功和挫折当中得到一种自我修复和继续提高的行为模式,消除拖延工作,将共同发展的理念、秩序和模式提高和发展,让所有团队成员都具有较高的工作效率,这就是逐渐形成的团队文化。从创业团队生存和发展的角度来看,这对于队伍建设具有非常重要的意义。要清楚,通过任何团队指导下确定的价值或者创建自己的管理理念、方法和手段,都是文化建设时必定经历的。和团队成员相互合作很长一段时间后,在完成任务的过程中形成共同价值观、工作风格,共同使用一套行为准则,这就是一种团队文化。当然,不是所有的团队文化都有利于团队绩效的增长,不同的团队文化对团队绩效的影响是不同的。因此,建立高效团队的关键是基于团队的特点,让团队的建设团队文化优势完全发挥出来。

二、不同类型的团队和相应的团队文化

美国管理大师斯蒂芬·罗宾斯认为,团队可以分为三种类型:一是解决问题团队(problem-solving team),二是自我管理团队(self-managed team),三是跨职能团队(cross-functional team)。因此,应根据不同类型的团队,建立不同的团队文化。解决问题团队通常由同一团队的临时工在很短的时间内规定好规律,讨论如何提高产品质量、生产效率和改善工作环境,在团队成员讨论如何改善工作程序和工作方法时交换意见或建议。然而,根据这些建议,团队几乎没有能力单独行动。这种团队解决问题类型的本质上都是由同一部门的员工临时组成的,团队应该着重构建一个轻松的环境和氛围,让所有的团队成员能够畅所欲言,针对存在的问题找到最好的解决方案。一个团队应具有自我管理能力,不是一个经理负责整个或部分的工作,而是让自我管理团队自己负责所有的工作。自我管理团队要求团队成员具有全面的技能,在这个团队里必定有一个绝对令人信服的领导团队成员,它强调集体主义精神。这个团队的团队文化需要以集体利益为目标,而不是忽视个人利益和价值。在这种文化氛围中,个人目标和集体目标是一致的。团队成员之间的关系应该是和谐的,而且彼此之间相互尊重、相互信任,为的就是一个共同的目标。简单来讲,成员共同努力就是为了实现的目标。这个团队文化需要形成一个轻松、开放的环境,打破传统的家长制行动。团队领导和团队成员设定目标,共同努力解决遇到的困难和问题,团队成员可以大胆展示自己的观点和意见,充分发挥团队成员的积极性,激发团队成员的创造力,而跨职能团队是由来自不同领域的专家组成的混合物,其目的是完成各种任务。跨职能团队要求团队成员具有较高的专业技能,团队成员之间没有层次不同,只有分工不同。跨职能团队成员来自不同的部门,原部门成员之间的地位是不一样的,团队要想成功,就必须基于平等的团队文化和自由。在这样的团队中,团队领导和团队成员只会存在不同的分工和地位。这种团队文化应该尊重个人意愿,充分发挥团队成员的个人能力。但为了防止团队成员在追求自我价值的实现时损害他人的利益,应该明确团队成员之间的责任

和权限,制定严格的规章制度。

三、团队建设与团队文化的关系

团队建设与团队文化的关系主要是围绕建设的四个基本要素,即目标、人际关系、规范和领导力。在整个团队建设的过程中,让每个团队成员明确自己的目标,并认为这个目标很有价值,鼓励每一个团队成员贡献他们的力量实现团队的目标。通过领导人的努力,建立开放的氛围,形成团队成员之间相互依赖、相互信任的和谐关系,允许成员提出不同的观点和意见,甚至还得鼓励建设性冲突,制定一定的规章制度,建立和巩固角色规范,让一群人从支离破碎逐渐成为一个团队的战斗力,而且还得培养核心员工,培训团队领导在动态情况下用各种各样的方式鼓励团队目标趋同,建立良好的关系和规范的能力。团队文化是一种意识,团队领导人和其成员在长期合作中不断运行,在咨询和积累的过程中形成意识,这种有意识的活动已经内化为每个团队成员的惯性行为。对于它是如何创立的,需要认真探讨一下。在一般情况下,团队文化都是在团队建设的过程中创建的,而且成功的团队都会创造一个良好的团队文化,而团队建设的失败只能形成团队文化或者不能形成一个团队文化。良好的团队文化可以不是严格的规章制度,而更多的是加强团队凝聚力,改善团队的创新能力,对团队成员的思想、行为有更强的约束和激励,鼓励团队成员为共同的目标而努力。良好的团队文化,团队成员之间都会形成和谐的人际关系,而且在良好的团体文化中,鼓励团队成员形成一个良好的合作的性格特征也是非常有必要的。而有问题的团队文化只会让团队成员变得支离破碎,不能充分发挥团队成员特性,影响团队目标的实现。因此,成功的团队建设能形成有利于团队开发的团队文化。还有一点需要认识的是,团队文化形成于团队建设,这既可以促进,也可以阻碍团队发挥力量。

四、建立具有中国特色的团队建设和团队文化建设

团队文化不仅会影响和限制团队建设,而且形成的团队文化和团队与其所属的国家或地区的传统文化是分不开的。一个国家或地区的文化对团队建设和团队文化建设起着不容忽视的影响,所以盲目模仿西方的团队建设和团队文化建设的经验,无论国家或地区的实践都是不可取的。美国文化的核心基于平等和自由,提倡专业分工,美国文化最适合跨职能团队的建设。日本文化中,上下级的概念强,强调服从老板、绝对忠诚,日本文化的这种特性决定了日本的管理者综合素质高,所以日本文化有利于自我管理团队的建设。一些学者认为中国文化不适合任何形式的团队建设,原因是儒家文化的影响,中国有很强的等级和排名观念,所以大多数中国创业团队关注员工的良好关系和领导,而不是专注于自身能力的提高,而使

得团队很难形成和谐的人际关系,而且中国文化的一些因素不利于团队建设和团队文化的形成。但仅仅凭这些观念就认为中国文化不适合任何形式的团队建设,就是形而上学的极端了,因为到处都闪烁着儒学和道学的中国传统文化中,团队建设的思想,如"一个篱笆三个桩,一个英雄三个帮"等,都充分显示了中国历来高度重视团队的力量。中国文化一直是追求和谐的人际关系,应该说这是一个具有开放和和谐的中国团队,而且很多这类相互信任、相互依赖的杰出团队文化提供了良好的土壤。在团队和团队文化建设过程中,应充分利用中华民族的优秀文化,积极吸收国外先进的管理思想和管理理念,根据该地区创业团队的实际情况创建优秀团队和团队文化。

在当今的时代,人类社会已经进入知识经济的时代,科技快速发展和市场竞争力大。创业团队各项工作越来越复杂,依靠单一部门或个人的贡献一直无法适应环境的变化,要在激烈的国际竞争中立于不败之地,就需要建设优秀团队的法宝。然而,越来越多的事实证明,优秀的团队离不开一个良好的团队文化,团队文化建设是一个逐步发展、逐步提高的过程,始终贯穿团队建设的工作。团队建设的目的是将来自不同部门或同一部门不同背景的人组合成一个整体的力量,优秀的团队文化会实现这一目的。团队建设和团队文化建设是一项长期而复杂的过程,只有充分尊重传统文化、尊重自己的实际,积极吸收国内外先进经验,创建一流的团队和团队文化,才能使我们中国创业团队在激烈的市场竞争掀起一阵来自中国的大浪。

五、创业团队文化建设的实施方案和解决办法

文化只是一种思想观念、行为习惯、处事风格。家有家风,国有国法,每个团队都一样,团队要想有凝聚力,需要有良好的团队文化,需要完完整整地实施创业团队文化建设。在电脑办公和互联网办公流行的时代,一些的老旧管理和处理方式可以完全被取代。

1. 完善管理

完善管理就是完善项目管理的各个流程。

(1)借助工具

可以借助项目管理工具来实施,也可以用知识管理工具和文件服务器等工具实施。

(2)部门共治

可以在文件服务里上建一个文件夹,取名"部门共治"。大家可以在里面放周报、会议纪要、文件共享、技术分享等。

（3）管理正规化

规范、统一的章程，明确各自的分工。

设计、文档等所有创业团队记录都要留存备案。

定制月计划、周计划，任务分解、任务分配到人，估计工时。

每日站会、周会，跟踪任务进度，会议快速高效。

2. 持续学习

无论哪个行业，都是不进则退。持续学习不仅让我们紧跟潮流，更重要的是一种精神给养。如果每天都有进步，工作积极性自然会提升。

创业团队要提供学习机会。

（1）书斋建设

创业团队准备一个书架，书籍由创业团队出钱购买，也鼓励大家捐赠、分享。如果有些书籍有些不舍得捐赠，离职的时候可以赎回。

（2）技术分享日

可将每周五下午定为技术分享日，大家轮流进行技术分享，不限语言、不限内容，可以自由发挥。

3. 良好氛围

良好的团队氛围可以让士气大增、工作效率提升。

例如，固定时间的下午茶、组织户外活动、团队聚餐、集体旅游。平衡一下工作和生活可以减轻工作压力。

第一节　创业团队文化认知

本节要点：

1. 什么是创业团队文化。

2. 需要什么样的创业团队文化。

能力目标：通过本节学习，了解什么是创业团队文化，理解创业团队文化定位重要性，并能学习如何提高对创业团队文化认知的概念认知。

关键概念：创业团队文化

一、什么是创业团队文化

创业团队文化指的就是创业团队文化创建过程中随之发展的创业团队的工作方式、思维习惯和行为标准。高效的创业团队则会通过一个统一的创业团队文化来有力地主导创业团队成员的思想和行为。通过对创业团队文化的建设，将会让创业团队的能力更上一层楼。这里通过创业团队文化的各个方面来分析创业团队文化对创业团队的重要性和主导地位。

1. 创业团队精神

创业团队文化的精华就是创业团队精神,创业团队精神就是让创业团队成员认识到集体意识的重要性,让每一个创业团队成员表现出来的就是工作的精神状态和士气,这也是创业团队成员共同价值观和理想信念的体现,通过创业团队精神来凝聚创业团队精神力量也会促进创业团队发展。当然,创业团队精神的高度集成与员工的心态和思想也是员工的默契和相辅相成的关键所在。把"自己思考的我"和"创业团队的我"同步发展,是员工之间的相互理解包容的基础。创业团队精神的本质其实就是一种精神力量,这种力量是被团队里所有人认可的。要知道,如果让所有人都一致行动,拥有相同的工作作风,拥有共同的价值观,使用相同的标准和规范和合力,这种聚集的力量将是无限大的。而且,它还可以通过教育进行传播,通过激励机制进行发扬。因此,创业团队精神再现可以从创业团队文化建设入手。

创业团队精神的形成主要来自两个方面:一方面,主要是人类需要生存的关系,一个完整的组织可以满足人们无法在一个单独的情况下获得各种需要,消除孤独,调整心态;另一方面,因为组织就是为了发现任务和完成任务而存在的,这就要求在组织内各个成员共同努力,团结合作,形成凝聚力。

创业团队精神强化了创业团队成员的集体意识,也促进了创业团队的有效运作和发展,提高了组织的整体效能。这也证明了拥有创业团队精神的创业团队,往往显示了一个高的士气,而且创业团队成员对创业团队有着强烈的归属感,将他们的未来和命运与创业团队联系在一起,只是为了实现创业团队的利益和目标。要知道,一个高水平的创业团队中,创业团队成员是绝对不允许破坏创业团队的利益和荣誉感的。创业团队成员之间相互信任、相互合作、信息共享,将创业团队精神价值观深深扎根于团队的心,通过创业团队精神文化营造优势创业团队氛围的公众舆论。

日本创业团队效率高是国际公认的,但是他们不鼓励个人创业团队有效性,因为日本创业团队具有一种特殊的精神,这是日本通常称之为"和"的创业团队精神。这种特殊的创业团队精神一直被认为是日本经济发展的支柱,主要内容是和谐团结与斗争。首先,在创业团队实践中保持高度和谐的人际关系和密切合作的工作环境;其次,在商业决策过程表现出集体一致;最后,实现和应用"和"的原则,让所有员工明确目标,让自己所在目标群体的目标个人方向成为团队的方向。"和"的结果是加强组织的凝聚力,提高质量和效率,通过建立一个强大的品牌而提供无穷无尽的力量源泉。

2. 创业团队

创建团队的管理风格、独立的工作环境和具有挑战性的工作使成员之间能够相互信任,能够进行诚实、开放、平等的沟通,建立和谐的人际关系,使成员工作充满激情和活力。发展的创业团队经常会遇到困难和挫折,但高级业务团队为使创业团队成员和谐相处,享受作为创业团队的一员,创业团队中应不乏幽默气氛。创业团队要保证内部士气,创业团队成员努力工作、不怕挫折,保持旺盛的精神。创业团队文化强调创业团队精神,并鼓励个人的自我完善和发展,杜绝过于强调创业精神的团队和淹没个性的文化倾向,从而激发人的积极性、主动性和创造性。

3. 创业团队效率提高

创业团队成员不断提高自己的能力、质量和意识,终身学习的氛围弥漫在创业团队中。创业团队目标统一、分工明确,具有权力和责任,工作积极果断。创业团队不墨守成规,常常能创造性地解决问题,并具有良好的检测预警系统和习惯的变化,可以快速响应技术的变化并适应这些的变化。创业团队中平等成员畅所欲言的氛围,可以从不同的角度提出不同的意见和方案,使决策科学、合理。创业和创业团队及其组织内其他部门之间的团队建立密切联系、信息沟通和决策效率。

(1)创业团队文化是创业团队的核心价值观,要想建立有效的创业团队文化,必须建立创业团队的核心价值体系。所谓创业团队的核心价值体系是指在形成的过程中,创业团队的发展有助于指导实践活动中创业团队目标,具有一系列基本概念、思想和信仰。不同的创业团队可能会有不同的核心价值体系,但它的基本元素是相同的。也就是说,应该相互信任,以客户为中心,具有团结合作精神。

(2)所谓的创业团队文化,是指创业团队成员为创业团队的利益和目标和协作的工作方式。创业团队文化的核心是一种合作的精神、一种和谐的气氛、一种积极的心态。在创业团队的各种资源中,人是最活跃的。最重要的是,创业团队发展最终取决于人才。创业团队各类人才的组织和他们热情的调动,使他们在不同的位置发挥力量,为创业团队共同的目标努力工作。需要创建创业团队文化,构建和谐创业团队,相互支持、相互信任、密切合作,和谐与锐意进取,开拓创新,与创业团队的发展战略、发展目标相结合。

(3)创业团队是一个有机的系统,是一个大家庭。几个不同程度、不同年龄、不同经历的人员在一定程度上影响整个团队。创业团队比个人更有可能成功,员工持续改进质量,提高市场竞争力。创业团队各项工作有序,而不是一个人的能力,质量高低影响的是一个集体的整体效率。每个员工在创业团队中,就好比一个细胞、一个元素,每个员工的一言一行、一举一动都代表创业团队的整体形象。

面对变幻莫测的市场,面对利益结构的调整,面对产品的升级,面对激烈的市场竞争,面对新形势、新问题和新矛盾的出现,面对各种不同的机器设备和新技术、新工艺、新材料的广泛使用等,这是一个迫切需要坚持的十七大精神力量。在科学发展观的指导下,创建创业团队文化,构建和谐创业团队,始终保持团结协作和良好的精神状态,努力建立大局意识和责任意识,坚定理想信念,明确发展目标和工作职责,遵守职业道德,心往一处想,劲往一处使,完成领导交办的各项工作,不断创新管理,推进改革,使创业团队从优秀到卓越。

二、需要什么样的创业团队文化

如何开发创业团队组织的创业团队管理系统结构设计决定创业团队文化的发展。

1.几乎偏执地追求成功

创业团队家,包括创业团队所有的人,应该把成功放在首位。创业必须有这样的心理准备,可能创业团队家离婚率较高,患心脏病的风险可能很高,和家人在一起的机会更少。

2.能够容忍启动的变化

大多数创业团队最终走向成功的想法是一致的。大多数创业团队家都经历过混乱的阶段。一旦失误,就必须做很多工作来测试,测试人员会认为今天这样、明天那样,员工会抱怨。但作为一个创业创业团队,这是不可避免的,因为没有这样的测试将永远不知道新的方向在哪里。

3.团队的信任

创业团队家在创业团队建立权威,甚至建立几乎神秘的崇拜感的原因是什么?这是一个新的方向,因为你无法推理出我做的是否正确,因为没有一个严格的推理,每个人都有不同的观点。

4.创业团队经理面临问题时,创业团队正在扩大,需要高层经理跟进

你需要不断提高自己,否则当突然发现创业团队需要扩大,你职业生涯的阶段突然面临很大的变动,一个人会面对十个人,甚至一百人,如果你没有准备好,该创业团队将不得不在外面寻找一个高水平的人作为领导者。

第二节　创业团队文化类型

本节要点:

1.创业团队文化类型取决于创始人。

2.如何定义的创业团队文化。

3.创业团队文化有哪些类型。

能力目标:通过本节学习,了解创业团队文化的类型,理解创业团队文化的多

样性,并能学习如何提高对创业团队文化类型概念的加深。

关键概念:创业团队文化类型

创业团队文化是有用吗? 一个创业团队要做大,肯定是有自己的独特的文化,比如小米和新东方传统创业团队等。现在许多中国初创创业团队也逐渐开始有一个充满活力的文化。

一、创业团队文化类型取决于创始人

80%的创业团队文化基于其核心领导人。

创业团队经常非常类似于它的创始人,从其人格、优点和缺点,可以看到其创始人的影子。作为一个创业者,在建立创业团队文化之前,首先要确定自己。如果你不是一个创始人,你必须好好学习你的总经理和创业团队的老员工。狼性的创始人,常常可以把狼性带和企业中,如任正非与华为;喜欢艺术和设计,其创业团队的创始人也经常偏重工业设计,如乔布斯和苹果;如果创始人优柔寡断,该创业团队在关键的发展中很容易错过机会,逐渐被淘汰。自我意识是构建创业团队文化的第一步,你的创业团队文化基于创始人。

创始人在自我意识的过程中,应考虑以下问题:

(1)我的强项是什么?

(2)我的优势在什么方面?

(3)我在哪些方面做得异于常人吗?

(4)我的朋友有什么相似之处?

(5)别人让我觉得特别笨的地方是什么?

(6)我如何做出一个好的决定吗?

(7)我在哪些方面做得不够好吗?

回答这些问题,将直接帮助你制定创业团队的创业团队文化。越早分析这些方面,包括技能、态度等,就可以越早将它们应用于商业实践。同样,朋友和那些你欣赏的优点将在招聘的过程中让你的目标离你更近。你可以问问自己:我怎样才能找到这些别人的优点? 或者你可以直接从这些人身上学习。

知道自己的缺点是开发创业团队文化和招聘过程的不可缺少的一部分。对于任何缺点,都应该尝试找到相应的人员来弥补。

如果你的创业团队非常小,现在你没有时间和精力去运行创业团队文化,可以等到时机成熟后再使用它们。

二、如何定义的创业团队文化

现在你应该有一个系列性格的词语来形容你的创业团队,明确创业团队的优势和劣势以及需要改进的环节,还有你喜欢的人才类型。那你怎么用它们来指导创业团队的发展呢? 亚马逊的产品开发策略是在新闻发布会上报告编写的,所以他们从一开始就清楚产品发布时应该传达什么信息以及如何向公众解释产品。同样,在创业团队文化方面,现在应该思考两年之后希望媒体会怎样报告你的创业团队文化。创业团队刚开始时,创业团队专注于产品,但从长远来看,强大的团队和文化也是一个重要的元素。冷静下来,写下你的故事和你的价值观,思考你应该如何描述你的创业团队。

这些性格的词汇将运用在该创业团队将使用的所有方面,尤其是在招聘时,它将出现在每一个职位描述中。当你写一个工作描述时,你的思想应该只有唯一合适的人选,你应该让所有其他不合适的人明白,这不是他们想要的工作。同样,仔细审查有争议的地方可以帮助你避免那些不应该的雇佣。与此同时,它还可以应用到各种场合,重申你的创业团队的价值和感受。

三、创业团队文化有哪些类型

有些创业团队的工作环境让人觉得气氛愉快,上班时间飞逝;有的创业团队却让人觉得沉闷难熬,工作起来度日如年。为什么两种创业团队工作气氛差那么多? 其实关键都在于人。

除了创业团队文化的分类之外,不同性格、族群背景、性别与工作型态的人也会构成不同类别的工作团队,而团队中领导者对待员工的态度以及员工彼此间相处的情形都会造成工作环境大不相同。

1. 熊猫型团队

顾名思义,在这个团队中,每位成员都存在高度的相似性,在这种类型团队的成员眼中,都有一种"在我们这里,事情就该这么做"的心态,一切讲求整齐划一,新进的成员必须把自己填入既定的框架中。而且,最高的管理阶层与他们的接班人作风也十分相似。

在熊猫型团队当中,成员必须向各种限制与压力低头,但优点是成员重视承诺、品质、公平、正确的方法及团队规范的事,并且以和为贵,不爱争斗,喜欢稳定的模式及擅长做中长期的考虑,会和谐地与人合作并亲切地替同事着想。

2. 动物园型团队

因为动物园中总是充满各种不同类型的动物,所以这种类型的团队往往存在于自由、客观并开放各种可能性的工作场域,例如广告、设计时尚领域,或是网络科技相关产业。这种类型的团队组成非常多样化,成员可能是来自四面八方的高手,虽然自由度高,但伴随而来的是高绩效工作压力。

动物园团队成员的特性是视野宏观、独立性高、不重视细节、有新梦想,属于擅长开创新资源的人。他们喜欢思考又重视隐私,习惯在静谧的环境中工作。同时,他们也乐于挑战与变化,反应快、直率、有执行能力,属于行动派的工作团队。

第三节　创业团队文化的建设与形成

本节要点:

1.如何了解团队文化。

2.团队文化建设与团队管理。

3.科研型团队文化建设的实践。

4.构建良好团队文化。

5.创新人性管理与团队文化建设的实践方案。

能力目标:通过本节学习,了解什么是创业团队文化的建设与形成,理解创业团队文化建设与形成对团队的作用,并能对创业团队文化建设与形成有自己的进一步理解。

关键概念:创业团队文化形成　创业团队文化建设　创业团队文化建设实践

一、如何了解团队文化

团队建设是启动完成工作的最好方法之一。你需要号召一群才华横溢的人,独立创建一个团队,在团队中,人才可以相互融合,释放能量并积极创新,同时,员工的绩效、忠诚度和热情将会大大提高。

本书在这里给出了建立一个特别团队的五个步骤。

1.创建团队取向

团队作为创业团队的核心价值,特别强调自我管理团队,应给予他们的权利可以做出自己的决定。不要只谈合作,正确地通过团队让他们用自己的方式完成这项工作,表达员工的承诺,也要确保他们负责的结果。

2.团队目标的分布的组成部分

给你的团队非常重要的任务和项目,观察市场的新趋势,需要用一个新的视角去看待事物,让团队参与。不让同样的人做同样的决定,这是非常重要的。请员工队伍挑战现状和传统智慧,这将有助于保持你的创业团队新鲜,领先于市场。

3.鼓励非正式的小组

更多的工作在组织中是通过非正式的组织和非正式的小组完成的。当你的员工能自己解决问题时,不要把每一个决定都提交给上级管理,你会有一个更高效的组织。

4.交叉训练的员工

当员工了解创业团队的不同区域如何运行时,他们更容易让创业团队作为一个整体,而不是他们自己的部门或组。一些组织让员工每日、每周或每月换岗。别忘了管理的同时,也让高管花几天时间直接为你的产品做一些工作,他们会对你当前的员工的工作经验有一个新的理解。

5.提供团队资源

团队如果没有正确的资源是不会成功的。所有的员工都需要花费足够的时间在团队会议上。如果有必要和许可,确保给团队适当的预算,为如何使用预算提供指导的同时,让他们看到创业团队最好的一面。

目前,团队合作是非常糟糕的,很多创业团队在市场的管理和绩效评估的部门或团队只关注自己的利益,很少愿意跨边界考虑大局。

二、团队文化建设与团队管理

1.会议结束后将任务书面化、清晰化

这不仅能确保你已经熟悉了所有的任务项,同时也是给团队设立标准的有力措施。任务书面化和清晰化可以让团队中的每个人明确该如何去做。有可能的话,尽量使用列举的方法。例如,"总结一下,我这边有三个任务,分别是:1.……;2.……;3.……。"并将它们标记在你的笔记上。

当你的团队成员看到你不断地总结和记录负责人与完成时间时,你会惊讶地发现他们是如何在短时间内迅速提升认识,并开始模仿你的行为。此外,这将使你更容易回归团队,检查他们各自完成任务的进程。你还可以告诉他们你是如何履行自己在会议上许下的承诺的,这将增进你们之间的交流。

2.尽量多和团队沟通,定期反馈

这是个律人律己的好办法,同时,强调在创业团队内部按期完成任务是很重要的。大概如下:"给你们做一个简短的更新汇报。我今天做完了项目一和项目二,在周五之前我会完成项目三。"这样即使任务没有完成,也不会使情况不明让人猜测。在团队中说:"我还没有解决这个问题,但我没有忘记,并且正在积极寻找解决方案。"你的负责行为将给整个团队做出表率。

3. 明确承诺，避免"幻觉承诺"

谨防"幻觉承诺"，也就是那些别人以为你许下了，但其实你并没有做出的承诺。作为领导者，你需要通过有效的沟通方式将会议中可能出现的幻觉承诺说明白，并且立下榜样。如果是可以做到的事，就承诺；如果做不到，就要尽快澄清。

4. 守时即守信——永远要有时间观念

这可能看起来没什么，但实际上非常重要。守时这个简单的行为会让你的团队成员逐渐形成一种观念，那就是你在认真履行承诺并注重细节。

这是在创业团队完善问责制的有效方法之一，而且会收获巨大成效。太多的创业团队利用等级制度来体现对高层的尊重，但你的时间并不比另一个员工或客户的时间更重要。

除此之外，是否守时对于他人来说也是完全不同的。你可以先从会议入手，会议应当准时进行，不要死等迟到的成员。如果某人迟到，进门发现会议已经开始，而你又在会后质问他迟到的原因，他就会很快意识到守时的重要性。

5. 信誉建立是马拉松，而不是冲刺赛跑

如果仅仅是三分钟热度，然后就把完善问责制的热忱抛诸脑后，终将竹篮打水一场空。完善问责制更是创业团队文化的重要组成部分之一。如果你的团队想要永续，那就必须坚持贯彻落实下去。

6. 承认错误与带领团队成功同样重要

"人非圣贤，孰能无过?"所以事情被搞砸是不可避免的，否则反思还有什么意义? 承认你没能完成的任务对于建设团队十分重要。是否要找借口或是遮掩，抑或是浮夸地自责? 都不是，你应当告诉你的团队："胜败乃兵家常事。"

犯了错，就要公开承担起责任，分享经验教训，然后践行更好的解决方案。

7. 问责制故障高发于不完整的任务交接

产品一旦完成，就需要分配给下一个责任人，这个过程被称为任务交接。

作为团队的领导者，必须确保每一次任务交接清楚明晰地划分了责任人及其负责对象、负责时间、产品标准和问责章程。

这7个经过时间检验的方法，再加上适度而持续的压力，会在塑造团队、实现创业团队的持续增长上产生巨大影响。

三、科研型团队文化建设的实践

1. 工作环境

首先要有一个好的办公环境，它是一个开放的、舒适的环境。国内很多创业团队大多数采用隔断式的工位，这样的工位几乎统治了大部分创业团队。它的好处是同事彼此有独立的空间，工作时不容易被打扰。

不好的是同事之间被人为割裂开,彼此井水不犯河水,需要的时候才和旁边的人说一句,大多数时间躲在自己的空间里,也许大多数时间是在本职工作,但这样是不太利于彼此沟通的。

因此,好的办公空间应该是开放的。

集中式工位,员工座位之间没有隔板式的隔间。这样的好处是有一种心理感觉,大家觉得更像是一家,而非各自为战的成员,由 group 变为真正的 team。

工程师们的坐椅要选择舒适安全的,久坐而不伤及脊椎。

至于办公室提供健身场所,我个人觉得会成为摆设,因为大家即使健身也多半会去选择正式的健身场馆。

有一种职业叫作程序员鼓励师,是 HR 招人的一个噱头。好的创业团队如果招的都是优秀的人,人们的潜意识也会想到非技术部门的人素质也不会低到哪里去,想象空间自然有。

至于一些创业团队提供的休息室、按摩室,这些房间多半成为工程师们加班睡觉的地方,也可以忽略不计。

2. 福利待遇

具有工程师文化的创业团队,在对研发工程师的待遇上可能不会特别高,相对于 BAT 创业团队来讲,在工资上绝对不要吝啬。

当然,每个人都配备一台称手的笔记本也是很重要的,这样,生产力也会是很棒的。

具备非画饼式、可执行的期权设计,让每位员工有为自己创业团队工作的感觉,而不是每天听 CEO 的"美好愿景"。

创业团队里常备的零食不断,午餐和晚餐由创业团队提供。员工的加班餐补、车补、通信费用全额由创业团队报销。

这些看似小,但开销也不少的福利,一方面给创业团队加分不少,另一方面也增加了员工的幸福感和愉悦感。

3. 找优秀的工程师

良好的硬件环境是外在的呈现。互联网创业团队的核心是人,所以要找最好的人,就算不是最好的,也要在价值观和人品这些基础上找有潜力、有学习力的伙伴。

当一群具有正能量且又具备创新力的人们在一起,所谓的"管理"是不存在或不需要的,只有目标左右着大家。有了这些优秀的人,产品就具备成功的基因。

一个好的工程师在效率上可以抵得上十个平庸的程序员。试想,在一个产品上,大家七嘴八舌讨论个没完,而几个优秀的人拿出来的都是可行的方案,那执行时只是做一些选择题,上线时交给用户、运营出来的数据做验证就可以,这是完全不一样的层级。

在现在的大环境里,好的工程师不需要很费力就能找到不错的工作。在一个初创创业团队,需要投入大量精力去找人,包括工程师、架构师和 CTO。

4. 良好的组织架构

创业团队体系能够保证沟通的畅通。一个 CEO 高高在上的创业团队,底下员工的思想不能很好地进行表达,或者只传达好的消息。

创业团队架构不宜多层,工程师、Team Leader、CEO 足够。

5. 产品开发与迭代流程

互联网产品讲究的小步快跑,快速迭代。不要试图让 3 个人的小团队用 1 个月做出一个自以为是的产品。

工程师做的产品,在充分测试和回滚策略准备后,自己 10 分钟就可以看到上线的产品。

6. 学习与成长氛围

工程师到一家创业团队有两大需求:一是福利待遇够好,二是能够学到东西。创业团队里有优秀的前辈,就能够得到快速提升。优秀的前辈们乐于分享助人,而这种乐于助人可以体现为每隔一段时间就做一次技术分享。

例如,在每周技术会议上给工程师分享他们的架构或者讲讲他正在做的项目。

这样,既创造了一个交流机会,同时也为正在做的事带来自豪感,也学习到了新东西。

建设学习文化的一个办法是注重指导和培训,以确保团队里的每个人都能掌握基本的算法、系统和产品成功所必需的技能。这样,除了薪水、期权,每个人都在增值,对于工程师来讲,技术就是最大收益。

四、构建良好团队文化

有问题当然是解决问题,所有的问题本质上都是人的问题,空降的领导必然会导致一部分人员的流失,只要控制在一定的范围内即可。人员流失不是因为你不够好,只是因为他对过去领导的依恋,以及对新事物的不接受。改变一个人的成本比招聘一个人的成本还要大。所以如果有人要离职,同意即可,让他优雅地离开,这对于创业团队和个人都是有利的事情。

解决了人的问题,接着要解决的就是解决技术问题,组建架构部,引进一些优秀的人才,自己带几个项目,打两场硬仗,在培养兄弟感情的同时,这也是让大家认同你的最好方式。做完了这些,然后调整组织架构,实行弹性工作制,接下来就是日常的管理工作了。部门共治,搭建统一工作平台,树立新工作作风,搞氛围,激活团队,只能一步一步地来。

1.部门共治

部门共治就是部门要共同治理,我一直认为,每个人只要管好自己,部门的管理就简单得多。先在文件服务器上建一个文件夹,取名为"部门共治",然后在里面新建如周报、周会纪要、工时统计、故障报告等目录。

(1)周报

我个人一直有写周报的习惯,它是自我管理的方式。上一周总结、下一周计划,让自己有一个清晰的工作目标,理清事情的轻重缓急。同时,透明化自己的工作,增加彼此的信任。先是自己写,然后分级逐步推广到全员。

(2)工时统计

工时统计是每个月对团队工作时长的统计,由人事协助出报表。它统计到每个人、小组、部门的上班时长情况,主要通过疲劳指数、超出率、小组平均超出率、总平均超出率四个指数来体现。

一切以数据说话,增加人员要看小组平均超出率,员工累不累主要看疲劳指数,总平均超出率体现了整个部门的负荷情况,了解整个部门的工作节奏,也为增员或者裁员提供了参考指标,工时统计还可以与工单统计相结合。在具体操作时,需要注意可能产生的负面影响,如造成团队成员的反感、过度鼓励加班等。其实,超出率过高或过低都不是很好的现象。

(3)周会

管理小组每周碰一下,汇总一下工作和问题,同时,提交会议纪要,全员都可以查看,并以邮件的方式同步给领导。周会定在每周一下午上班的第一时间,并要求开启午休关掉的灯,管理层从自己做起,严格约束自己,给大家树立一个榜样,顺便还解决午休延迟开灯的问题。

早期的周会由一个人开始主持,后面轮流主持和记录。主持人站在部门负责人的角度,对汇报人员提出质疑或建议,这样就迫使员工站在整个研发中心的角度去思考,培养了每个人的全局观,减少本位主义和平时工作中不必要的冲突,同时,还提高了管理人员的组织协调力。

(4)故障分析报告

将故障分级管理,然后尽量透明化,重要故障全员通告,此工作由运维部门负责。故障报告不仅可追溯,也是一个总结分析的过程,可协助查找到根本问题。透明化可以提高大家的警惕,造成的损失也间接地告诉了代码与商业价值的关系。

(5)书籍分享和书斋建设

如果要构建一个学习型团队,书籍的分享和书斋的建设是很好的办法。同时,它相当于一面文化宣传墙,利于人员的招聘。书籍可以创业团队出钱购买,也可以鼓励大家捐赠、分享。书籍本身很便宜,但真的要捐赠时也有不舍,所以鼓励大家离开时可赎回。捐赠和购书以及分享书籍的过程也是学习氛围养成的过程。

2.搞氛围,激活团队

工作和生活要平衡,认真工作,快乐生活。如果管理是鞭策,那么领导就是鼓励。季度会议、乐捐、周四下午茶、户外兴趣小组等是搞氛围、激活团队的很好方式。

(1)季度会议

周会说事,季度会议谈情怀。每3个月左右开一次季度会,新人介绍上季度的总结、下季度的计划,再介绍一下如新书推荐、特长展示等。新人通过介绍可以快速地融入整个部门,感受团队的热情。上季度的工作总结和下季度的计划由每个部长向下级汇报,我们鼓励上级向下级定期汇报,让每个人都知道各小组最近在干些什么事,下阶段要做什么,设置一个共同的目标,然后一起拼搏。新书推荐,主持人会向大家介绍近期自己读过的书以及读书的感悟与心得,一起成长。

季度会议可参考年度会议,年会策划不开会,只是吃吃喝喝以及节目表演,所以季度会议的形式也要比较轻松,以乐观向上的氛围为主,参与的人数比较多。季度会议采用轮值的方式,每次的风格都不一样,这样也非常锻炼主持人的组织协调能力,会议时间一般占用周五分享日的时间。

(2)乐捐与周四下午茶

乐捐是一个自罚约定、一个问责制度,让员工敢于担当。对于开会迟到、系统小故障等,乐捐10元能够起到很好的作用。惩罚只是手段,改进才是目的,培养承担责任的习惯,每次出现问题,都有人站出来承担责任。可别小瞧10元,10元只是最低额,额度自定。乐捐是一个很好的追责方式,更容易明确主要责任人。明确责任后,个人自愿,而你不愿意交10~50元,则由直接领导来承担,这是一种社区式的潜在力量。

乐捐不可强制,如会议迟到了,如果你不愿意承担,那便需要由会议主持人承担。乐捐的钱会汇入部门基金,用于部门的下午茶。我们每周举办一次下午茶,周四进行,因为周一是例会日、周二是发布日、周三是无会议日、周五又是分享会。下午茶给大家一个轻松的时间,促进交流,营造气氛,费用由个人乐捐、项目经费共同组成。

(3)户外活动兴趣小组

兴趣小组能够促进大家的交流,让工作生活更加平衡,非正式的沟通能改善大家的关系,增强团队的凝聚力。我们组建了羽毛球兴趣小组、户外徒步兴趣小组以及参与创业团队的年会策划表演,组织形式是开放的,弱化了创业团队和部门信息的QQ群。兴趣小组有利于业务与技术的融合、跨部门沟通,大家劳逸结合,一起爬山一起拼。

（4）更多管理工具

每一个管理工具都是针对当前的问题而设置的,推行 2 ~ 4 周,一个阶段仅推广一个管理工具。我们尝试并留下来的管理工具总共有 20 多个,具体有:周会周报、弹性工作制、技术分享会、季度会议、下午茶、10 元自罚约定、白板前站立式会议、技术评审制度、会议轮流主持制度、书斋建设、项目管理制度的推行、项目奖金申报制度、招聘比自己更优秀的人的约定、末位淘汰约定、鼓励争论、跨部门沟通约定、源代码统一管理、羽毛球兴趣小组、户外爬山兴趣小组、个体绽放、周一例会日、周二发布日、周三无会议日、周四下午茶、周五分享日等。

（5）总结与提升

太阳底下没有新鲜事,这些工具或措施或多或少都知道些,我们只是把它落地贯彻,形成了一定的体系。我们的团队一步一步往前走,确实越来越好。这时,不断有新人加入,如何将这过去一年多的想法和做法都留下来并传达出去呢? 具体内容如下。

共治:共治就是部门要共同治理,自我管理和部门管理一起进行,每个人要管好自己,部门的共治我们希望能转化为个人的自治。具体形式有部门共治文件夹、轮值会议等。

分享:因为专业所以自信,因为自信所以开放,因为开放所以分享。具体形式有周五分享日、书斋建设。

自视:自视就是自我察觉,双眼反向注视着自己。对创业团队和他人的要求转化为对自己的要求,少一些抱怨,多找一些方法,如乐捐。

一起拼:一起拼就是团队要一起拼搏、一起奋斗、一起喝酒、一起爬山,如户外、项目管理。

简单有效快:把复杂的事情变简单,追求事物的本质,这就是简单有效。"快"是指快速地交付,快速响应业务的需求,如站立式会议等。

五、创新人性管理与团队文化建设的实践方案

1. 创业团队年会策划策划创新和人性化管理

什么是创新? "创"意味着创造,"新"意味着不同。年会策划一定要吃吃喝喝吗? 年会策划一定要表演节目吗? 年会策划一定要开表彰大会或者开誓师动员大会吗? 其实并不是。劳民伤财不说,年会策划经常如此开,员工们早已没有了新鲜劲儿,兴奋点的阈值早已被提得很高,再新潮的节目、再好吃的美食恐怕都无法像前些年一样让员工群情高涨、斗志昂扬。那怎么办? 就需要大量的创新作为年会策划新的方法。

（1）地点创新

原来的公司会拉出去包个酒店、度假村或者温泉宾馆开年会策划，现在则可以躲雾霾，集体出行，往海滩阳光的海南、往青山绿水的云南、往冰雪世界的东北，都是不错的选择。哪怕创业团队资金限制或者某些规定，但创业团队出一部分，员工自筹一部分就可以让年会策划地点远离雾霾，贴近健康，何乐而不为？

（2）形式创新

除了聚餐和歌舞，年会策划还可以有许多种玩法。比如集体做一些慈善活动，比如慈善性质的体育比赛、健走或越野跑，再比如为了增强团队凝聚力，一起挑战拓展项目。还可以根据自己的行业性质展开专属于自己的年会策划活动，比如文化创业团队以诗歌会友，以棋会友，"弈江山万里，请卿入棋局"，旅游创业团队除了诗，还可以去远方，既体验自己主推的项目，又可以劳军犒赏，一举两得。

（3）人性化鼓舞奖励

什么是人性？其实，人性归根结底就是满足员工不同的需求。创业团队应该在面试的时候就关注员工最能被激励的特质，做到因人而异、人性管理。需要更多金钱的员工，在工作分工上往销售和业绩提成高的部门指派；需要更多社交和安全感的员工，更多地在人力、行政、服务岗位锻炼；需要更多尊重和自我价值实现的员工，可以去战略、总裁办、总经办、决策岗位实习。在源头上使劲儿，好过年会策划上动员。即便到了一年结束的时候，组织年会策划的办公室或人事部门也应该把工作做细，哪些员工一定需要领导慰问和接见，哪些员工一定需要领导关注他的父母家人，这些都要提前布局，提前安排，让年会策划的鼓舞和奖励各取所需，效果最大化。

2.弘扬健康的团队文化

团队文化氛围对创业团队的发展至关重要，而年会策划又是弘扬这一文化最好的契机。吸引力法则告诉我们，你想要什么就呼唤什么，你需要什么就强调什么，而不是反过来强调不要什么，说得越多，越适得其反。

（1）让规则公开透明

无论是以年度为时间单位的PK文化，还是以半年或者季度展开的岗位竞赛、业绩比拼，最为重要的就是公平、公正、公开。"物不患寡而患不均"，虽然不容易达成绝对的公平，但至少做到统一标准、严格执行、以身作则、以理服人。

（2）让众人看到希望

人之所以不同于动物，最重要的一点是人有想象力，人能为了未来而延迟当下的享受。而年会策划很重要的是让执行层、管理层、决策层、投资人和客户、用户们都看到创业团队的发展和进步，让所有干系人都满怀愿景，对未来充满期待。只要希望在，梦想就能圆。许多创业团队走下坡路，最重要的是自身发展和团队文化让员工让所有人失去了对未来的憧憬和希望,这才是年会策划真正要宣传贯彻的核心要义。

操作训练 1　创业团队文化训练之一——和每一个人拍手

训练名称:和每一个人拍手训练。

训练分组:15 人/组。

训练器材:一个可以容纳几十人人的大厅。

训练方法:训练导师先让全体成员在纸条写上自己的名字,让每位学生把自己的纸条全部交到纸箱当中,放完后再让训练导师抽签,抽完签之后随机分组,让每组成员挑选出各组的领导者,之后领导者需要分配好人员并站成一排,并开始领导者和每一个人拍手的比赛,并计算好时间,时间短者获胜。

每组派一个本组的领导者上台向大家汇报本组的情况。

点评:

通过和每一个人拍手这个项目可以让大家充分体会到一切皆有可能。每个人最开始体验这个项目的时候可能预估的时间都很长,但是当让团队尝试着去做的时候,一种人类天生的齐心协力就会迸发出来。这在没做之前大家想都不敢想,可在团队用行动证明了团队的实力后,通过这个成绩就可以证明不可能的事情通过努力与协作却做到了。

如果你心中想到失败,你就失败,如果你没有必胜的信心,就无任何成就可言。如果把目标定得过低,触手可及,那团队还有何动力,有何发展可言? 只想在山腰看风景的人永远也体会不到登上山顶后心胸的开阔。

操作训练 2　创业团队文化训练之一 —— 平台跳板

训练名称:平台跳板训练。

训练分组:6 人/组。

训练器材:一个不高的台子。

训练方法:训练导师先让全体成员在纸条写上自己的名字,让每位学生把自己的纸条全部交到纸箱当中,放完后再让训练导师抽签,抽完签之后随机分组,让每组成员挑选出各组的领导者,之后领导者需要准备好人员顺序。

接下来就是主要进行步骤。

1.按照领导者编好的顺序,让 1 号参与者走到平台边缘,背对团队成员,做好向后倒的准备。

2.其他团队成员按照领导者指示,组成一个能够接住 1 号参与者的"肉墙"

3.领导者说好命令之后,1 号参与者倒下并被其他成员接住,参与者依次类推,并计算好时间,时间短者获胜。

每组派一个本组的领导者上台向大家汇报本组的情况。

点评:

对于每一个挑战者来说,可能心里早已怦怦直跳。脚下仅仅是一条木板,而手又没有任何东西可抓,腿不由自主地开始打战,尽管有保险带,但初次尝试时仍心存恐惧。此时此刻,下面是队友信任的眼神,刚刚的豪言壮语还萦绕在耳边,这个时候不能犹豫,既然已经上来了,就没有退路,下定决心,豁出去了。一跃,成功!大家的欢呼声、赞美声交织在一起,感动着这里的每一个人。这个项目教会我们如何在压力和困难面前调整自己的心态,勇于尝试,挑战自我,战胜自我。让挑战者站在高台上的时候才能明白,这样的回答是必要的,这是向台上的伙伴交付信任,让他放心地将自己的安全交给大家。这个项目叫作信任背摔,名副其实。这是同事之间的一种信任,这种信任不得有半点虚假,甚至一点点的心存疑虑都会下意识地通过动作表现出来,结果就是给保护你、信任你的人造成更重的负担甚至是严重伤害。由心而生的才是真正的信任,只有相互信任才能将团队每个成员的能力发挥到极致,才能达到最完美的效果。

总之,这次拓展训练能够增强每个团队成员的自信心,磨炼战胜困难的毅力,提高解决问题的能力,增进对集体的参与意识与责任心。这次经历一定会在今后的工作中给人带来很大的帮助。人生的道路是曲折而漫长的,一次训练不能解决所有的问题,但它能给我们以启示。

参 考 文 献

[1] 杨俊辉,宋合义,李亮.国外创业团队研究综述[J].科技管理研究,2009,29
　　(4):256 – 258.

[2] 朱仁宏,曾楚宏,代吉林.创业团队研究述评与展望[J].外国经济与管理,
　　2012,405(11):11 – 18.

[3] 陈忠卫,郝喜玲.创业团队企业家精神及其测量[J].商业经济与管理,2008,
　　203(9):23 – 28.

[4] 马红民,李非.创业团队胜任力与创业绩效关系探讨[J].现代管理科学,2008
　　(12):45 – 46.

[5] 陈忠卫,郝喜玲.创业团队企业家精神与公司绩效关系的实证研究[J].管理科
　　学,2008,21(1):39 – 48.

[6] 胡桂兰,梅强,朱永跃.创业团队对创业绩效的影响研究:基于 78 个网络创业
　　团队的调查分析[J].科技管理研究,2010,30(6):157 – 159.

[7] 杨俊.创新还是模仿:创业团队经验异质性与冲突特征的角色[J].管理世界,
　　2010(3):84 – 96.

[8] 邓靖松,刘小平.创业团队中的信任管理研究[J].科技管理研究,2010,30(4):
　　196 – 198.

[9] 宋克勤.关于创业团队问题的思考[J].经济与管理研究,2004(2):54 – 56.

[10] 杜运周,陈忠卫.国外创业团队理论研究的新进展及其启示[J].商业经济与
　　管理,2010,1(10):43 – 50.

[11] 牛芳,张玉利,杨俊.创业团队异质性与新企业绩效:领导者乐观心理的调节
　　作用[J].管理评论,2011,23(11):110 – 119.

[12] 孟宣宇.创业者领导行为、组织学习能力与新创企业竞争优势关系研究[D].
　　吉林:吉林大学,2013.

[13] 杨德林,王乐,张剑,等.中关村科技型创业者行为与特点分析[J].科学研究,
　　2002,20(5):500 – 505.

[14] 刘常勇.创业管理的 12 堂课:12 堂创业者和风险管理者的实用教程[M].北
　　京:中信出版社,2002.

[15] 贾少盟.大学生创业能力的获得:对浙江义乌创业者创业实践调查的启示和
　　思考[J].中国高教研究,2008(7):74 – 76.

[16] 陈震红. 创业者创业决策的风险行为研究[D]. 武汉:武汉理工大学,2004.

[17] 顾桥,喻良涛,梁东. 论创业者能力与企业成长的关系[J]. 科技进步与对策, 2004,21(12):111 – 112.

[18] 曾照英,王重鸣. 关于我国创业者创业动机的调查分析[J]. 科技管理研究, 2009,29(9):285 – 287.

[19] 戴汝为. 21 世纪组织管理途径的探讨[J]. 管理科学学报,1998(3):1 – 6.

[20] 余逸群. 青年志愿服务的组织建设和保障机制[J]. 北京青年政治学院学报, 2005,14(3):17 – 20.